Dr. Otto Eger

Das Recht der deutschen Kartelle

Das Recht der deutschen Kartelle

Eine einführende Gesamtdarstellung mit den Texten der einschlägigen Verordnungen

von

Dr. Otto Eger

Professor an der Universität Gießen

1 9 3 2

Verlag von Georg Stilke in Berlin

Druck der Meyerschen Hofbuchdruckerei, Detmold

Vorwort.

Obwohl die Kartelle heute mit im Brennpunkt des allgemeinen Interesses stehen, ist es eine unleugbare Tatsache, daß selbst ein großer Teil der deutschen Juristen nur eine recht unklare Vorstellung von den Rechtsgrundlagen der deutschen Kartelle hat. Dies erscheint aber begreiflich angesichts des sehr verwickelten Rechtszustandes, der auf diesem Gebiet besteht. Sind doch neben Sätzen des allgemeinen Rechts (BGB., HGB. usw.) die kartellrechtlichen Sondernormen der Kartellverordnung von 1923 und der Notverordnungen (Kartellnotverordnung, Ausführungsverordnung, Markenwarenverordnung, Preissenkungsverordnung vom 8. Dezember 1931) hier anzuwenden. Öffentliches und privates Recht mischen sich — mitunter kaum unterscheidbar — miteinander. Neben die Rechtsprechung der ordentlichen Gerichte ist die des Kartellgerichts getreten, wobei durch die Gefahr widersprechender Entscheidungen die Rechtsunsicherheit erhöht wird.

Wohl hat das kartellrechtliche Schrifttum ausgezeichnete Arbeiten aufzuweisen, aber es fehlt an einer einführenden Darstellung des derzeitig geltenden Rechts, die einen Überblick über alle in Frage kommenden Rechtsnormen und ihr Ineinandergreifen bietet und zugleich auch für Studierende ein Einarbeiten erleichtert. Es wird hier versucht, diese Lücke auszufüllen.

Gießen, den 2. Januar 1932.

Eger.

Inhaltsverzeichnis.

Einleitung.

Um einen vorläufigen Überblick über die zu behandelnden Rechtsfragen zu gewinnen, sie abzugrenzen und zugleich zu veranschaulichen, gehen wir von folgendem Fall aus:

Die Versorgung einer Stadt mit Milch liegt allein in den Händen einiger Milchhändler [1]). Diese vereinigen sich, nachdem sie in einem Konkurrenzkampf sich durch Preisunterbietungen gegenseitig geschädigt haben, und vereinbaren, um dies künftig auszuschließen, daß jeder während der nächsten zwei Jahre gehalten sein soll, für das Liter Milch einen gewissen Mindestpreis zu nehmen. Für jeden Fall der Zuwiderhandlung verspricht jeder Beteiligte eine Vertragsstrafe zu zahlen, deren Leistung durch Hinterlegung eines Wechsels sichergestellt wird.

Einem neu hinzugekommenen Milchhändler wird die nachgesuchte Aufnahme in die Vereinigung verweigert. Um ihn niederzukämpfen, wird beschlossen, daß die Mindestpreise solange sehr beträchtlich gesenkt werden sollen, bis der Konkurrent zur Aufgabe seines Geschäftes gezwungen ist.

---

[1]) Die Bestimmungen des Milchgesetzes vom 31. Juli 1930 werden bei diesem Beispiel außer Betracht gelassen. In dem § 38 dieses Gesetzes, der nach der VO. über das Inkrafttreten des Milchgesetzes vom 15. Mai 1931 bereits an diesem Tage in Kraft getreten ist, wird die Bildung von Zusammenschlüssen durch die oberste Landesbehörde vorgesehen mit Preisausschüssen, die bei der Festsetzung wirtschaftlich angemessener Preise mitzuwirken haben. In der Anlage zu § 28 der VO. zur Ausführung des Milchgesetzes vom 15. Mai 1931 (RGBl. Nr. 19) sind Grundsätze zur Durchführung des § 38 des Milchgesetzes enthalten; dort heißt es unter III: Beschlüsse oder Maßnahmen der Organe des Zusammenschlusses, insbesondere solche Beschlüsse, durch die Sperren oder Nachteile von ähnlicher Bedeutung verhängt werden, können von der obersten Landesbehörde außer Wirksamkeit gesetzt werden, wenn sie geeignet sind, die Gesamtwirtschaft oder das Gemeinwohl zu gefährden, im Falle der Verhängung einer Sperre oder eines Nachteils von ähnlicher Bedeutung, auch wenn die wirtschaftliche Bewegungsfreiheit des Betroffenen unbillig beschränkt wird. Vgl. dazu unten S. 84 ff., 130 ff., 133 (Preisüberwachung).

Einen anderen neuen Konkurrenten sucht die Vereinigung dadurch zum Beitritt zu zwingen, daß sie der ihn beliefernden Molkerei androht, daß die Angehörigen der Vereinigung von ihr keine Milch mehr beziehen, wenn sie nicht die Belieferung des Konkurrenten einstellt (Drohung mit Abnahmesperre).

Einer Großbäckerei, die sowohl von diesem Konkurrenten, als auch von den Angehörigen der Vereinigung Milch bezieht, wird angedroht, daß sie von der letzteren keine Milch mehr erhalte, wenn sie weiterhin von dem Konkurrenten beziehe (Drohung mit Lieferungssperre).

Nachdem der eine Konkurrent zur Aufgabe des Geschäfts, der andere zum Beitritt zur Vereinigung gezwungen ist, setzen die vereinigten Milchhändler den von ihnen zu fordernden Mindestpreis sehr erheblich hinauf.

Darauf schließt die Vereinigung der Milchhändler mit einem Molkereiverband einen Vertrag, wonach die in dem Verband zusammengeschlossenen Molkereien nur an Milchhändler der Vereinigung liefern und umgekehrt die letzteren Milch nur von ersteren beziehen dürfen (Gegenseitigkeitsvertrag, Ausschließlichkeits- oder Exklusivvertrag).

Ferner vereinbaren die der Vereinigung angehörenden Milchhändler mit den einzelnen Bäckereien der Stadt, daß diese sich verpflichten, ihre Milch nur bei Angehörigen der Milchhändlervereinigung zu beziehen (Exklusivverträge)[1]). Jeder Bäckerei wird ein Vorzugspreis eingeräumt, aber vereinbart, daß sie bei Bezug von Milch bei einem Außenseiter für sämtliche Lieferungen des letzten Jahres den Unterschied zwischen dem genossenen Vorzugspreis und dem allgemeinen Mindestpreis an die Vereinigung zahlen muß (Treurabatt)[1]).

Diesem Beispiel ist zu entnehmen, daß bei derartigen Zusammenschlüssen in Betracht kommen die rechtlichen Beziehungen der Angehörigen der Vereinigung zu dieser und untereinander. Es ergibt sich die Frage nach der rechtlichen Organisation der Vereinigung, nach den rechtlichen Mitteln, die dem Verband zu Gebote stehen, um seine Angehörigen zum Verbleiben im Verband und zur Erfüllung der übernommenen Verpflichtungen zu

[1]) Siehe dazu unten S. 51.

zwingen (Fragen des inneren Organisationszwangs). Andererseits taucht die Frage auf, ob nicht durch den Beitritt zu einer solchen Vereinigung eine unzulässige Knebelung, eine allzu große Beschränkung der wirtschaftlichen Freiheit des einzelnen Mitglieds herbeigeführt wird, die von dem Gesetz als gegen die guten Sitten verstoßend nicht geduldet werden kann; ferner die, wieweit ein Mitglied durch Ausscheiden aus der Vereinigung auch vor dem Ablauf der vereinbarten Zeit bei dem Eintritt besonderer Umstände sich dem Zwang entziehen kann.

Weiter ergeben sich bei solchen Zusammenschlüssen auch Beziehungen des Verbands und seiner Mitglieder zu einzelnen, außerhalb des Verbands stehenden Personen; dabei kann es sich handeln entweder um Unternehmer gleicher Art, welche dem Verband nicht angehören (Außenseiter) oder um Angehörige der vor- oder nachgeordneten Erzeugungs- oder Absatzstufe (Lieferanten und Abnehmer).

Schließlich äußert aber der Zusammenschluß und die Einhaltung der übernommenen Verpflichtungen durch seine Mitglieder auch Wirkungen nicht gegen bestimmte dritte Personen, sondern gegenüber der Allgemeinheit, und es ist zu fragen, ob und welche rechtlichen Mittel gegeben sind, um sich hieraus ergebenden Gefahren und nachteiligen Folgen für die Allgemeinheit zu begegnen [1].

---

[1] Da es sich hier nur um eine Betrachtung unter rechtlichen Gesichtspunkten handelt, muß eine Erörterung der Frage unterbleiben, wie weit Kartelle für die Allgemeinheit und die Gesamtwirtschaft von Vorteil sind dadurch, daß sie Krisen verhindern, durch ihre Preis- und Produktionspolitik Stetigkeit in die Marktlage bringen, Schwankungen in der Arbeiterzahl vermeiden, durch Rationalisierung der Produktion und des Absatzes eine Senkung der Selbstkosten herbeiführen und damit auch für die Verbraucher günstig wirken können usw. — Verwiesen sei hier nur auf Isay, Die Reform des Kartellrechts, Referat, erstattet auf dem Salzburger Juristentag 1928, S. 3 ff., der mit Recht sagt, daß Kartelle gute und schlechte Wirkungen haben, daß bald diese, bald jene überwiegen und daß es gilt, die schlechten Wirkungen zu beseitigen, ohne die guten zu paralysieren. Vgl. auch Liefmann, Kartelle, Konzerne und Trusts, 8. Aufl., S. 203: Es wird auch immer mehr anerkannt, daß Kartelle ein notwendiges Ergebnis unserer ganzen wirtschaftlichen Entwicklung sind, daß wir sie gar nicht mehr entbehren können — es kann sich also nur darum handeln, ihre nachteiligen Wirkungen möglichst zu beseitigen.

Der ganze Komplex der Rechtssätze, die bei der Regelung der im Vorstehenden aufgeführten Fragen eingreifen, bildet — falls der in Rede stehende Zusammenschluß als Kartell zu bezeichnen ist — das Recht der Kartelle.

Daraus ergeben sich die beiden im folgenden zunächst zu behandelnden Fragen, wann ein Kartell vorliegt und in welchen Gesetzen die eingreifenden Rechtssätze enthalten sind.

Kartelle im volkswirtschaftlichen Sinn und Kartelltypen. Konzern, Interessengemeinschaft, Trust. — Kartelle im Sinne der Kartellverordnung.

I. Kartelle im volkswirtschaftlichen Sinn und Kartelltypen.

Die Kartelle sind Wirtschaftsgebilde, die von der Wirtschaft selbst, zunächst ohne jedes Eingreifen des Staats, hervorgebracht worden sind. Hinsichtlich des Verlaufs der Entwicklung und der Verbreitung der Kartelle muß im allgemeinen auf das einschlägige Schrifttum verwiesen werden [1]). Hier ist nur festzustellen, daß in Deutschland Kartelle als allgemeine Erscheinung des Wirtschaftslebens erst seit der Mitte der siebziger Jahre des vorigen Jahrhunderts begegnen [2]). Heute finden wir kartellmäßige Zusammenschlüsse in der Industrie, im Groß- und Kleinhandel, im Verkehr, bei Banken und im Handwerk [3]). Die Zahl der in

[1]) Vgl. vor allem Liefmann, Kartelle, Konzerne und Trusts, S. 23; ferner etwa Schäffer, Kartelle und Konzerne in Strukturwandlungen der deutschen Volkswirtschaft, 1. Bd., S. 313 ff.

[2]) Über ein wahrscheinlich bereits seit 1857 bestehendes Kartell, den Verein zum Verkauf von nassauischem Roheisen, dessen Statut von 1869 wegen seiner vortrefflichen juristischen Fassung Beachtung verdient, vgl. Klotzbach, Der Roheisenverband 1926.

[3]) Es sei z. B. auf Metzner, Kartelle und Kartellpolitik (1926), S. 10 ff., „Über Zahl und Gliederung der Kartelle" verwiesen. Aus der Industrie führt Metzner Kartelle auf für den Bergbau, die eisenschaffende Industrie, die Metallhütten- und Metallhalbzeugindustrie, den Maschinenbau, Eisen-, Dampfkessel- und Apparatebau, Eisenbahnwagenbau, Motorfahrzeug- und Fahrradindustrie, Papier-, Bekleidungs- und Genußmittelindustrie, Schiffahrt und Spedition usw.; vgl.

Deutschland bestehenden kartellähnlichen Verbände wurde bei der Kartellenquête, die in den Jahren 1905/6 vorgenommen wurde [1]), mit etwa 385 angegeben. Dagegen schätzte die Regierung Mitte 1925 die Zahl der Kartelle in Deutschland auf etwa 3000, wovon 2500 auf die Industrie, 400 auf den Großhandel, 150 auf den Kleinhandel entfielen [2]).

Als Gebilde des Wirtschaftslebens sind die Kartelle in erster Linie Gegenstand der Untersuchung von Seiten des Volkswirtschaftlers. Ihm liegt es auch ob, den Begriff des Kartells zu bestimmen und die wesentlichen Unterscheidungsmerkmale gegenüber anderen wirtschaftlichen Zusammenschlüssen festzustellen [3]). Der so gewonnene Begriff des Kartells im volkswirtschaftlichen Sinn ist zunächst [4]) auch bei einer Darstellung des Rechts der Kartelle zur Abgrenzung der als Objekt und Vereinigungspunkt

---

ferner Herle und Metzner, Neue Beiträge zum Kartellproblem (1929), wo es heißt: Im Jahre 1927 sind in dem Bestand der Kartelle verhältnismäßig geringe Änderungen eingetreten, indem einzelne zerfallen, andere dafür entstanden sind. In dieser Entwicklung ist eine weitere Fortpflanzung der Kartelle und kartellähnlichen Gebilde von ihrem Stammsitz, nämlich den Rohstoffindustrien, auf die verarbeitenden Industrien, Handel, Handwerk und andere Wirtschaftszweige, festzustellen, die vor allem wegen großer Organisationsschwierigkeiten früher kartellmäßigen Bindungen unzugänglich waren. Siehe neuestens Wagenführ, Kartelle in Deutschland.

[1]) Auch die Wirtschaftsenquête auf Grund des Gesetzes vom 25. April 1926 erstreckt sich auf die Kartelle. Vgl. die Veröffentlichungen des Ausschusses zur Untersuchung der Erzeugungs- und Absatzbedingungen der deutschen Wirtschaft, Verhandlungen und Berichte des Unterausschusses für allgemeine Wirtschaftsstruktur (1. Unterausschuß) 3. Arbeitsgruppe, Wandlungen in den wirtschaftlichen Organisationsformen, 2. Teil: Entwicklungslinien der industriellen und gewerblichen Kartellierung 1928 ff., 4. Teil: Kartellpolitik 1. Abschnitt, Generalbericht, 2. Abschnitt Vernehmungen.

[2]) Siehe Metzner, Kartelle und Kartellpolitik, S. 16 ff. Metzner selbst schätzte die Zahl für diese Zeit auf ungefähr 2000. Siehe auch Schäffer, Strukturwandlungen, S. 320. Bei den Angaben über die Zahl der bestehenden Kartelle ist natürlich stets zu berücksichtigen, in welchem Sinn dieses Wort gebraucht wird. Seit Erlaß der Kartellverordnung sind damit regelmäßig Kartelle im Sinne dieser Verordnung gemeint.

[3]) Über die volkswirtschaftlichen Begriffe Konzern, Interessengemeinschaft, Trust siehe unten S. 13.

[4]) Soweit es sich nämlich nicht um das für Kartelle im Sinne der Kartellverordnung geltende Sonderrecht handelt, siehe unten S. 16 und S. 56 ff.

der verschiedensten Rechtssätze in Frage kommenden wirtschaftlichen Gebilde zu verwenden.

Dabei scheint sich nun aber eine erhebliche Schwierigkeit daraus zu ergeben, daß namentlich in neuerer Zeit unter den Vertretern der Volkswirtschaft selbst keineswegs Einigkeit hinsichtlich der wesentlichen Merkmale des Kartells besteht [1]). Doch ist hierzu folgendes zu sagen: Wie unten ausgeführt werden wird [2]), ist es für die Anwendung keines allgemeinen Rechtssatzes Voraussetzung, daß ein Kartell im volkswirtschaftlichen Sinn vorliegt. Es besteht deshalb auch unter diesem Gesichtspunkt keine Notwendigkeit, eine bestimmte Definition desselben der Darstellung zugrunde zu legen, vielmehr kann eine solche beliebig gewählt und damit das Gebiet des Rechts der Kartelle [3]) umrissen werden.

In erster Linie [4]) kommt dabei die schon vor Jahrzehnten

[1]) Vgl. die Übersicht bei Wolfers, Das Kartellproblem im Licht der deutschen Kartelliteratur, 1931 (Schriften des deutschen Vereins für Sozialpolitik).

[2]) Siehe S. 18.

[3]) Soweit es sich nicht um das Kartellsonderrecht handelt, siehe S. 16/17.

[4]) Daneben ist noch zu erwähnen die Ansicht von Isay, Studien im öffentlichen und privaten Kartellrecht, 1922, S. 16. Demnach ist das Kartell eine Vereinbarung selbständiger Unternehmer eines Gewerbezweigs, welche den Einkauf, die Erzeugung oder den Absatz des Gewerbezweigs regeln will. Isay kennt danach auch Einkaufskartelle. Da für ihn die monopolistische Beherrschung kein wesentliches Merkmal des wirtschaftlichen Kartells, sondern nur eins von mehreren Machtmitteln ist, durch welche die Kartelle ihren Endzweck, nämlich die rationelle Gestaltung der Erwerbsbedingungen ihrer Mitglieder verfolgen, so berücksichtigt er auch die von ihm als „Fertigungskartelle“ bezeichneten Verbände, welche auch die Verbesserung der Produktionsbedingungen ihrer Mitglieder anstreben und insbesondere durch Normung, Typisierung und Spezialisierung deren Betriebe wirtschaftlicher zu gestalten versuchen — eine Tätigkeit, die mit einer monopolistischen Beherrschung des Marktes nichts zu tun hat; vgl. aber auch Isay, Die Reform des Kartellrechts, Referat, erstattet auf dem Juristentag 1928, S. 37 und 38; ferner unten S. 11, Anm. 1.

Von Beckerath (Wirtschaftsdienst 1927, S. 1119 ff.) definiert die Kartelle als Verbände selbständiger Unternehmer einer Branche zum Zweck der Regulierung der Produktion und des Marktes im Interesse der Rentabilität der Mitgliedsfirmen. Nach ihm tritt an die Stelle des Zwecks einer monopolistischen Beherrschung des Marktes seitens des Kartells, um dem Abnehmer seinen Willen aufzuzwingen und diesen einseitig zu belasten, immer stärker derjenige einer Rationalisierung der Produktion und des Verkaufs, so daß sich die Kartelle zu

von Liefmann[1]) aufgestellte Definition in Betracht, die am meisten Zustimmung gefunden hat. Sie lautet: Kartelle sind freie Vereinbarungen oder Verbände zwischen selbständig bleibenden Unternehmern derselben Art zum Zweck monopolistischer Beherrschung des Marktes. Dieser Zweck ist nach Liefmann das wesentlichste Moment. Es muß sich dabei aber nicht um ein absolutes Monopol handeln, so daß überhaupt nur noch die im Kartell vereinigte Gruppe von Anbietern als Anbieter vorhanden wäre; vielmehr genügt ein relatives Monopol, so daß aus irgendwelchen Gründen ein Teil der Nachfragenden auf die Befriedigung durch die kartellierten Anbieter ausschließlich angewiesen ist[2]). In Hin-

Wirtschaftlichkeitsgemeinschaften entwickeln, die dem Verbraucher ebenso nützlich sind wie dem Produzenten. — Gegen v. Beckerath z. B. Tschierschky, Wirtschaftsdienst, 1927, 1441 ff., Kart.-Rd. 1927, 543 ff., Flechtheim und Reichert, Kartelle als Produktionsförderer, Schriften der Kartellstelle Nr. 4, 1928. Siehe auch Passow ZBH. 1928 S. 240 ff. und derselbe Kartelle (1930), der selbst die Kartelle bezeichnet als Verbände von selbständig bleibenden Geschäftsinhabern (oder Vereinigungen solcher), welche die Beseitigung oder Einschränkung der gegenseitigen Konkurrenz bezwecken und die ausschlaggebende Mehrheit der Konkurrenten eines Marktgebiets umfassen. — Siehe weiter auch Metzner, Kritische Beiträge zum Kartellbegriff, Kart.-Rd. 1927, S. 77 ff., Herle und Metzner, Neue Beiträge zum Kartellbegriff, S. 17 ff.

[1]) So schon in der ersten Auflage seines Werkes „Kartelle und Trusts". Die gleiche Definition findet sich noch in der 7. Auflage (1927) S. 10, wo in der Erläuterung von dem Zweck der Marktbeherrschung oder Markt*beeinflussung* die Rede ist. In der 8. Auflage von 1930 S. 9 heißt es in der Definition: ... zum Zweck monopolistischer *Beeinflussung* des Marktes. In der folgenden Erläuterung ist von „monopolistischer Beeinflussung oder auch Beherrschung des Marktes" die Rede, und S. 11 ist weiter gesagt: „der Zweck der Marktbeherrschung oder Marktbeeinflussung macht einen Verband zum Kartell. Man kann aber sehr wohl vom Zweck monopolistischer Beherrschung sprechen; denn hinter der Beeinflussung steht doch immer der Zweck der Beherrschung... Ein Kartell kann sogar darauf verzichten, alle Unternehmungen des betreffenden Erwerbszweigs zu umfassen, und man kann doch von einer monopolistischen Beherrschung des Marktes sprechen, wenn auch nur ein Teil der Nachfragenden auf den Bezug von den kartellierten Unternehmungen ausschließlich angewiesen ist."

[2]) Vgl. Kartelle, Konzerne und Trusts (8. Aufl.) S. 9 ff. — Für Liefmann kommen als Kartelle nur solche Verbände in Betracht, welche die Unternehmer als Anbieter, als Verkäufer von Waren eingehen, sich also gegen die Abnehmer, die Konsumenten richten, während Abnehmerverbände nach Liefmann nicht zu den Kartellen zu rechnen sind; er kennt also keine Einkaufskartelle.

sicht auf den gemeinsamen monopolistischen Zweck wird die wirtschaftliche Tätigkeit der Mitglieder durch das Kartell beschränkt; es wird ihnen das Recht der freien Preisfestsetzung, der Produktion oder des Absatzes nach eignem Belieben und ähnliches genommen.

In Anlehnung an Liefmann kann man das Kartell im wirtschaftlichen Sinn bestimmen [1]) als einen freiwilligen Zusammenschluß von rechtlich und wirtschaftlich selbständig bleibenden Unternehmern der gleichen oder ähnlichen Art, bei welchem der Wettbewerb der Mitglieder untereinander durch die Übernahme gegenseitiger Verpflichtungen derselben zu einem Unterlassen (und gegebenenfalls zu einem damit zusammenhängenden Tun) bei ihrer wirtschaftlichen Tätigkeit für eine gewisse Dauer beschränkt wird zum Zweck der monopolistischen Beeinflussung des Marktes [2]).

Es muß also vorliegen ein freiwilliger [3]) Zusammenschluß von Unternehmern [4]) zu einem gemeinsamen Zweck, nämlich dem der Erlangung einer — wenn auch nur begrenzten — Monopolstellung auf dem Markt, um damit günstigere Bedingungen für die selbständig bleibenden Erwerbswirtschaften der am Kartell Beteiligten zu schaffen. Die Kartellmitglieder sind rechtlich und wirtschaftlich selbständig. Diese Selbständigkeit wird auch durch den Zusammenschluß nicht aufgehoben. Die Leitung ihrer Erwerbswirtschaften bleibt nach wie vor in ihren Händen; ihnen allein fließt deren Gewinn zu, wie sie auch allein deren Verlust zu tragen haben. Es tritt nur in größerem oder geringerem Umfang eine Beschränkung des freien Wettbewerbs unter den Kartellmitgliedern dadurch ein, daß jeder für eine gewisse Dauer gegenseitige Verpflichtungen zu einem gewissen Verhalten in seiner wirtschaftlichen Tätigkeit innerhalb seines Unternehmens

---

[1]) Vgl. dazu auch Gierke, Handelsrecht und Schiffahrtsrecht 3, S. 495/6.

[2]) Diese Merkmale sind vorhanden bei der Vereinigung der Milchhändler, siehe oben S. 1.

[3]) Danach scheiden die sog. Zwangskartelle aus, die auf gesetzlicher Anordnung beruhen, sie unten S. 130.

[4]) Neben Produzenten kommen auch Händler und Handwerker in Frage, neben Verkaufs- auch Einkaufskartelle.

übernimmt, und zwar stets eine solche zu einem Unterlassen [1]), aber unter Umständen auch zu einem damit in Verbindung stehenden Tun [2]), wobei aber im übrigen der Wettbewerb zwischen den einzelnen Unternehmern fortdauert.

Die Kartelle im wirtschaftlichen Sinn lassen sich folgendermaßen einteilen [3]) [4]):

Zunächst sind zu scheiden Kartelle von Anbietern (Verkaufskartelle) und solche von Abnehmern (Einkaufskartelle). An Bedeutung stehen die ersteren durchaus im Vordergrund.

---

[1]) Z. B. die Verpflichtung, keine niedrigeren Preise zu nehmen, oder keine höheren zu zahlen (bei einem Einkaufskartell), nicht zu anderen Geschäftsbedingungen zu verkaufen oder zu kaufen, in ein bestimmtes Gebiet nicht zu liefern, nicht über ein gewisses Maß hinaus zu produzieren usw.

[2]) Bei den Verkaufssyndikaten ist mit der Unterlassungspflicht, die Erzeugnisse an niemand anders zu verkaufen, noch verbunden die positive Pflicht, die Erzeugnisse an das Syndikat gegen Vergütung zu liefern.

[3]) Es hängt allerdings von dem anzuwendenden Kartellbegriff ab, ob alle im weiteren aufgeführten Verbände als Kartelle zu bezeichnen sind. Nach Liefmann, S. 14 ff., 44 ff., scheiden Abnehmerverbände und reine Konditionenverbände, zum Teil auch Kalkulationsverbände sowie die Fertigungsverbände aus.

[4]) Liefmann, Kartelle, Konzerne und Trusts, S. 39 ff., bringt folgende Einteilung: zunächst werden drei große Gruppen gebildet: Gebiets-, Preis- und Produktionskartelle. Bei diesen ist jeweils wieder eine niedere und eine höhere Stufe zu unterscheiden. Als niedere Stufe erscheint das Beschränkungskartell, bei welchem den Mitgliedern Beschränkungen auferlegt werden hinsichtlich des Absatzes, der Preisfestsetzung, oder der Produktion, während bei der höheren Stufe, dem Verteilungskartell, eine Verteilung des Gesamtangebots, der Gesamtnachfrage oder des Gesamtgewinns an die Mitglieder stattfindet. — Siehe weiter: Isay-Tschierschky, Kartellverordnung S. 43 ff.; Tschierschky, Kart.-Organ., welcher Einkaufs- und Verkaufskartelle unterscheidet und bei letzteren wieder trennt:

Konditionenkartelle,
einfache Mindestpreiskartelle,
Kartelle mit Risikoausgleich
1. das reine Kontingentierungskartell,
2. das reine Rayonierungskartell,
3. Kartell mit Absatzrisikosicherung (Absatzausgleich),
Syndikat (Kartell mit eigener Verkaufstätigkeit),
Kartelle besonderen Zweckcharakters: Submissionskartelle, Fertigungskartelle, Markenschutzverbände, Zwangskartelle. (Über Markenschutzverbände siehe unten S. 65, über die Zwangskartelle unten S. 130.) — Die von Flechtheim gewählte Einteilung ist unten S. 11 Anm. 2 erwähnt.

A. Kartelle von Anbietern. Bei ihnen begegnen folgende Typen, wobei aber zu beachten ist, daß sehr häufig bei einem Kartell eine Mischung verschiedener Typen vorliegt [1]).

1. Konditionenkartelle; es werden Vereinbarungen getroffen über Geschäftsbedingungen, insbesondere über Gewährung von Zahlungsfristen, Anrechnung der Verpackung und dergleichen, welche die Kartellmitglieder bei ihrem geschäftlichen Verkehr mit ihren Kunden einzuhalten haben [2]). Im übrigen ist beim reinen Konditionenkartell der Wettbewerb nicht eingeschränkt, insbesondere sind Preisunterbietungen nicht ausgeschlossen.

2. Einfache Preiskartelle; hier sollen Preisunterbietungen verhindert werden. Deshalb werden feste Preise oder doch (häufiger) Mindestpreise für bestimmte Waren festgesetzt. Der Verkauf unter dieser Preisnorm ist den Kartellmitgliedern verboten [3]). Ein Preiskartell ist in aller Regel gleichzeitig auch Konditionenkartell, um auch eine Konkurrenz durch Gewährung günstigerer Bedingungen (z. B. längerer Zahlungsfristen bei gleichem Preis) auszuschalten.

3. Kalkulationskartelle; es werden hier nicht einheitliche Preise vorgeschrieben, aber es wird eine einheitliche Preiskalkulation durchgeführt, indem für die Errechnung der Selbstkosten und eventuell Gewinnzuschläge für die Kartellmitglieder verbindliche Normen aufgestellt werden.

4. Produktionskartelle; bei diesen wird die Produktion jedes Mitglieds einschränkend geregelt. Dabei wird entweder die Produktionsmenge eingeschränkt, indem jedem Mitglied eine Höchstgrenze seiner Produktion vorgeschrieben wird, die es nicht überschreiten darf; es wird z. B. die gesamte Menge der Produktion für ein Jahr festgesetzt und nach einem Schlüssel auf

---

[1]) Siehe z. B. den Auszug aus einer Satzung in Verhandlungen und Berichte des ersten Unterausschusses, 3. Arbeitsgruppe, 2. Teil, Erster Abschnitt, S. 278 ff., Wagenführ, Kartellverträge Nr. 9 Anm. 8.

[2]) Siehe Beispiele bei Tschierschky, Kart.-Organ., S. 41 ff., Wagenführ, Kartellverträge, S. VIII, auch unten S. 158.

[3]) Beispiel unten S. 157, siehe auch Wagenführ, Kartellverträge, S. VIII.

die Mitglieder des Kartells (Kontingent, Quote) verteilt. Oder es findet eine qualitative Beeinflussung der Produktion statt auf Grund eines Planes, der für Spezialisierung, Typisierung und Normung aufgestellt wird, um die Produktion rationeller zu gestalten und die Selbstkosten zu verringern. Es darf z. B. jedes Mitglied unter Einschränkung seines Fabrikationsprogramms nur bestimmte Typen von Fabrikaten, in der Automobilindustrie etwa nur Lastwagen oder nur große oder kleine Personenwagen, herstellen (Fertigungskartelle) [1]).

5. Gebiets- und Kundenschutzkartelle; es erfolgt hier eine Regelung des Absatzes in der Weise, daß jedem Mitglied ein bestimmtes Absatzgebiet eingeräumt wird, oder daß ihm bestimmte Abnehmer zugewiesen werden, denen andere Kartellmitglieder nicht anbieten und nicht liefern dürfen.

6. Absatzkontingentierungskartelle ohne Zentralisation der Absatztätigkeit [2]); die Gesamtabsatzmenge wird nach einem bestimmten Schlüssel auf die Mitglieder des Kartells verteilt. Es bestimmt sich danach für das einzelne Mitglied sein Kontingent oder seine Beteiligungsziffer (auch Quote, Anteilsziffer usw. genannt). Mittelbar kann damit auch eine Kontingentierung der Produktion herbeigeführt werden, da das Mitglied gezwungen ist, den sein Absatzkontingent überschreitenden Teil seiner Produktion auf Lager zu nehmen. Der Absatz bleibt hier in Händen der Mitglieder, so daß die unmittelbaren

---

[1]) Siehe dazu Isay, Studien, S. 12, 32, siehe oben S. 6 Anm. 4; Isay-Tschierschky, Kartellverordnung, S. 51; aber auch Flechtheim, Rechtl. Organ., S. 228 ff., derselbe, Strukturwandlungen, S. 341 ff.

[2]) Die Bezeichnung schließt sich an an Flechtheim, Rechtliche Organisation, S. 103. Flechtheim unterscheidet: Kontingentierungskartelle (bei welchen der Absatz und damit mittelbar auch die Produktion des einzelnen Mitgliedes beschränkt, kontingentiert ist) und Kartelle ohne Kontingentierung (die oben unter 1—5 aufgeführten Kartellarten mit Ausnahme der Fertigungskartelle, die Flechtheim nicht zu den Kartellen zählt). Bei den ersteren trennt er wieder: Kontingentierungskartelle mit Zentralisation des Absatzes (Verkaufssyndikate) und Kontingentierungskartelle ohne solche (reine Kontingentierungskartelle). Angesichts der Bedeutung des Flechtheimschen Werkes für die Fragen der rechtlichen Organisation der Kartelle ist es notwendig, sich mit dieser Einteilung vertraut zu machen.

Beziehungen zu ihrer Kundschaft fortbestehen. Es muß aber zur Überwachung und Verrechnung eine Geschäftsstelle vorhanden sein [1]).

7. Absatzkontingentierungskartelle mit Zentralisation der Absatztätigkeit; Verkaufssyndikat [2]); bei dieser höchsten Stufe der Kartellierung ist die Organisation des Kartells am straffsten, und die Selbständigkeit der Mitglieder ist am meisten beschränkt. Es findet hier nicht nur eine Kontingentierung des Absatzes (und unmittelbar oder mittelbar auch der Produktion, sowie Ausgleich für Mehr- oder Wenigerlieferung) statt, vielmehr wird den Mitgliedern auch der Absatz vollständig oder doch bis auf nur für besonders bezeichnete Zwecke zu verwendende Mengen entzogen und in die Hand einer einheitlichen Verkaufsstelle gelegt. Das Kartell bestimmt auch die Preise und Geschäftsbedingungen. Das einzelne Mitglied steht nicht mehr in unmittelbarem geschäftlichen Verkehr mit der Kundschaft. Der Verkauf erfolgt einheitlich durch die Verkaufsstelle. Nur an diese hat jedes Mitglied seine Produktion gegen Vergütung zu liefern, unmittelbare Verkäufe unter Umgehung der Verkaufsstelle sind ihm untersagt. Im Rahmen seiner Beteiligungsziffer besteht regelmäßig für das Mitglied gegenüber dem Kartell ein Recht auf Abnahme und auch eine Pflicht zur Lieferung [3]).

Die Verkaufsstelle kann eine besondere, von dem Kartell hierzu ins Leben gerufene juristische Person sein, oder es kann der Verkauf einem Kartellmitglied oder einem Angestellten des Kartells oder schließlich einem außerhalb des Kartells stehenden Dritten (etwa einer Bank) übertragen werden, oder aber es kann

---

[1]) Es kann auch eine Begrenzung des Absatzes der Mitglieder in der Weise stattfinden, daß diejenigen, welche ihre Beteiligungsziffer überschreiten, eine Abgabe an die Geschäftsstelle zu entrichten haben, aus der diejenigen Mitglieder entschädigt werden, welche mit ihrem Absatz zurückbleiben, vgl. über den Absatzausgleich Tschierschky, Kartell-Organ. S. 36 ff., 57 ff.

[2]) Der Sprachgebrauch ist nicht feststehend, doch ist es angebracht, unter einem Syndikat nur ein Kartell mit einheitlicher Verkaufs- (oder Einkaufsstelle) zu verstehen. Als Konvention bezeichnet man losere Kartellverbände, wie Preis- und Konditionenkartelle.

[3]) Vgl. dazu unten S. 32, siehe auch die Beispiele unten S. 162 ff.

das Kartell selbst, das als Handelsgesellschaft (GmbH. oder AG.) konstituiert ist, zugleich auch Verkaufsstelle sein [1]).

8. Submissionskatelle [2]); auch hier handelt es sich um eine Art der Absatzkontingentierung, wobei die einzelnen Aufträge unter die Kartellmitglieder nach einem bestimmten Verhältnis verteilt werden. Es ergeben sich dann Besonderheiten und Bedenken, wenn bei einer Ausschreibung, bei welcher die Zuteilung des Auftrags an den Wenigstnehmenden erfolgt, dem Ausschreibenden von dieser Vereinbarung keine Mitteilung gemacht wird, wenn vielmehr die vom Kartell gewünschte Zuteilung des Auftrags an ein bestimmtes Mitglied dadurch zu erreichen versucht wird, daß dieses nach Verabredung das niederste Gebot einreicht, während andere Mitglieder sog. Schutzofferten, d. h. Angebote zu höheren Preisen oder sonst für den Ausschreibenden ungünstigen Bedingungen einreichen.

B. Kartelle von Abnehmern.

Bei diesen kann man entsprechende Typen unterscheiden. Auch hier kann es sich handeln um Einhaltung von Geschäftsbedingungen, um Festsetzung von Höchsteinkaufspreisen, Einschränkung der Bezugsmenge (um dadurch einen Preisdruck auszuüben), Zuweisung von Einkaufsgebieten und Schaffung einer einheitlichen Einkaufsstelle (Einkaufssyndikat).

II. Konzern, Interessengemeinschaft, Trust.

Auch diese sind volkswirtschaftliche Begriffe [3]). Sie stehen zwar keineswegs allgemein fest, aber es ist doch notwendig, hier

[1]) Näheres darüber bei der Behandlung der Rechtsformen der Kartelle S. 35 Anm. 6.

[2]) Siehe Bergemann-Gorski, Das Verdingungskartell (1931).

[3]) Vgl. dazu Liefmann, Kartelle, Konzerne und Trusts (8. Aufl.), S. 275 ff.; Passow, Betrieb, Unternehmung, Konzern; Schäffer, Strukturwandlungen, S. 315; Gierke, Handelsrecht und Schiffahrtsrecht 3, S. 490 ff. — Über die hier auftauchenden Rechtsfragen: Geiler, Gesellschaftliche Organisationsformen des neueren Wirtschaftsrechts 1922; Haußmann, Grundlegung des Rechts der Unternehmungszusammenfassungen 1926, derselbe Unternehmungszusammenfassungen im Hdw. d. Rwj.; Friedländer, Konzernrecht 1927, derselbe Beiträge zur Systematik des Kartell- und Konzernrechts, Kart.-Rd. 1926, S. 143 ff.; Rosendorff, Die rechtliche Organisation der Konzerne 1927.

über ihre Bestimmung und Abgrenzung gegenüber dem Begriff des Kartells im volkswirtschaftlichen Sinn [1]) folgendes zu sagen:

Unter Konzern ist zu verstehen eine Gruppe von rechtlich selbständigen Unternehmen, die eine wirtschaftliche Einheit bilden und unter einer gemeinsamen Leitung stehen [2]). Die Verbindung kann dabei auf verschiedene Weise herbeigeführt werden. So im Wege des Effektenbesitzes durch Erwerb von Aktien zu Beherrschungszwecken, sei es, daß die beherrschende Gesellschaft alle Aktien der beherrschten in Händen hat, sei es, daß die Muttergesellschaft nur einen zur Beherrschung genügenden Teil der Aktien der Tochtergesellschaft besitzt. Neben dieser einseitigen Beteiligung eines Unternehmens an einem anderen kommt weiter eine kapitalistische Verflechtung durch Austausch von Aktien, sowie die Übertragung von Aktien der verschiedenen Unternehmen an ein Gemeinschaftsorgan in Frage. Es kann ferner eine personelle Verknüpfung der Unternehmen durch Austausch von Verwaltungsmitgliedern erfolgen. Auch durch Pacht- und Betriebsüberlassungsverträge kann die Verbindung hergestellt werden. Schließlich gehört auch eine konzernmäßig ausgestaltete Interessengemeinschaft in diesen Zusammenhang.

Danach ergeben sich folgende Unterschiede des Konzerns gegenüber dem Kartell im wirtschaftlichen Sinn:

1. Bei dem Konzern bleiben die Unternehmen zwar rechtlich selbständig, aber sie werden zu einer wirtschaftlichen Einheit verbunden und unterstehen einer gemeinsamen Leitung. Bei dem Kartell behalten die einzelnen Unternehmen nicht nur ihre rechtliche, sondern auch ihre wirtschaftliche Selbständigkeit, welche auch durch die den Wettbewerb auf Zeit beschränkenden Kartellbindungen keineswegs aufgehoben wird [3]).

2. Bei dem Kartell erfolgt der Zusammenschluß, um einen Einfluß auf die Gestaltung des Marktes zu gewinnen. Bei dem

---

[1]) Wichtig auch für die Auslegung der KartVO., siehe unten S. 64. Interessengemeinschaft und Trust werden im § 10 KartVO. erwähnt.

[2]) Vgl. Verhandlungen und Berichte des Unterausschusses für allgemeine Wirtschaftsstruktur, 3. Arbeitsgruppe, 3. Teil: Wandlungen in der aktienrechtlichen Gestaltung der Einzelunternehmungen und Konzerne, Generalbericht, S. 64 ff.

[3]) Siehe oben S. 8.

Konzern fehlt diese Tendenz im allgemeinen; tritt sie zu einer konzernmäßigen Verbindung noch hinzu, dann wird der Konzern zum Trust.

Die Bezeichnung Interessengemeinschaft ist sehr vieldeutig; sie wird zweckmäßig beschränkt auf solche Fälle, in denen eine Gewinngemeinschaft zwischen mehreren Unternehmern besteht [1]). Man kann dabei zunächst eine reine Interessengemeinschaft unterscheiden; bei dieser vereinbaren mehrere rechtlich selbständige Unternehmer, die auch weiterhin ihre Geschäfte nach außen selbständig führen, daß der Gewinn als eine Einheit behandelt und unter die Beteiligten nach einem bestimmten Schlüssel verteilt werden soll. Wird nun noch weiter eine Verflechtung der Unternehmen durch Austausch von Verwaltungsmitgliedern, durch effektenkapitalistische Beteiligung in Form von Aktienaustausch usw. herbeigeführt, so liegt eine konzernmäßig ausgestaltete Interessengemeinschaft vor.

Der Unterschied gegenüber dem Kartell ist damit gegeben, daß bei diesem eine derartige Gewinngemeinschaft nicht besteht.

Bei dem Trust kann es sich handeln entweder um die Zusammenfassung rechtlich selbständiger Unternehmen unter einer gemeinsamen Leitung mit Verlust ihrer wirtschaftlichen Selbständigkeit (mit anderen Worten also um eine konzernmäßige Zusammenfassung) oder aber auch um eine Großunternehmung, die durch völlige Verschmelzung (Fusion) auch ihrer rechtlichen Selbständigkeit entkleideter Unternehmen entstanden sein kann. Wesentlich ist aber ferner, daß bei dem Trust die Tendenz der Marktbeherrschung besteht.

In diesem Punkt berührt er sich also mit dem Kartell, das sich aber im übrigen dadurch scharf von ihm scheidet, daß bei dem Kartell die rechtliche und wirtschaftliche Selbständigkeit der einzelnen Unternehmen bestehen bleibt.

III. Kartelle im Sinne der Kartellverordnung.

Durch den Erlaß der Verordnung gegen Mißbrauch wirtschaftlicher Machtstellungen vom 2. November 1923 (Kartellver-

---

[1]) Siehe Geiler-Staudinger, Bd. II, S. 1394, mit Literatur. Flechtheim, Strukturwandlungen, S. 352 ff.

ordnung) ist es notwendig geworden, den Kreis derjenigen wirtschaftlichen Zusammenschlüsse abzugrenzen, auf welche die Bestimmungen der §§ 1—9 dieser Verordnung Anwendung finden [1]. Im wesentlichen sind dies allerdings die oben behandelten Kartelle im volkswirtschaftlichen Sinn, weshalb man auch allgemein die Verordnung als Kartellverordnung bezeichnet.

Aber beide Kreise decken sich doch nicht, und es ist nötig, die Merkmale für die in das Anwendungsbereich der §§ 1—9 KartVO. fallenden Zusammenschlüsse näher festzustellen, wie dies später geschehen wird [2]. Sind diese im einzelnen Fall gegeben, dann kann man von einem Kartell im Sinne der Kartellverordnung sprechen.

Allgemeines Recht und Kartellsonderrecht.

Für die Gestaltung des Rechts der Kartelle ist die Verordnung gegen Mißbrauch wirtschaftlicher Machtstellungen vom 2. November 1923, die sogenannte Kartellverordnung, von einschneidender Bedeutung gewesen. Vor ihrem Inkrafttreten kam Bedeutung nur dem volkswirtschaftlichen Kartellbegriff zu, und als Bestandteile eines Kartellrechts kamen nur Sätze des allgemeinen Rechts, sowohl auf dem Gebiet des öffentlichen, wie — und dies ganz überwiegend — des Privatrechts, also die des BGB., HGB. usw., in ihrer Anwendung auf diese Kartelle im wirtschaftlichen Sinn in Betracht [3]. Die Kartellverordnung hat zuerst in Deutschland ein Sonderrecht gebracht [4], das nur eingreift, wenn

[1]) § 10 KartVO. bleibt hier außer Betracht, weil er, wie sein Wortlaut ergibt, nicht nur auf Kartelle (Syndikate, Konventionen oder ähnliche Verbindungen), sondern auch auf andere wirtschaftliche Machtkörper, nämlich Trusts und Interessengemeinschaften, und sogar auf Einzelunternehmungen anwendbar ist, siehe unten S. 76.

[2]) Siehe unten S. 60 ff.

[3]) Aus dieser Periode stammt insbesondere das auch jetzt noch in vielen privatrechtlichen Fragen grundlegende Werk von Flechtheim, Rechtliche Organisation der Kartelle (siehe dort S. 5); ebenso Isay, Allgemeines Berggesetz für die preußischen Staaten, Bd. II, Anhang I, S. 391 ff.

[4]) Über die Kohlen- und Kaliwirtschaftsgesetze siehe unten S. 130.

ein Kartell im Sinne dieser Verordnung vorliegt [1]). Dabei handelt es sich aber keineswegs etwa um eine Kodifikation aller für diese Zusammenschlüsse in Frage kommenden Rechtssätze. Vielmehr bringt die KartVO. nur einige Sondervorschriften sehr verschiedenen Charakters. Die wichtigste ihrer Neuerungen liegt auf öffentlich-rechtlichem Gebiet; die §§ 4 bis 7 enthalten die Einführung einer Staatsaufsicht. Weiter begegnen eine Formvorschrift (§ 1), Bestimmungen über Kündigung aus wichtigem Grund (§ 8), Vorschriften über die zur Verwertung von Sicherheiten und zur Verhängung von Sperren und sperrähnlichen Maßnahmen erforderliche Genehmigung (§ 9) [2]). Im übrigen sind aber, soweit nicht diese Sondernormen eingreifen, auch hier nach wie vor die Sätze des allgemeinen, öffentlichen und privaten Rechts anzuwenden [3]).

Es sind deshalb — zugleich auch als Voraussetzung für das Verständnis des Eingreifens des später zu behandelnden Sonderrechts der Kartellverordnung — zunächst diejenigen Bestimmungen des allgemeinen Rechts zu erörtern, die nach den Ergebnissen der

---

[1]) Siehe oben S. 15 und unten S. 60 ff. Über die Kartellnotverordnung und die weiteren Notverordnungen unten S. 119 ff.

[2]) Über den sonstigen Inhalt siehe einstweilen den Text der Verordnung unten S. 173.

[3]) Das Reichsgericht sagt dazu in RGZ. 122, S. 260 (Urteil vom 14. 12. 1928): Die KartVO. verbietet die Kartelle nicht, sondern erkennt sie an und unterwirft sie nur in gewissen Richtungen Sondernormen, die allerdings ihre Stellung im Vergleich zu derjenigen anderer Rechtsträger wesentlich beeinflussen. Trotzdem muß grundsätzlich angenommen werden, daß auch Kartelle und Kartellverbände im Rahmen des allgemeinen Rechts von den vorhandenen Rechts- und Rechtsschutzvorrichtungen ebenso Gebrauch machen können wie andere Rechtssubjekte. Wo diese allgemeine Gleichheit vor Recht und Gesetz zum Nachteil solcher Vereinigungen durchbrochen sein soll, muß dies nach allgemeinen Grundsätzen, wenn nicht ausdrücklich verordnet, so doch zweifelsfrei zu erschließen sein.

Übereinstimmend das Kartellgericht in seinem Gutachten vom 3. März 1930 (Kart.-Rd. 1930, S. 374 f.): Die KartVO. hat aber die in der Reichsverfassung verbriefte Freiheit der Wirtschaft auch hinsichtlich der Kartelle grundsätzlich unangetastet gelassen und ihre Vertrags- und Organisationsfreiheit nur insoweit beschränkt, als sie dies durch besondere Vorschriften deutlich zum Ausdruck gebracht hat.

Kautelarjurisprudenz, der Rechtsprechung [1]) und der Rechtswissenschaft hauptsächlich für Kartelle (im wirtschaftlichen Sinn) von Bedeutung sind und die, was die privatrechtliche Seite anlangt, auch heute noch durchaus im Vordergrund stehen, da die KartVO. auf diesem Gebiet nur wenige Sonderbestimmungen enthält. Dabei ist allerdings zu betonen, daß es für diese Sätze des allgemeinen Rechts niemals Voraussetzung hinsichtlich ihrer Anwendbarkeit ist, daß das als Objekt in Rede stehende wirtschaftliche Gebilde tatsächlich unter den Begriff des Kartells im wirtschaftlichen Sinn zu subsumieren ist.

---

[1]) Über die als rechtliche Grundlage für die Entwicklung der Kartelle besonders wichtige Rechtsprechung des Reichsgerichts vgl. Eger, Das Reichsgericht und die Kartelle in „Die Reichsgerichtspraxis im deutschen Rechtsleben", Festgabe der juristischen Fakultäten zum 50jährigen Bestehen des RG., Bd. 4, S. 231 ff. — Vergleicht man die Urteile aus der Zeit vor dem Erlaß der KartVO., so ergibt sich, daß in den zahlreichen, einschlägigen Entscheidungen häufig gar nicht erwähnt wird, daß es sich bei dem der Beurteilung unterliegenden Zusammenschluß um ein Kartell handelt. In anderen Fällen nimmt das RG. den Begriff als gegeben hin, da er ja für die Anwendung des in Frage kommenden allgemeinen Rechts nicht entscheidend ist (siehe dazu alsbald oben im Text). Nur einmal gibt es eine Begriffsbestimmung, wonach das Kartell erscheint als eine Vereinigung von Gewerbetreibenden gleichartiger oder verwandter Gewerbezweige zur Ausschaltung oder Verminderung des Wettbewerbs unter seinen Mitgliedern. Urt. vom 7. 11. 1912 (Warn. Rspr. 13 Nr. 82 S. 108, JW. 13, 134 Nr. 11).

I. Teil.

Das allgemeine Recht.

Überblick.

Wenn man von dem Begriff des Kartells im volkswirtschaftlichen Sinn ausgeht, wie er oben [1]) bestimmt wurde, so erscheinen dabei für die Beurteilung nach allgemeinem Recht folgende Punkte als wesentlich. Einmal, daß es sich stets um einen Zusammenschluß rechtlich gleichgeordneter Personen für eine gewisse Dauer zur Erreichung eines gemeinsamen Zwecks handelt [2]). Zum andern, daß als Mittel zur Erreichung dieses gemeinsamen Zwecks für die am Kartell Beteiligten Verpflichtungen zu einem gewissen Verhalten (einem Unterlassen und unter Umständen auch zu einem Tun) in ihrer wirtschaftlichen Tätigkeit begründet werden sollen.

Bei einem derartigen Zusammenschluß tauchen die schon früher [3]) angedeuteten Fragen auf, so die nach der im einzelnen Fall zulässigen oder angemessenen Rechtsform der Vereinigung, aus deren Entscheidung sich dann wieder rechtliche Folgen für die Beziehungen der Angehörigen des Verbandes zu diesem und untereinander, insbesondere auch hinsichtlich der Möglichkeit eines vorzeitigen Ausscheidens ergeben, ferner die nach dem Vorhandensein einer rechtlich unstatthaften Knebelung des einzelnen Kartellmitglieds usw.

Daß bei einem solchen Zusammenschluß im einzelnen Fall infolge einer damit verbundenen wirtschaftlichen Machtstellung starke Wirkungen auf dem Markt zutage treten, kommt für die

---

[1]) Siehe S. 8.

[2]) Erstrebt wird die Schaffung günstigerer Bedingungen für die wirtschaftliche Tätigkeit der Kartellteilnehmer in ihren selbständig bleibenden Erwerbswirtschaften; es liegt eine Förderungsgemeinschaft vor, siehe Geiler, JW. 1926 Nr. 6, Gruchot, Beitr. Bd. 68 S. 598 ff., Staudinger, Kom. z. BGB. (9. Aufl.) Bd. II S. 1380.

[3]) S. 2 ff.

Anwendung von Sätzen des allgemeinen Rechts nur dann in Betracht, wenn die betreffende Vereinigung ein tatsächliches Monopol anstrebt oder bereits besitzt. Dies ist dann von Bedeutung für die Frage nach der Zulässigkeit der Vereinigung und für die rechtliche Beurteilung des Verhältnisses zu Außenseitern und bestimmten Dritten (Abnehmern und Lieferanten), sowie zu der unbestimmten Vielheit Dritter, der Allgemeinheit. Doch besteht hinsichtlich dieser Beziehung nach außen, was besonders zu betonen ist [1], für das allgemeine Recht grundsätzlich kein Unterschied, ob der wirtschaftliche Machtkörper, der das tatsächliche Monopol anstrebt oder schon besitzt, ein Kartell ist oder ob als Inhaber des tatsächlichen Monopols ein einzelner Unternehmer oder ein Zusammenschluß von Unternehmern, der nicht als Kartell zu bezeichnen ist, in Frage kommt.

Es sollen nunmehr erörtert werden die Frage der Zulässigkeit der Kartelle, ihr rechtlicher Aufbau, die Rechtsbeziehungen innerhalb des Kartells und die zu Außenstehenden nach allgemeinem Recht.

Zulässigkeit der Kartelle.

Es bestehen in Deutschland keine gesetzlichen Vorschriften, nach denen die Bildung von Kartellen verboten wäre [2]. Vielmehr ergibt sich ihre Zulässigkeit aus den Grundsätzen der Gewerbefreiheit, der Vertragsfreiheit und der Vereinigungsfreiheit, welche in der Reichsverfassung Art. 151 (in Verbindung mit § 1 der Gewerbeordnung), 152, 159 (in Verbindung mit Art. 124) niedergelegt sind [3]).

Allerdings ist im Gegensatz hierzu geltend gemacht worden,

---

[1]) Von den Vorschriften der Kartellverordnung bezieht sich auf alle Inhaber einer wirtschaftlichen Machtstellung nur der § 10, während die §§ 1—9 nur auf Kartelle i. S. der Verordnung Anwendung finden.

[2]) Auch die KartVO. enthält kein solches Verbot; vgl. dazu auch RGZ. 122, 236: Die KartVO. verbietet die Kartelle nicht, sondern erkennt sie an und unterwirft sie nur in gewissen Richtungen Sondernormen, siehe unten S. 119 über die Notverordnungen.

[3]) Siehe auch Nipperdey in „Die Reform des Kartellrechts", zwei Referate von Isay und Nipperdey, S. 44.

daß der Zusammenschluß zu einem Kartell gegen den Grundsatz der Gewerbefreiheit, wie er in der Gewerbeordnung zur Geltung gebracht wird, verstoße. Jedoch hat das Reichsgericht in einer Entscheidung, die für die Entwicklung der Kartelle außerordentliche Bedeutung erlangt hat [1]), bereits im Jahre 1897 klar ausgesprochen, daß dies nicht der Fall ist. Das höchste Gericht prüfte dabei zwei Fragen. Einmal, ob das Kartell nicht verstößt gegen die Intentionen des Gesetzgebers, insoweit er durch die Gewerbefreiheit die Interessen der Allgemeinheit fördern wolle. Dies wird grundsätzlich verneint und eine Ausnahme nur für besonders gelagerte Fälle angenommen, wie z. B. wenn es ersichtlich auf die Herbeiführung eines Monopols und die wucherische Ausbeutung der Konsumenten abgesehen ist [2]), oder diese Folgen doch durch die getroffenen Vereinbarungen und Einrichtungen tatsächlich herbeigeführt werden.

Zum andern untersucht es, ob nicht die individuelle Gewerbefreiheit des einzelnen Kartellmitglieds in einer der Absicht des Gesetzgebers zuwiderlaufenden Weise beschränkt wird. Auch dies wird grundsätzlich abgelehnt unter Hinweis darauf, daß § 1 GewO. nicht die Bedeutung habe, daß sich der einzelne schlechterdings einer Beschränkung in der Richtung, ob, wo und wie er ein Gewerbe betreibe, nicht wirksam unterwerfen könne [3]).

[1]) RGZ. 38, 155 ff., siehe dazu Eger, Das Reichsgericht und die Kartelle, S. 232 ff. Das Urteil gebraucht allerdings nicht die Bezeichnung Kartell, sondern spricht von „Vereinigung von Gewerbsgenossen zu dem in gutem Glauben verfolgten Zweck, einen Gewerbebetrieb durch Schutz gegen Entwertung der Gewerbeerzeugnisse und die sonstigen aus Preisunterbietungen Einzelner hervorgehenden Nachteile lebensfähig zu erhalten". In dem Urteil vom 7. Nov. 1912 (teilweise abgedruckt Warn, Rspr. 13 Nr. 82 S. 108 und JW. 13, 134 Nr. 11) wird ausdrücklich gesagt, daß das Reichsgericht wiederholt anerkannt habe, daß ein Kartell nicht gegen den im § 1 GewO. aufgestellten Grundsatz der Gewerbefreiheit verstoße.

[2]) Dabei ist zu beachten, daß das Reichsgericht in späteren Entscheidungen ganz unzweideutig ausgesprochen hat, daß das Streben nach einem tatsächlichen Monopol für sich allein nicht unzulässig ist; nur wenn ein Mißbrauch desselben vorliegt (entsprechend der wucherischen Ausbeutung der Allgemeinheit im obigen Urteil), dann erscheint dies als ein Verstoß gegen die guten Sitten; siehe unten S. 23.

[3]) Es kann aber im einzelnen Fall eine gegen die guten Sitten verstoßende Knebelung der wirtschaftlichen Freiheit eines Kartellmitgliedes gegeben sein, siehe unten S. 24.

Es ist daran festzuhalten, daß sich § 1 GewO., in dem der Grundsatz der Gewerbefreiheit ausgesprochen ist, nur gegen obrigkeitliche Beschränkung richtet [1]), sowie weiter, daß durch einen Zusammenschluß zu einem Kartell nicht eine ausschließliche Gewerbeberechtigung im Sinne des § 10 GewO. geschaffen wird, so daß also auch eine Verletzung dieser Vorschrift nicht in Frage kommt [2]).

Von den Vorschriften des BGB. kommt für die Frage nach der Zulässigkeit der Kartelle § 138 in Betracht, wobei zu beachten ist, daß die gleiche Vorschrift nunmehr auch in Art. 152 Abs. 2 Satz 2 der Reichsverfassung begegnet. Danach ist zunächst zu fragen, ob in der Bildung eines Kartells nicht etwa ohne weiteres ein Verstoß gegen die guten Sitten zu erblicken ist [3]). Dies ist mit dem Reichsgericht [4]) grundsätzlich zu verneinen [5]).

Dabei ist von besonderer Bedeutung, daß das Reichsgericht ausdrücklich anerkennt, daß auch das Streben nach einer tatsäch-

---

[1]) Vgl. dazu auch die Entscheidung des Staatsgerichtshofes für das Deutsche Reich im RGZ. 112, Anh. S. 25, und dazu Nipperdey in Kart.-Rdsch. 1930, S. 131.

[2]) Vgl. auch RGZ. 79, 224.

[3]) Das Inkrafttreten der KartVO. hat hinsichtlich der Anwendbarkeit des § 138 BGB. auf Kartelle keinen Einfluß, so mit Recht Kullmann, Die Kartellverordnung vom 2. 11. 1923, und der Verstoß gegen die guten Sitten (§§ 138, 826 BGB.), gegen die abweichende Ansicht von Goldbaum; vgl. auch die Entscheidungen des KartG. vom 12. 9. 1924 (E 32, Kart.-Rd. 1924 S. 327) und vom 24. 4. 1926 (E 74).

[4]) Vgl. RGZ. 56, 274 betr. den Buchhändlerbörsenverein: Eine derartige genossenschaftliche oder vertragliche Vereinigung von Gewerbetreibenden zur Herbeiführung und Erhaltung angemessener Preise für ihre Gewerbeerzeugnisse und Handelsartikel würde — auch wenn sie die Bedeutung eines gewerblichen Kartells hätte — darum allein nicht als gesetzlich unstatthaft oder sittlich verwerflich zu betrachten sein; ferner Urteil vom 7. Nov. 1912 (oben S. 21 Anm. 1), wonach unter der Herrschaft des geltenden Rechts solche Vereinigungen an und für sich nicht zu beanstanden sind und insbesondere in einem solchen Zusammenschluß von Gewerbsgenossen nicht etwa ein Verstoß gegen § 138 BGB. gefunden werden kann.

[5]) In besonders gelagerten Fällen kann allerdings ein Verstoß gegen die guten Sitten vorliegen, so z. B. RGZ. 79, 279 (Kartellvertrag unsittlich und unverbindlich, weil er eine Verpflichtung zum Vertragsbruch enthält).

lichen Monopolstellung nicht gegen die guten Sitten verstößt [1]). Dies ist vielmehr nur der Fall, wenn ein Mißbrauch der auf einer Monopolstellung begründeten Macht vorliegt [2]).

Ein solcher Mißbrauch kann sich ergeben bei der Verletzung der allgemeinen Interessen. So, wenn die durch ein tatsächliches Monopol begründete Machtstellung dazu ausgenützt wird, um dem Verkehr unbillige, unverhältnismäßige Opfer aufzuerlegen [3]), oder bei der Verbreitung von Waren des allgemeinen und unentbehrlichen Bedarfs die Allgemeinheit durch unangemessene Preise auszubeuten [4]).

Ein Kartellvertrag, mit dessen Abschluß ein derartiger sittenwidriger Zweck, die Erlangung eines tatsächlichen Monopols und

---

[1]) RGZ. 118, 84 ff.: Die Erstrebung einer Monopolstellung enthält nichts Rechtswidriges, solange erlaubte Kampfmittel benutzt werden und die Zwecke des Monopols nicht gegen die guten Sitten verstoßen.

[2]) Siehe RGZ. 78, 199: Nun ist es durchaus zulässig, daß sich eine Interessentengruppe zur Erlangung wirtschaftlicher Vorteile als eine Vereinigung mit erhöhter finanzieller Leistungsfähigkeit zusammenschließt und von dieser Machtstellung zum Abschluß günstiger Verträge Gebrauch macht. Auf diesem Rechtsgedanken beruhen die Kartelle und Syndikate und Verbände verwandter Art. Nur wenn ein Mißbrauch der durch die Kräftezusammenfassung erlangten Macht stattfindet, liegt ein Verstoß gegen die guten Sitten vor; weiter Urteil vom 12. Dez. 1928 (Kart.-Rdsch. 1928, 290): Wenn in der Rechtsprechung des Reichsgerichtes auch anerkannt ist, daß der Mißbrauch einer Monopolstellung gegen die guten Sitten verstößt (es werden dann zahlreiche Entscheidungen angeführt).

[3]) Vgl. z. B. RGZ. 62, 264, wo dem tatsächlichen Monopol der Ausschluß einer Konkurrenzmöglichkeit gleichgestellt wird; 99, 107; 118, 84 ff., wonach das Erstreben einer Monopolstellung dann als rechtswidrig erscheint, wenn die Zwecke des Monopols gegen die guten Sitten verstoßen; als sittenwidriger Zweck wird dabei die Berechnung unbillig hoher Frachten angeführt.

[4]) Siehe z. B. Urt. des RG. vom 6. Juli 1914 (Kart.-Rdsch. 1922, 178): Der mit der Sperre angestrebte Zweck, daß Waren nicht unter einem bestimmten Preis verkauft werden, kann jedenfalls solange nicht als sittenwidrig angesehen werden, als nicht dadurch unter dem Zwang der Sperre unangemessene Preise für Waren des allgemeinen und unentbehrlichen Bedarfs festgesetzt werden; RGZ. 104, 306 (vom 9. Mai 1923): Daß es sich mittelbar um eine Knebelung durch den Wirtschaftsverband der deutschen Uhrenfabrikation, um einen Mißbrauch des tatsächlichen Monopols handelt, könnte die Anwendung des § 138 BGB. nur dann rechtfertigen, wenn wirklich eine mißbräuchliche, d. h. den Verhältnissen nicht entsprechende Preisgestaltung dieses Verbands

die mißbräuchliche Ausnutzung der dadurch begründeten Machtstellung verfolgt wird, verstößt gegen § 138 BGB., Art. 152 Abs. 2 Satz 2 RV. und ist nichtig[1]).

Zum andern greift § 138 BGB. und damit Nichtigkeit dann ein, wenn der Kartellvertrag Bestimmungen enthält, die sich als eine unzulässige, gegen die guten Sitten verstoßende Beschränkung der wirtschaftlichen Freiheit der Kartellmitglieder darstellen. Doch ist zu sagen, daß dies für die allgemein üblichen Kartellbindungen nicht zutrifft, so daß nur in besonders gelagerten Ausnahmefällen eine solche sittenwidrige Knebelung der Mitglieder vorliegen könnte[2]).

Besonders häufig ist die Frage der Sittenwidrigkeit vor allem für Submissionskartelle in gerichtlichen Entscheidungen erörtert worden. Doch sind auch diese grundsätzlich zulässig und nur in Ausnahmefällen sittenwidrig[3]).

Rechtlicher Aufbau der Kartelle.

Wenn bei einem Kartell Verpflichtungen begründet werden sollen, deren Erfüllung gegebenenfalls auch mit staatlicher Hilfe erzwingbar sein soll[4]), muß die Vereinigung in eine juristische Form gekleidet werden. Ebensowenig wie irgendein ausländisches Recht[5]) hat nun aber die deutsche Rechtsordnung eine besondere

---

in Frage käme; Urt. vom 26. Okt. 1928 (JW. 1929, 249): ... müßten die Verbandsbedingungen wegen Knebelung der Abnehmer oder schrankenloser Ausnutzung einer Monopolstellung, untragbarer Ausnutzung des Zwischenhandels oder des Publikums als gesetz- und sittenwidrig angesehen werden.

[1]) Vgl. Urt. des RG. vom 6. Nov. 1923 (Kart.-Rdsch. 1924, S. 169), wo allerdings für den in Rede stehenden Fall die Sittenwidrigkeit des von dem Verein erstrebten Zwecks, der unter anderem in der Aufrechterhaltung der Tarife besteht, verneint wird, weil für die Unbilligkeit dieser Sätze nicht das Geringste vorgebracht sei.

[2]) RGZ. 73, 431.

[3]) Siehe Bergemann-Gorski, Das Verdingungskartell S. 81 ff. — Gegen die in dem wettbewerbrechtlichen Schrifttum in neuester Zeit vorgebrachten Angriffe siehe Blum, JW. 1930, 3701 ff.

[4]) Wenn die Beteiligten sich nicht mit einem gentlemen agreement begnügen, das nur eine moralische Verpflichtung erzeugt.

[5]) Siehe Wolff, Rechtsgrundlagen der internationalen Kartelle, S. 11.

Rechtsform für Kartelle geschaffen. Zwar ist eine dahingehende Forderung mitunter gestellt worden [1]), aber es erscheint kaum möglich, ein geeignetes, einheitliches Rechtsgewand herzustellen.

Die im Kartell vereinigten Unternehmer verfolgen einen gemeinsamen Zweck. Es kommen deshalb alle Rechtsformen in Frage, die das bürgerliche und das Handelsrecht für Vereinigungen von rechtlich gleichgeordneten Personen für eine gewisse Dauer zur Erreichung eines gemeinsamen Zwecks zur Verfügung stellen, mit anderen Worten also alle Rechtsformen des gesellschaftlichen Zusammenschlusses, mag es sich dabei um eine Gesellschaft im engeren Sinn handeln oder um einen körperschaftlichen Verband. Irgendeine besondere Schranke hinsichtlich der Wahl unter diesen Formen besteht für Kartelle nicht [2]). Es kann vielmehr im einzelnen Fall beliebig die als gerade besonders brauchbar erscheinende gewählt werden. Die Erfahrungen in der Praxis haben aber ergeben, daß allgemein am geeignetsten sind die Gesellschaft des bürgerlichen Rechts, der nichtrechtsfähige Verein, der eingetragene Verein und die Gesellschaft mit beschränkter Haftung [3]) [4]).

[1]) Vor allem von Franz Klein, Die wirtschaftlichen und sozialen Grundlagen des Rechts der Erwerbsgesellschaften, insbes. S. 60 ff.

[2]) Ausnahme für die Kohlensyndikate, die nach § 8 der Ausf.-Best. z. Kohlenwirtschaftsgesetz eine juristische Person oder eine Gesellschaft des bürgerlichen Rechts und eine juristische Person (Doppelgesellschaft) sein müssen, siehe unten S. 130.

[3]) In Anlage I wird eine Übersicht über die für Kartelle wichtigsten Vorschriften hinsichtlich dieser Rechtsformen gegeben, siehe S. 134. — Ferner finden sich in Anlage II S. 157 ff. Beispiele für Kartellverträge in Form der Gesellschaft des bürgerlichen Rechts, des eingetragenen Vereins, der GmbH. und der Doppelgesellschaft. — Kartellverträge und -satzungen in den verschiedensten Rechtsformen sind mitgeteilt in den Anlagen zur Denkschrift des Reichsamts des Innern, veröffentlicht im Anschluß an die Enquête 1906/8; ferner in den oben S. 5 Anm. 1 aufgeführten Veröffentlichungen des Untersuchungsausschusses (2. Teil); siehe auch bei Flechtheim, Rechtl. Organisation, S. 150 ff., 324 ff.

[4]) Auch Erwerbs- und Wirtschaftsgenossenschaften (eingetragene Genossenschaften, gemäß dem Genossenschaftsgesetz vom 1. Mai 1889, gültig in der Fassung vom 20. Mai 1898) können als Kartelle erscheinen, wenn bei ihnen das Moment der Marktbeeinflussung gegeben ist, was aber in der Regel nicht der Fall ist, siehe unten S. 61 Anm. 4. — Vgl. dazu auch Hamann, Die Kartelle als besondere Organisationsform des Genossenschaftsgedankens, Kart.-Rd. 1922, 618 ff.

Dabei ist von besonderer Bedeutung, daß bei diesen Formen die Verankerung der Kartellpflichten, also vor allem auch von Unterlassungspflichten in dem Gesellschaftsvertrag oder der Satzung, möglich ist [1]). Im übrigen hängt es von der getroffenen Wahl ab, ob im einzelnen Fall eine kapitalistische Grundlage erforderlich ist [2]), ob eine gesetzliche Beschränkung hinsichtlich des Zwecks besteht [3]), ob Formvorschriften bei dem Abschluß des Gesellschaftsvertrags bzw. der Aufstellung der Satzung zu beachten sind [4]), ob die Vereinigung Rechtsfähigkeit besitzt, welche Anforderungen hinsichtlich der Organisation und der Willensbildung [5]) zu stellen sind, ob ein Austritt (Kündigung) [6]) und ein Ausschluß der einzelnen Kartellmitglieder möglich ist.

Zu der Verwendung der einzelnen Rechtsformen ist folgendes zu sagen:

1. Gesellschaft des bürgerlichen Rechts und nichtrechtsfähiger Verein [7]).

Die Gesellschaft des bürgerlichen Rechts erscheint am häufigsten als Kartellform. Sie ist hierzu auch besonders geeignet. Es besteht bei ihr keine Schranke hinsichtlich des Zwecks des Zusammenschlusses, ausgenommen nur der Fall, daß dieser gegen Gesetz oder die guten Sitten verstößt. Der Gesellschaftsvertrag kann

[1]) Da die Aktiengesellschaften neben den Verpflichtungen der Aktionäre zu Kapitaleinlagen nach § 212 HGB. nur solche zu wiederkehrenden, nicht in Geld bestehenden Leistungen kennt, ist sie für sich allein als Rechtsform für ein Kartell wenig geeignet. Doch begegnet sie bei der Doppelgesellschaft (siehe unten S. 35), bei welcher aber die Kartellpflichten den Kartellmitgliedern außerhalb der Satzungen der AG. auferlegt werden.

[2]) So bei der GmbH.

[3]) So bei dem eingetragenen Verein.

[4]) Bei der Gesellschaft des bürgerlichen Rechts und dem nichtrechtsfähigen Verein bestehen solche nicht, auch bei dem eingetragenen Verein keine zwingenden. Es greift jetzt KartVO. § 1 ein, siehe unten S. 70.

[5]) Über die Formvorschrift des § 1 KartVO. für Beschlüsse siehe unten S. 71.

[6]) Über die durch § 8 KartVO. nunmehr gegebene Möglichkeit einer Kündigung aus wichtigem Grund bei allen Kartellen, ohne Rücksicht auf die gewählte Rechtsform siehe unten S. 102 ff.

[7]) Siehe Anlage 1 S. 135 ff.

formlos geschlossen werden [1]), eine Eintragung in ein öffentliches Register kommt nicht in Frage, das Vorhandensein von Vermögen ist nicht Voraussetzung. Ein Wechsel der Gesellschafter (Eintritt und Austritt) kann im Gesellschaftsvertrag (auch stillschweigend) zugelassen sein; bei Vorliegen eines wichtigen Grundes kann jederzeit fristlose Kündigung erfolgen [2]). Da bei der Gesellschaft die verschiedenartigsten Leistungen in einem Vertrag verbunden werden können [3]), so ist es möglich, die verschiedenen Kartellpflichten als gegenseitige, gesellschaftliche Pflichten zu behandeln; dies gilt insbesondere auch für Unterlassungspflichten.

Infolge des nachgiebigen Charakters der einschlägigen, gesetzlichen Bestimmungen besteht hinsichtlich der Organisation große Bewegungsfreiheit. Es können Vereinbarungen in dieser Richtung völlig fehlen, so daß nach dem Gesetz alle Gesellschafter zusammen handeln müssen und für alle Maßnahmen der Geschäftsführung jeweils Einstimmigkeit vorliegen muß. Es können aber auch Bestimmungen im Gesellschaftsvertrag getroffen werden, wonach nur einzelnen Personen die Geschäftsführung übertragen und durch die Beschlüsse der Mehrheit die Minderheit gebunden wird. Bei einer solchen Gestaltung des Aufbaus der Gesellschaft ist es dann mitunter [4]) sehr schwierig, die Abgrenzung zu finden gegenüber einer Vereinigung mit körperschaftlicher Organisation, bei welcher der Verband von der Einzelpersönlichkeit der Mitglieder unabhängig ist und sowohl nach innen — gegenüber den Mitgliedern — wie nach außen als Einheit auftritt, d. h. einem Verein, der wegen Fehlens einer Eintragung in das Vereinsregister bzw. der staatlichen Verleihung ebenso wie die Gesellschaft des bürgerlichen Rechts keine Rechtsfähigkeit besitzt [5]).

Dieser Mangel der Rechtsfähigkeit erweist sich im Rechtsverkehr als ein erheblicher Nachteil und gibt deshalb in Verbin-

---

[1]) Schriftform nach § 1 KartVO. siehe unten S. 70.

[2]) Über Kündigungen nach § 8 KartVO. siehe unten S. 102 ff.

[3]) Vgl. Hoeniger, Untersuchungen zum Problem der gemischten Verträge, Bd. 1, S. 45.

[4]) Streit besteht namentlich hinsichtlich der Syndikatsgesellschaft bei der Doppelgesellschaft, siehe unten S. 36 Anm. 1.

[5]) Doch ist der nichtrechtsfähige Verein passiv parteifähig. Siehe das Nähere im Anhang S. 141 ff.

dung mit dem Fehlen einer straffen, vom Gesetz vorgeschriebenen Organisation zuweilen Anlaß zur Wahl einer anderen Rechtsform.

Die Form der Gesellschaft des bürgerlichen Rechts bzw. des nichtrechtsfähigen Vereins findet für alle Arten von Kartellen Verwendung, sowohl für solche ohne Zentralisation des Absatzes [1]), wie auch für Syndikate, bei welchen der Absatz zentralisiert und eine gemeinsame Verkaufs-(oder Einkaufs-)stelle geschaffen wird, in deren Händen der Verkehr mit den Abnehmern (bzw. Lieferanten) liegt.

Es kann dabei als Verkaufsstelle ein Angestellter des Kartells oder auch ein Teilnehmer am Kartell in seiner Eigenschaft als Gesellschafter tätig sein oder auch ein Dritter außerhalb des Kartells stehender, wobei das Kartell (die Gesellschaft) nach außen gar nicht in Erscheinung tritt, wenn der Abschluß der Geschäfte nicht im Namen der Gesellschaft erfolgt [2]).

Besonderer Betrachtung bedarf der Fall, daß neben der Gesellschaft des bürgerlichen Rechts (bzw. dem nichtrechtsfähigen Verein) als Organ- oder Hilfsgesellschaft eine juristische Person (GmbH. oder AG.) geschaffen wird; über diese sogenannte Doppelgesellschaft s. unten S. 35 ff.

2. Der eingetragene Verein [3]).

Die Vorschriften des BGB. über den eingetragenen Verein ermöglichen es in einem einfachen [4]) und nicht kostspieligen Verfahren eine Vereinigung ins Leben zu rufen, die durch Eintragung in das Vereinsregister Rechtsfähigkeit erlangt [5]). Der

---

[1]) Ein Beispiel für den Gesellschaftsvertrag eines einfachen Preiskartells siehe unten S. 157.

[2]) Siehe Flechtheim, Rechtl. Organ., S. 59 ff., Hoeniger, Innengesellschaft und Innensyndikat JHR. 84, 459 ff.

[3]) Vgl. in Anlage I S. 143 und das Beispiel S. 158. Siehe auch Günther, Kartelle in Form von rechtsfähigen Vereinen, 1920.

[4]) Für die Satzung gilt die Formvorschrift des § 1 KartVO., ebenso für Beschlüsse, siehe unten S. 70 ff.

[5]) Eine Bekanntmachung dieser Eintragung durch das Registergericht findet statt § 66 BGB. Die erfolgte Eintragung ist aus dem Zusatz „eingetragener Verein" bei dem Namen des Vereins ersichtlich, und die Einsicht in das Vereinsregister sowie die eingereichten Schriftstücke ist jedem gestattet.

Nachweis des Vorhandenseins von Vereinsvermögen ist dabei nicht erforderlich.

Die vom Gesetz vorgeschriebene Organisation (Vorstand und Mitgliederversammlung mit Mehrheitsbeschlüssen) kann in der Satzung durch Schaffung weiterer Organe (Ausschüsse u. dgl.) ausgebaut werden. Die Kartellpflichten (insbesondere auch Unterlassungspflichten) können als mitgliedschaftliche Pflichten gegenüber dem Verein in der Satzung festgelegt werden.

Die Eignung für Kartelle wird zwar dadurch beeinträchtigt, daß jedem Mitglied jederzeit, auch ohne daß ein wichtiger Grund gegeben ist[1]), der Austritt freisteht; doch kann eine längstens zweijährige Kündigungsfrist bestimmt werden (§ 39 Abs. 2 BGB.).

Allgemein wird die Verwendungsmöglichkeit dieser Rechtsform für Kartelle durch den Umstand eingeschränkt, daß nur solche Vereine im Wege der Eintragung Rechtsfähigkeit erlangen können, deren Zweck nicht auf einen wirtschaftlichen Geschäftsbetrieb gerichtet ist[2]). Damit entfällt sie für Syndikate.

3. Die Gesellschaft mit beschränkter Haftung[3]).

Es kann das ganze Kartell hinsichtlich seiner Organisation und der Normierung sämtlicher Pflichten der Kartellmitglieder in diese Form gekleidet sein. In dieser Weise, als sogenannte Einheits-GmbH.[4]), wird die GmbH. bei allen Arten von Kartellen verwendet, vor allem aber bei Syndikaten.

Durch die Gründung einer GmbH. wird eine juristische Person geschaffen, wobei hinsichtlich des Zwecks, welchen diese verfolgen soll, keine besondere gesetzliche Schranke besteht. Es bedarf der Feststellung der Satzung in gerichtlicher oder notarieller Form durch mindestens zwei Personen, ferner der Eintragung in ein

---

[1]) Liegt ein solcher vor, dann wird auch § 723 BGB. entsprechend anzuwenden sein, siehe unten S. 148. Für Kartelle greift § 8 Kart.-VO. ein.

[2]) Daß diese Form trotzdem in der Praxis weit verbreitet ist, ergibt sich z. B. auch daraus, daß sie bei den in den Entscheidungen des KartG. begegnenden Kartellen sich sehr häufig findet.

[3]) Siehe Anlage I S. 150 ff.

[4]) Über die GmbH. als Organ- oder Hilfsgesellschaft bei der Doppelgesellschaft siehe unter Ziffer 4.

öffentliches Register, das Handelsregister; es erfolgt darauf Bekanntmachung durch das Registergericht [1]).

Erforderlich ist eine kapitalistische Grundlage (Stammkapital mindestens 20 000 RM., Stammeinlage mindestens 500 RM.) [2]). Zum Erwerb der Mitgliedschaft des Kartells bedarf es der Übernahme eines Geschäftsanteils der GmbH., da diese ja mit dem Kartell identisch ist; jedes Kartellmitglied ist mithin notwendig Gesellschafter der GmbH.

Ein Ausscheiden eines Gesellschafters aus der GmbH. durch Austritt (Kündigung) ist im Gesetz nicht vorgesehen [3]); dieses gibt nur die Auflösungsklage nach § 61 GmbH., welche Gesellschafter, deren Geschäftsanteile mindestens dem zehnten Teil des Stammkapitals entsprechen, erheben können, wenn in den Verhältnissen der Gesellschaft liegende, wichtige Gründe vorhanden sind [4]).

Auch die Kartellpflichten sind hier mitgliedschaftliche Verpflichtungen; sie werden als „Nebenleistungen" gemäß § 3 Abs. 2 GmbHG. den Gesellschaftern in der Satzung auferlegt (Nebenleistungs-GmbH.). Die Satzung enthält also hier:

1. Die Bestimmungen über die kapitalistische Grundlage (Stammkapital, Stammeinlagen usw.).
2. Den organisatorischen Aufbau der GmbH. (d. h. des Kartells).
3. Die Kartellpflichten als Nebenleistungspflichten gemäß § 3 Abs. 2 GmbH. und auch die entsprechenden Rechte [5]).

---

[1]) Veröffentlichung von Bilanzen muß (im Gegensatz zu der AG.) nicht stattfinden.

[2]) In den Fällen, in denen die kapitalistische Beteiligung gegenüber den Kartellpflichten (= Nebenleistungspflichten) ganz in den Hintergrund tritt, worüber alsbald im Text gesprochen wird, kann man sich mit möglichst niedrigen Beträgen und Einzahlungen begnügen.

[3]) Über die Kündigung bei Nebenleistungs-GmbH. siehe alsbald im Text. Über das Eingreifen von KartVO. § 8 siehe unten S. 102 ff.

[4]) Hinsichtlich der Organisation (Geschäftsführer, Beschlüsse der Gesellschafter) sei auf den Anhang S. 150 verwiesen.

[5]) Diese müssen wenigstens in ihren wesentlichen Bestandteilen in der Satzung enthalten sein, unten S. 154, siehe auch Flechtheim, Rechtl. Organ., S. 80.

Eine nähere Betrachtung erfordert die Ausgestaltung der als Nebenleistungspflichten ausgebildeten Kartellpflichten und der diesen entsprechenden Rechte für den Fall, daß ein Verkaufssyndikat [1]) vorliegt. Die Hauptaufgabe der GmbH. ist hier, die Unternehmungen ihrer Gesellschafter (der Kartellmitglieder) dadurch zu fördern, daß sie als Verkaufsstelle den Absatz der Erzeugnisse derselben vermittelt.

Um die Erfüllung dieses Zwecks zu ermöglichen, legt die Satzung den Gesellschaftern eine ganze Reihe von Verpflichtungen auf. Im Vordergrund steht dabei die eines jeden Gesellschafters, seine Erzeugnisse im Rahmen der Beteiligungsziffer der Gesellschaft zum Zweck des Verkaufs an die Kundschaft zu überlassen [2]). Im Zusammenhang damit werden dann regelmäßig noch weitere Verpflichtungen statuiert, wie die, den Weisungen der Gesellschaft hinsichtlich der Lieferungen Folge zu leisten, Nachweise zu erbringen usw. [3]).

Mit der Pflicht zur Lieferung an die GmbH. korrespondiert die jedem Gesellschafter obliegende Unterlassungspflicht, sich jedes selbständigen Verkaufs seiner syndizierten Erzeugnisse zu enthalten [4]).

Die Erfüllung dieser Verpflichtungen wird regelmäßig durch Vertragsstrafen gesichert [5]).

Angesichts des Kartellzwecks (Förderung der Unternehmungen der Gesellschafter durch Vermittelung des Absatzes) ist die Er-

---

[1]) Siehe in dem Beispiel unten S. 164 § 7: Rechte und Pflichten der Gesellschafter; vgl. auch Flechtheim, Rechtl. Organ., S. 71 ff.; Hachenburg, GmbH.-Ges. [5] Erk. zu § 3 Anm. 3 ff.; Feine a. a. O. S. 352 ff.

[2]) In der Satzung unten S. 164 ergibt sich das Bestehen der Lieferungspflicht aus § 7 B. — Siehe auch die bei Flechtheim, Rechtl. Organ., S. 183, mitgeteilte Satzung, wo es im § 7 heißt: Vom 1. 4. 1904 ab sind die Gesellschafter während der Dauer der Gesellschaft verpflichtet, die sämtlichen von ihnen gemäß der im § 5 festgelegten Beteiligung erzeugten Briketts der Gesellschaft zur Weiterveräußerung abzutreten.

[3]) So unten S. 165 § 7 c.

[4]) So unten S. 166 § 8, 9. Es erscheinen in den einschlägigen Satzungen noch weitere Unterlassungspflichten, wie z. B. unten S. 164 § 7 A; danach darf der Gesellschafter während der Dauer der Gesellschaft keine Neuanlagen errichten.

[5]) So unten S. 166 § 9.

zielung von Gewinn für die Gesellschaft selbst hier nicht wesentlich. Andererseits darf aber doch kein Verlust für sie eintreten. Deshalb begegnet in den Satzungen auch die Verpflichtung der Gesellschafter zu Geldleistungen (neben der Kapitaleinlage) zur Bestreitung der Unkosten durch Leistung von Beiträgen oder zur Deckung der sich ergebenden Unterbilanz, falls nicht schon bei der Abführung des für die Lieferungen durch Verkauf an die Kundschaft erzielten Erlöses an die Gesellschafter sofort ein ausreichender Abzug für die Unkosten gemacht wird [1]).

Diesen Nebenverpflichtungen entsprechen ebenfalls auf der Satzung beruhende, mitgliedschaftliche Rechte der Gesellschafter. In erster Linie steht hier das Recht auf Abnahme ihrer Erzeugnisse von seiten der Gesellschaft — allerdings nicht unbeschränkt, sondern nur in dem Maß, das sich ergibt aus der Beteiligungsziffer, d. h. dem Anteil jedes Gesellschafters an dem Gesamtabsatz [2]).

Die Beteiligungsziffer begegnet außer für die Lieferungen häufig auch als Maßstab für das Stimmrecht, sowie für die Verteilung von Gewinn und die Liquidationsquote. Sie erscheint überhaupt als „Ausdruck für die Machtstellung des einzelnen Gesellschafters in dem Gesamtrechtsrechtverhältnis", seinen Anteil an dessen Vorteilen und Nachteilen. Sie ist kein selbständiges Recht, sondern nur ein Maßstab für den Umfang der mitgliedschaftlichen Rechte und Pflichten des einzelnen und bei der sogenannten Übertragung der Beteiligungsziffer handelt es sich mithin nicht um Abtretung eines neben der Kartellmitgliedschaft bestehenden Rechts, sondern um die Übertragung der (durch die

---

[1]) Siehe unten S. 34 Anm. 1.

[2]) Auch andere Bezeichnungen werden verwandt, wie Kontingent, Kontingentziffer, Anteilziffer, Anteilrecht, Quote, Beteiligungsquote, Beteiligungsanspruch, Verkaufsbeteiligung u. a. — Vgl. in der Satzung unten S. 164 § 7 A, B und bei Flechtheim, Rechtl. Organ., S. 183, § 7 Ziff. 2: Die Gesellschaft ist ihrerseits verpflichtet, den Gesellschaftern die ganze, jedem Werke gemäß den Bestimmungen des § 5 zustehende Brikettmenge abzunehmen; § 5: Die Grundlage für die Rechte und Pflichten der Gesellschafter, insbesondere was die Brikettlieferung und das Stimmrecht betrifft, bildet die Beteiligung an der Gesamtjahresmenge der von der Gesellschaft zu erwerbenden bzw. zu veräußernden Briketts. Die Beteiligung der Gesellschafter an der Gesamtjahresmenge beträgt: 1. Gewerkschaft X 17,416 % pro 1906/7 usw.

Beteiligungsziffer in ihrem Umfang bestimmten) Gesamtheit dieser mitgliedschaftlichen Rechte und Pflichten. Erwerb der Beteiligungsziffer ist also gleichbedeutend mit Erwerb der Stellung als Gesellschafter [1]) [2]).

Als Gegenleistung für ihre Lieferungen können die Gesellschafter zunächst den sogenannten Verrechnungspreis (Grundpreis) beanspruchen, der nach der Satzung von einem Organ der GmbH. festzusetzen ist [3]). Dabei handelt es sich aber hier nicht etwa um einen Kauf zwischen dem Gesellschafter und der GmbH., wenn auch in den Satzungen häufig von einem solchen gesprochen wird, sondern um mitgliedschaftliche Rechte und Verpflichtungen. Es sind deshalb auch die Bestimmungen über den Kauf hier nur entsprechend und auch nur insoweit anwendbar, als dies nicht durch das in erster Linie eingreifende Gesellschaftsrecht ausgeschlossen wird. So besteht für die GmbH. keine Pflicht zur Mängelrüge nach § 377 HGB. Hinsichtlich der Festsetzung der Verrechnungspreise ist § 315 BGB. nicht anwendbar [4]).

[1]) Im übrigen ist (auch für die Frage nach der Veräußerlichkeit der Beteiligungsziffer, der Möglichkeit der Übertragung ohne das Unternehmen des übertragenden Mitglieds) auf die Ausführungen von Flechtheim, Rechtl. Organ., S. 107 ff., 315, zu verweisen, die trotz erhobener Einwendungen, so von Werneburg, ZBH. 1929, 219, Langen, Der Quotenkauf (1931), nach wie vor grundlegend sind; siehe auch Feine a. a. O. S. 129. Über die wirtschaftliche Seite vgl. Hammesfahr, Kartellbeteiligungsziffer (1930).

[2]) Bei der Abnahme der Lieferungen seitens der GmbH. sind die einzelnen Kartellmitglieder, ihrem Anteil entsprechend, verhältnismäßig zu berücksichtigen; wenn sich dies nicht vollständig durchführen läßt, hat ein Ausgleich stattzufinden, wobei dasjenige Kartellmitglied, welches mehr als das ihm zustehende Quantum geliefert hat, eine Vergütung zu entrichten hat, während das im Rückstand befindliche eine Entschädigung erhält; siehe unten S. 165 § 7 C.

[3]) Siehe unten S. 166 § 7 D. Die Festsetzung erfolgt durch die Gesellschafterversammlung. Für den Verkauf von seiten der GmbH. an die Kundschaft ist maßgebend der Verkaufspreis (§ 7 C), den nach § 5 der Aufsichtsrat festsetzt.

[4]) Siehe unten S. 155 Anm. 1. Ein Kündigungsrecht wird hinsichtlich des Nebenleistungsverhältnisses anzuerkennen sein, wenn infolge von Verletzung der Pflichten die weitere Erfüllung für den anderen Teil kein Interesse mehr hat oder ihm eine Fortsetzung des Verhältnisses nicht mehr zugemutet werden kann, siehe Feine a. a. O. S. 351 ff.

Auch diejenigen Beträge, die als Unterschied zwischen den bei dem Absatz an die Kundschaft von seiten der GmbH. erzielten höheren Verkaufspreisen und den an die Gesellschafter entrichteten Verrechnungspreisen zunächst an die GmbH. gelangen, fließen den Gesellschaftern zu, wobei aber für die Bestreitung der Unkosten und eventuellen Verluste der Gesellschaft Sorge getragen werden muß. Die Satzung kann dabei auf verschiedene Weise verfahren. Es kann in kürzeren Zeitabschnitten die Abführung des Mehrerlöses an die betreffenden liefernden Gesellschafter erfolgen, wobei entweder jeweils ein entsprechender Abzug für die Unkosten und Verluste gemacht wird oder eine Umlage zu deren Deckung erhoben wird [1]). Bei dieser Regelung tritt ganz klar zutage, daß die GmbH. keinen eignen Gewinn erstrebt, sondern nur im Interesse der Gesellschafter tätig ist [2]). Oder es kann der Mehrerlös zunächst der GmbH. verbleiben, bis er nach Aufstellung der Jahresbilanz in Gestalt des nach Abzug der Unkosten und Verluste verbleibenden Reingewinns an die Gesellschafter im Verhältnis der von ihnen gemachten Lieferungen oder nach einem anderen Maßstab (Beteiligungsziffer, Geschäftsanteil) verteilt wird [3]).

Hinsichtlich der oben behandelten Nebenleistungspflichten besteht ein Dauerleistungsverhältnis. Auf dem Wege der Rechts-

---

[1]) Siehe oben S. 32.

[2]) Vgl. z. B. die bei Flechtheim, Rechtl. Organ., S. 76, mitgeteilte Satzung: „Die Geschäfte sind so zu führen, daß die Erlöse aus den Verkäufen den liefernden Firmen zugeführt werden. — Die Handlungsunkosten einschließlich der beim Verkauf etwa entstehenden Ausfälle sind endgültig zum Schlusse des Geschäftsjahres auf die einzelnen Gesellschafter nach Maßgabe der von ihnen zur Versendung gebrachten Menge zu verteilen. Ein Gewinn oder Verlust der Gesellschaft als solcher kann sich hiernach am Jahresschluß nicht ergeben."

[3]) Vgl. dazu Hachenburg, Exc. zu § 3 Anm. 5. — Auf Grund der unten S. 162 mitgeteilten Satzung wird, wie folgt, verfahren: Die Verrechnungspreise liegen etwa 10 % unter den Durchschnittsverkaufspreisen. Aus dieser Differenz werden die Unkosten der GmbH. gedeckt. Verbleibt nach Beendigung des Geschäftsjahres ein Überschuß, so wird dieser als Nachzahlung an die Gesellschafter im Verhältnis ihrer Ablieferungen ausgeschüttet. Reichen dagegen die einbehaltenen 10 % zur Deckung der Unkosten nicht aus, dann wird von den Gesellschaftern im Verhältnis ihrer Ablieferungen eine Zuzahlung eingefordert, siehe § 7 E. Die Kapitaleinlagen bleiben dabei ganz außer Betracht. —

analogie läßt sich für dieses ein Kündigungsrecht aus wichtigem Grund erschließen[1]) und das Reichsgericht hat auch in neuester Zeit unter Aufgabe seines früheren, grundsätzlich ablehnenden Standpunktes in RGZ. 128, 1 ff. unter dem gleichen Gesichtspunkt anerkannt, daß eine Kündigung hinsichtlich der Nebenleistungspflichten erfolgen kann, wenn durch deren dauernde Erfüllung die wirtschaftliche Vernichtung oder doch eine schwerste Gefährdung der wirtschaftlichen Existenz des betreffenden Gesellschafters herbeigeführt würde[2]).

4. Die Doppelgesellschaft[3]).

Sie ist eine Schöpfung der Praxis und begegnet auch bei Konzernen und Interessengemeinschaften[4]). Kartelle jeder Art können in diese Form gekleidet sein, auch solche ohne Zentralisation des Absatzes, wobei hier eine für diesen Zweck geschaffene juristische Person als Geschäftsstelle, als Kontroll- und Überwachungsorgan fungiert[5]). Besonders wichtig ist aber, daß auch das Syndikat in dieser Form erscheint[6]). Von diesem Fall, und zwar speziell vom Verkaufssyndikat, ist eingehender zu handeln.

Es bestehen hier zwei „Gesellschaften“, nämlich eine Gesellschaft des bürgerlichen Rechts (oder auch ein nichtrechtsfähiger

---

[1]) Siehe Feine a. a. O. S. 354 ff., auch unten S. 156.

[2]) Bei Kartellen in Form der Nebenleistungs-GmbH. greift § 8 KartVO. ein, siehe darüber unten S. 107.

[3]) Flechtheim, Rechtl. Organ., S. 25 ff., 250 ff., hat an Hand der Satzungen und des Syndikatsvertrags des Rheinisch-Westfälischen Kohlensyndikats eine vortreffliche Analyse der Doppelgesellschaft gegeben, auf die für Einzelheiten zu verweisen ist. Siehe auch Feine a. a. O. S. 191 ff.

[4]) Vgl. Hannemann, Die Doppelgesellschaft als Organisationsform der Kartelle und anderer Arten wirtschaftlicher Zusammenschlüsse (Köln, Diss. 1930, S. 53 ff.); Friedländer, Konzernrecht; Rosendorff, Die rechtl. Organisation der Konzerne.

[5]) Siehe z. B. unten S. 136 Anm. 2.

[6]) Beim Syndikat finden sich mithin folgende Formen:

1. Einzelgesellschaft, wobei wieder zwei Möglichkeiten gegeben sind:
   a) Gesellschaft des bürgerlichen Rechts bzw. nichtrechtsfähiger Verein, siehe oben unter 1.
   b) Einheits-GmbH. als Nebenleistungs-GmbH., siehe oben unter 3.
2. Doppelgesellschaft.

Verein)[1]) und eine GmbH. bzw. eine AG.[2]), also eine juristische Person[3]). Dem entsprechend sind auch zwei Gesellschaftsverträge notwendig. Durch den einen (in Wahrheit eine Satzung) wird die juristische Person (die Verkaufsstelle) geschaffen, während durch den anderen das Kartell in Form einer Gesellschaft des bürgerlichen Rechts ins Leben gerufen wird.

Die Satzung der juristischen Person (GmbH. oder AG.) wird errichtet von Unternehmern, die an dem gemeinsamen Verkauf mit den Erzeugnissen ihrer Betriebe beteiligt werden wollen. Darin ist der Zweck der juristischen Person anzugeben, wobei ausdrücklich festgelegt werden kann, daß sie lediglich in ihrer Eigenschaft als Verkaufsstelle der Gesellschaft des bürgerlichen Rechts als geschäftsführendes Organ dient[4]). Weiter hat die Satzung vor allem Bestimmungen über die kapitalistische Beteiligung (Stamm- bzw. Aktienkapital usw.) und über den organisatorischen Aufbau der juristischen Person (Geschäftsführer und

[1]) Ob eine Gesellschaft des bürgerlichen Rechts oder ein nichtrechtsfähiger Verein anzunehmen ist, kann bei der Unsicherheit der Grenzziehung zwischen beiden unter Umständen sehr zweifelhaft sein. Flechtheim, Rechtl. Organ., S. 25, 245, und andere entscheiden sich für eine Gesellschaft bürgerlichen Rechts, während R. Isay, Allg. Bergrecht für die preuß. Staaten, Bd. 2 S. 198 Anm. 4, und Friedländer, Kartellaufsichtsgesetz. S. 24 ff., für einen nichtrechtsfähigen Verein eintreten. Vgl. dazu unten S. 142 Anm. 3. Im folgenden wird der Kürze halber nur noch von einer Gesellschaft bürgerlichen Rechts gesprochen werden.

[2]) Die Wahl zwischen beiden steht frei, aber die GmbH. hat einige Vorzüge vor der AG.: einfachere und weniger kostspielige Gründung, geringes Stammkapital, Bewegungsfreiheit hinsichtlich der Größe der Geschäftsanteile, keine Verpflichtung zur Bilanzveröffentlichung, kein Aufsichtsrat als notwendiges Organ.

[3]) Bei dem Verkaufssyndikat kann nicht ein eingetragener Verein als juristische Person bei der Doppelgesellschaft erscheinen, da es sich hier um einen wirtschaftlichen Geschäftsbetrieb handelt. In anderen Fällen einer Doppelgesellschaft kann ein e. V. begegnen, siehe z. B. Veröffentlichungen des Untersuchungsausschusses II, 3 A, S. 193 ff.

[4]) Siehe § 2 der Satzung unten S. 167; ferner die Satzungen der A.G. Rheinisch-Westfälisches Kohlensyndikat in der veränderten Form bei Flechtheim, Rechtl. Organ., S. 241: „Ausschließlicher Gegenstand des Unternehmens, einer durch Zusammenschluß der Zechenbesitzer — gegründeten Kartellvereinigung als geschäftsführendes Organ zu dienen."

Gesellschafterversammlung, bzw. Vorstand, Aufsichtsrat und Generalversammlung usw.) zu enthalten [1]).

In dem Gesellschaftsvertrag der Gesellschaft des bürgerlichen Rechts (dem Syndikats-, Kartellvertrag) erscheinen als Kontrahenten auf jeden Fall die gleichen Unternehmer, die bei der Errichtung der Satzung der juristischen Person mitgewirkt haben, doch können auch noch andere Unternehmer hinzutreten, die auch als Mitglieder des Kartells beteiligt sein sollen — und außerdem die juristische Person, die GmbH. oder AG. [2]). Der Vertrag enthält außer Bestimmungen über die organisatorische Gestaltung der Gesellschaft des bürgerlichen Rechts [3]) die Vereinbarungen hinsichtlich der Kartellpflichten und der entsprechenden Rechte, insbesondere über den gemeinsamen Verkauf, die Abnahme- und Lieferpflicht, die Beteiligungsziffer, die Festsetzung der Preise, den Ausgleich bei Mehr- und Minderlieferungen, die Aufbringung der Geschäftsunkosten, die Strafen und eine Schiedsgerichtsklausel [4]). Es ist im wesentlichen die gleiche Regelung, wie sie auch bei dem Verkaufssyndikat in der Form der Nebenleistungs-GmbH. begegnet [5]). Nur stehen bei der letzteren gemäß § 3 Abs. 2 GmbHGes. auf der Satzung beruhende, mitgliedschaftliche Nebenpflichten und -rechte der Mitglieder eines rechtsfähigen Vereins (der GmbH.) in Frage, bei der Doppelgesellschaft dagegen durch

---

[1]) Für GmbH. siehe die Satzungen unten S. 167; für AG. vgl. Flechtheim a. a. O. S. 13/4 zu den Satzungen des Rhein.-Westf. Kohlensyndikats A.G.

[2]) Siehe den „Lieferungsvertrag" unten S. 170 und den Syndikatsvertrag, abgeschlossen zwischen der A.G. Rhein.-Westf. Kohlensyndikat und den zum Syndikat gehörenden Zechen, sowie zwischen den letzteren untereinander bei Flechtheim a. a. O. S. 154 ff., neue Fassung des Vertrags, S. 324 ff., letztere auch bei Wagenführ, Kartellverträge.

[3]) Soweit solche überhaupt getroffen werden, was nicht notwendig der Fall ist. Bei dem R.-W. K.-S. begegnen als Organ der Kartellvereinigung: Versammlung der Zechenbesitzer, Beirat, Kommission C (zur Feststellung der Beteiligungsziffer), siehe Flechtheim a. a. O. S. 154 ff.; nach der neuen Fassung des Syndikatsvertrags: Versammlung der Mitglieder, ständige Ausschüsse, Geschäftsführung, siehe Flechtheim a. a. O. S. 325 ff.

[4]) Vgl. für die Einzelheiten den Lieferungsvertrag unten S. 170 ff., bzw. den Syndikatsvertrag bei Flechtheim a. a. O. S. 156 ff., 329 ff., mit den Erläuterungen S. 14 ff.

[5]) Siehe oben S. 31 ff.

den Gesellschaftsvertrag der bürgerlichen Gesellschaft begründete, gesellschaftliche Rechte und Pflichten der Gesellschafter dieser Gesellschaft, die, wie oben schon betont, keineswegs alle gleichzeitig an der GmbH. bzw. der AG. beteiligt sein müssen [1]).

Die so entstandene Doppelgesellschaft bildet nicht nur ein wirtschaftliches, sondern auch ein rechtliches Ganze. Alle rechtlichen Beziehungen der Kartellmitglieder als solcher zu einander und zu der Verkaufsstelle werden durch die Gesellschaft des bürgerlichen Rechts umschlossen. Auch die juristische Person ist ja, wie schon betont wurde, bei dem Abschluß des Gesellschaftsvertrags der Gesellschaft des bürgerlichen Rechts, durch den die Kartellvereinigung zustande kommt, als Mitkontrahentin beteiligt. Sie wird mit Recht als Mitgesellschafterin betrachtet [2]), die allerdings

[1]) Wie schwierig es mitunter in der Praxis ist, festzustellen, ob im Einzelfall eine Nebenleistungs-GmbH. oder eine Doppelgesellschaft vorliegt, lassen die Ausführungen bei Flechtheim a. a. O. S. 80 ff. erkennen; vgl. auch Hachenburg, Exk. zu § 3 Anm. 1; Isay, in Isay-Tschierschky, Kartellverordnung, S. 94. — Auch hinsichtlich des unten S. 167 als Beispiel mitgeteilten Westdeutschen Cementverbandes kann man zweifelhaft sein, ob nicht eine Nebenleistungsgesellschaft anzunehmen ist. In § 2 Abs. 1 des Gesellschaftsvertrags ist nämlich gesagt, daß der Lieferungsvertrag einen integrierenden Bestandteil dieses Vertrags bilde. Wird aber der die Verpflichtungen enthaltende Vertrag unter diesem Hinweis dem notariellen Gesellschaftsvertrag beigefügt, so ist damit der Formvorschrift des § 3 Abs. 2 GmbH.-Ges. hinsichtlich der Aufnahme der „anderen Verpflichtungen“ in den Gesellschaftsvertrag genügt; vgl. Hachenburg § 3 Anm. 25. Weiter sind hier auch nur Gesellschafter der GmbH. an dem Lieferungsvertrag beteiligt, und nach Art. 11 des Lieferungsvertrags kann dieser durch einen Beschluß der Versammlung der Gesellschafter der GmbH. abgeändert werden. Gleichwohl spricht § 2 Abs. 2 des Gesellschaftsvertrags, in dem ausdrücklich auf das Bestehen der Gesellschaft des bürgerlichen Rechts hingewiesen wird, für eine Doppelgesellschaft. — Auch in solchen Fällen, in denen statt eines gemeinsam abgeschlossenen Lieferungsvertrags (wie unten S. 170) getrennte Lieferungsverträge zwischen der juristischen Person und den einzelnen, am Kartell Beteiligten vorhanden sind, ist das Bestehen einer Gesellschaft des bürgerlichen Rechts neben der juristischen Person, also eine Doppelgesellschaft, anzunehmen, so Flechtheim a. a. O. S. 92, 285 ff., Hachenburg, Exk. zu § 3 Anm. 14, Geiler-Staudinger Bd. 2 S. 1383 d, Eger, Das Reichsgericht und die Kartelle, S. 248/9.

[2]) So vor allem Flechtheim, Rechtl. Organ., S. 25 ff., 247 ff., Isay, Kart.-Rd. 1929, 176. — And. A. Hamburger, Abhandl. aus der Berliner juristischen Fakultät, Gedächtnisschrift für E. Seckel (1927), S. 231 ff., der die juristische Person als Angestellte der Gesellschaft des

eine besonders geartete Stellung einnimmt. Es liegt ihr als Gesellschafterin die Pflicht ob, die Geschäfte der Gesellschaft des bürgerlichen Rechts (der Kartellvereinigung) zu führen, und zwar vor allem den Absatz der Erzeugnisse der Kartellmitglieder zu vermitteln. Diese Geschäftsführung ist ihr einziger Zweck[1]). Sie handelt dabei im eigenen Namen in fremdem Interesse[2]). In dieser Weise schließt sie Rechtsgeschäfte mit Dritten, vor allem Kaufverträge bei der Vermittelung des Absatzes. Sie nimmt aber auch die Rechte der Gesamtheit der Kartellmitglieder gegenüber

---

bürgerlichen Rechts betrachtet, die kraft Dienstvertrag mit dieser berechtigt ist, im eigenen Namen die Gesellschaftsrechte gegenüber den Kartellmitgliedern wahrzunehmen; Haußmann, Recht der Unternehmenszusammenfassungen, S. 103, Haußmann-Holländer, Kartellverordnung, S. 27 (juristische Person ist durch Geschäftsbesorgungsvertrag [bei Unentgeltlichkeit: Auftrag] mit der Geschäftsführung betraut); Geiler in Düringer-Hachenburg IV S. 315 Anm. 380, siehe auch die Zusammenstellung bei Hannemann, Die Doppelgesellschaft als Organisationsform (Köln, Diss. 1930), S. 26 ff.

Es kann allerdings die juristische Person zunächst als außerhalb der Gesellschaft stehender Dritter behandelt werden und die Übertragung der Geschäftsführung durch Auftrag an sie erfolgen, siehe das Beispiel unten S. 136 Anm. 2. Die Rechtslage ist aber doch eine andere in den hier in Rede stehenden Fällen, in denen die juristische Person den Gesellschaftsvertrag mit abschließt, aus dem sich ihre Verpflichtung zur Geschäftsführung ergibt, ohne daß von einem besonderen Auftrag die Rede wäre. — Die ganze Streitfrage ist nicht von größerer praktischer Bedeutung, da doch in dem wesentlichen Punkt Übereinstimmung besteht, daß es sich insbesondere auch bei den Beziehungen zwischen der Verkaufsstelle und den einzelnen Kartellmitgliedern um Geltendmachen von Rechten und Pflichten handelt, die in dem Gesellschaftsvertrag bürgerlichen Rechts verankert sind, daß somit kein selbständiges Rechtsverhältnis zwischen Verkaufsstelle und dem einzelnen Kartellmitglied besteht, siehe darüber alsbald im Text, auch Geiler-Staudinger S. 1384.

[1]) So ausdrücklich im § 2 der Satzungen unten S. 168 (Sie ist keine Erwerbsgesellschaft. Sie hat lediglich den Zweck, ihren Gesellschaftern, die unter sich eine Gesellschaft des bürgerlichen Rechts bilden, als Organ zu dienen.) und in den Satzungen der A.G. Rhein.-Westf. Kohlensyndikat, oben S. 36 Anm. 4.

[2]) Siehe § 2 der Satzungen unten S. 167. (Die Gesellschaft handelt im eigenen Namen, aber ausschließlich für Rechnung der Mitglieder der Gesellschaft bürgerlichen Rechts, sie darf also für eigene Rechnung keine Geschäfte betreiben und kann deshalb auch keine Gewinne erzielen.)

den einzelnen Angehörigen des Kartells wahr. Sie führt Prozesse für die Vereinigung und erscheint als deren Vermögensträgerin [1]).

Wie schon dargelegt wurde, handelt es sich bei den Kartellpflichten, insbesondere bei der Pflicht der Kartellmitglieder zur Lieferung ihrer Erzeugnisse an die Verkaufsstelle, damit diese sie — als Geschäftsführerin der Kartellvereinigung — für Rechnung der Kartellmitglieder absetzt, um gesellschaftsrechtliche Verpflichtungen. Es besteht zwischen dem einzelnen Kartellmitglied und der Verkaufsstelle kein selbständiges Rechtsverhältnis, weder ein Kauf- [2]), noch ein Kommissionsverhältnis [3]). Vielmehr ist für alle diese Beziehungen das Gesellschaftsrecht maßgebend, wobei nur daneben noch Vorschriften über Kauf, Auftrag usw. entsprechend herangezogen werden können.

Jedes Kartellmitglied kann seine Zugehörigkeit zu der Gesellschaft des bürgerlichen Rechts (und damit auch seine Lieferpflicht) durch Kündigung gemäß § 723 BGB. beenden, wenn ein wichtiger Grund vorliegt [4]). Damit endet aber nicht ohne weiteres zugleich seine meist auch bestehende Mitgliedschaft bei der GmbH. oder AG. Um einen solchen unerwünschten Zustand zu verhüten, wird in den Kartellverträgen bestimmt, daß jedes Mitglied, falls es aus der Gesellschaft des bürgerlichen Rechts ausscheidet, verpflichtet sein soll, seinen Geschäftsanteil bzw. seine Aktien gegen Vergütung ihres Wertes an die Verkaufsstelle (GmbH. oder AG.) oder an einen von dieser zu bezeichnenden Dritten abzutreten [5]), und es wird umgekehrt auch dem ausscheidenden Mitglied ein Recht auf Abnahme des Geschäftsanteils bzw. der Aktie ein-

---

[1]) Siehe § 2 der Satzungen unten S. 167. (Etwaiges Vermögen soweit es das Stammkapital übersteigt, besitzt die Gesellschaft nur zu treuen Händen für die Gesamtheit ihrer Gesellschafter als deren geschäftsführendes Organ.) und § 4 Abs. 2 S. 3 der Satzungen der A.G. Rhein.-Westf. Kohl.-Synd. bei Flechtheim, Rechtl. Org., S. 271.

[2]) Über und gegen Aschoff, Die Rechtsnatur des Lieferungsvertrags beim Verkaufssyndikat, siehe Geiler, JW. 1931, 1920. — Werneburg, ZBH. 1929, 211 ff., will den Vertrag entscheiden lassen. —

[3]) Über die Frage der Anwendbarkeit von Vorschriften über Kommission vgl. Schmidt-Rimpler, Ehrenberg Handbuch V. 1, S. 529 ff.

[4]) Jetzt greift § 8 KartVO. ein, siehe unten S. 102 ff.

[5]) Diese Klausel findet sich auch z. B. in den Satzungen der Einheits-GmbH. unten S. 167 § 11.

geräumt; vgl. Flechtheim, Rechtl. Org. S. 21, 244, Blum, Grundzüge des neuen deutschen Kartellrechts S. 98 ff., ferner RGZ. 121, S. 294 = JW. 1928, S. 2833 mit Bemerkung von Netter.

Innenleben der Kartelle.

Trotz des Zusammenschlusses zum Kartell bleiben die Unternehmen der Kartellmitglieder, wie schon ausgeführt wurde, als selbständige Erwerbswirtschaften bestehen [1]). Auch der Wettbewerb unter ihnen wird keineswegs völlig und für alle Zeiten beseitigt. Zunächst ist er allerdings eingeschränkt, aber doch nur in der Weise und in dem Umfang, wie sich dies jeweils aus dem Kartellvertrag ergibt und eben nur für die Dauer des Kartells; jedes Mitglied muß stets damit rechnen, daß nach Beendigung des Kartellverhältnisses [2]) zwischen den seitherigen Kartellgenossen ein

---

[1]) Siehe oben S. 8.

[2]) Für die Beendigung gilt folgendes:

1. Bei allen in Frage kommenden Rechtsformen kann das Kartell auf eine bestimmte Zeit geschlossen werden, so daß mit deren Ablauf die Kartellbindungen ohne weiteres enden, wenn nicht eine Vereinbarung über die Verlängerung des Kartells zustande kommt. — Es kann aber auch vor Ablauf der festgesetzten Zeit eine Auflösung des Kartells herbeigeführt werden, wozu bei einer Gesellschaft des bürgerlichen Rechts (und einem nichtrechtsfähigen Verein) Zustimmung aller Beteiligten erforderlich ist, wenn nicht der Gesellschaftsvertrag eine andere Regelung vorsieht, während bei einem rechtsfähigen Verein und einer GmbH. ein mit Dreiviertelmehrheit gefaßter Beschluß genügt, wenn nicht die Satzung abweichende Vorschriften enthält (§ 41 BGB., § 60 GmbH.-G.), vgl. Geiler-Staudinger S. 1295 ff., Feine a. a. O. S. 626/7.
2. Ist das Kartell nicht auf eine bestimmte Zeit eingegangen, so kann auf die gleiche Weise, wie soeben dargelegt, jeder Zeit die Auflösung bewirkt werden.

   Bei einer Gesellschaft des bürgerlichen Rechts besteht in diesem Fall auch im allgemeinen nach § 723 Abs. 1 S. 1 BGB. für jeden Gesellschafter die Möglichkeit, jederzeit durch seine Kündigung die Auflösung der Gesellschaft herbeizuführen. Bei einem Kartell in dieser Rechtsform wird aber — soweit hier überhaupt ein Abschluß auf unbestimmte Zeit anzunehmen ist (siehe unten S. 139 Anm. 2) — durch die Kündigung nur ein Ausscheiden des kündigenden Gesellschafters bewirkt, siehe unten S. 138 Anm. 2; ebenso beim nichtrechtsfähigen Verein, siehe unten S. 143. Beim rechtsfähigen Verungehemmter Wettbewerb entbrennt. So sind zwischen den Kartellmitgliedern immer latente, häufig auch offene Interessengegensätze vorhanden, die zu Kämpfen im Kartell führen und dessen Leben bedrohen können. Als Krankheitserscheinungen machen sich überdies zentrifugale Kräfte geltend, indem einzelne Mitglieder in der Erwartung, ihr Unternehmen dadurch ertragreicher zu gestalten, die durch den Kartellvertrag ihnen auferlegten Fesseln abzustreifen suchen. Hier greift der innere Kartellzwang ein in Gestalt von Maßnahmen seitens des Kartells gegen diejenigen Mitglieder, welche die Interessen des Kartells schädigen, insbesondere sich den übernommenen Verpflichtungen entziehen wollen [1]).

Gemäß den für die gewählte Rechtsform geltenden Vorschriften in Verbindung mit den eventuell getroffenen, besonderen Vereinbarungen ist das einzelne Mitglied den gültigen [2]) Beschlüssen der Gesamtheit, sowie den Beschlüssen und Weisungen der sonstigen Kartellorgane unterworfen [3]), soweit es sich nicht um Eingriffe in seine Rechtsstellung handelt, die ohne seine Zustimmung nicht vorgenommen werden dürfen, wie bei Beeinträchtigung von Sonderrechten oder Änderungen der Grundlagen des Gesellschaftsverhältnisses, wozu namentlich eine Änderung der Beteiligungsziffer gehört [4]).

---

ein kommt keine (den Verein auflösende) Kündigung, sondern nur der Austritt eines Mitglieds in Frage, während bei der GmbH. dem Gesetz kein Austritt eines Gesellschafters, sondern nur die Auflösungsklage nach § 61 GmbH.-Ges. bekannt ist. Über die Kündigung aus wichtigem Grund siehe unten S. 46.

[1]) Vgl. Kestner-Lehnich, Der Organisationszwang (2. Aufl. 1927), S. 20 ff. (Die Konflikte innerhalb des Kartells), 77 ff. (Der innere Kartellzwang); Blum, Grundzüge des neuen deutschen Kartellrechts, S. 62 ff.; Luley, Der Kartellzwang nach § 9 der KartVO. unter Berücksichtigung des Rechtszustandes vor Erlaß der KartVO., Diss., Frankfurt 1927; auch in Kart.-Rd. 1928 S. 134 ff.; Geiler-Staudinger S. 1386.

[2]) Ein Verstoß gegen zwingende Vorschriften, insbesondere gegen die guten Sitten hat Nichtigkeit zur Folge; siehe im übrigen wegen dem rechtsfähigen Verein unten S. 146, wegen der GmbH. S. 152.

[3]) Vgl. für Gesellschaft des bürgerlichen Rechts unten S. 136 ff., rechtsfähigen Verein S. 147, GmbH. S. 154.

[4]) Siehe für Gesellschaft des bürgerlichen Rechts unten S. 136 ff., eingetragenen Verein S. 147/148, GmbH. S. 152.

Das einzelne Mitglied kann grundsätzlich zur Erfüllung seiner ihm nach Vertrag oder Satzung obliegenden Verpflichtungen im Wege der Klage bei den ordentlichen Gerichten angehalten werden. Es bestehen klagbare Ansprüche auf Erfüllung bzw. Schadensersatz wegen Nichterfüllung — abgesehen von den seltenen Ausnahmefällen, in welchen eine gegen die guten Sitten verstoßende Knebelung des Mitglieds, eine seine Existenzmöglichkeit gefährdende Beschränkung seiner wirtschaftlichen Bewegungsfreiheit vorliegt [1]).

Häufig sind nach Vertrag oder Satzung die Mitglieder gehalten, dem Kartell für die Erfüllung seiner aus eventuellen Verletzungen ihrer Kartellpflichten gegen die Mitglieder entstehenden Ansprüche, insbesondere auch auf verhängte Strafen, Sicherheit zu leisten, z. B. durch Verpfändung oder Sicherungsübereignung von beweglichen Sachen, namentlich Wertpapieren, Hingabe von Wechseln [2]) oder abstrakten Schuldversprechen, Ausstellung vollstreckbarer Urkunden gemäß § 794, Z. 5 ZPO., Stellung von Kaution [3]).

Ganz regelmäßig werden gegen fehlbare Mitglieder Strafen angedroht [4]), wie z. B. für den Fall, daß das Mitglied die vom Verband festgesetzten Mindestpreise nicht einhält [5]) oder dem Vertrauensmann des Kartells den Einblick in seine Bücher bei der in der Satzung vorgesehenen Revision nicht gewährt oder ganz allgemein bei Zuwiderhandlungen gegen Satzungen und Beschlüsse oder bei Handlungen, die den Kartellzweck beeinträchtigen oder

---

[1]) Siehe oben S. 24.

[2]) Siehe das Beispiel unten S. 172 Art. 13 (Solawechsel).

[3]) Über die zur Verwertung von Sicherheiten nunmehr erforderliche Einwilligung des Vorsitzenden des Kartellgerichts nach § 9 Kart.-VO. siehe unten S. 112.

[4]) Fast immer sind es Geldstrafen. Es kann aber z. B. auch der zeitweise Ausschluß von der Benutzung gemeinsamer Einrichtungen, Ruhen von Rechten, Beschränkung des Kontingents u. dgl. als Strafe vorgesehen, und es kann auch als schwerste Strafe die Ausschließung aus dem Kartell in Aussicht gestellt sein, wie z. B. unten S. 159 § 4; vgl. dazu unten S. 47.

[5]) So in dem Beispiel unten S. 158 §§ 6, 7.

gefährden[1]). Dies erscheint als zulässig nach dem Grundsatz der Vertragsfreiheit[2]).

Die Verhängung der Strafe kann stattfinden, wenn die Androhung bereits in dem ursprünglichen Gesellschaftsvertrag (bzw. der Ursatzung) sich findet und damit auf der Vereinbarung sämtlicher Mitglieder beruht, wobei auch regelmäßig die zur Verhängung zuständigen Verbandsorgane bezeichnet sind. Solche Bestimmungen sind dann auch für erst später beitretende Mitglieder verbindlich, die sich ja durch ihren Beitritt auch diesen Strafvorschriften unterworfen haben. Eine spätere Einführung von Vertragsstrafen durch Mehrheitsbeschluß kann stattfinden, wenn eine dahingehende Bestimmung in dem Vertrag oder der Satzung enthalten ist, anderenfalls ist die Zustimmung aller Beteiligten erforderlich[3]).

Auf diese Vertragsstrafen sind die §§ 339 ff. BGB. anzuwenden, wobei allerdings das richterliche Ermäßigungsrecht des § 343 BGB. in den meisten Fällen entfallen wird, weil die Mitglieder des Kartells Vollkaufleute sind und deshalb § 348 HGB. eingreift; doch bleibt in einem solchen Fall unter Umständen § 138 BGB. anwendbar[4]).

Ist eine Vertragsstrafe durch ein Kartellorgan verhängt, so ist richterliche Nachprüfung zulässig, auch wenn eine Bestimmung der Satzung versuchen sollte, diese vollständig auszuschließen. Grundsätzlich hat sich aber die richterliche Nachprüfung darauf zu beschränken, ob der Beschluß auf einen satzungsmäßigen Grund gestützt und in den von der Satzung vorgeschriebenen Formen

---

[1]) So wird in der Satzung unten S. 161 § 13 eine Strafe bis zu 5000 RM. angedroht für Zuwiderhandlungen gegen Beschlüsse der Hauptversammlung oder des Verwaltungsrats oder Zahlungs- und Lieferungsbedingungen. — Vgl. S. 166 § 9, S. 171 Art. 10.

[2]) Vgl. für Gesellschaft des bürgerlichen Rechts unten S. 137, für den eingetragenen Verein S. 148, für die GmbH. S. 155.

[3]) Dies auch dann, wenn die spätere Einführung im Wege der Satzungsänderung stattfinden soll, wozu an sich keine Einstimmigkeit erforderlich ist. Zu beachten ist, daß in diesem Fall auch die sonstigen, für eine Satzungsänderung erforderlichen Voraussetzungen erfüllt sein müssen, wie z. B. bei dem eingetragenen Verein Eintragung in das Vereinsregister.

[4]) Siehe allgemein Geiler-Staudinger S. 1386 und die dort angegebene Literatur.

ergangen ist, sowie ob keine offenbare Unbilligkeit gegenüber dem bestraften Mitglied vorliegt [1]).

Oft findet sich in den Kartellverträgen und -satzungen die Schiedsgerichtsklausel [2]), wonach bei allen aus dem Vertrag oder der Satzung sich ergebenden Streitigkeiten an Stelle der ordentlichen Gerichte ein Schiedsgericht auf Grund von §§ 1025 ff. ZPO. entscheiden und auch Strafen verhängen oder über die von einem Verbandsorgan ausgesprochene Strafe als zweite Instanz erkennen soll [3].

Das Kartellmitglied kann sich auch für den Fall der Zuwiderhandlung gegen rechtsgültig übernommene Verpflichtungen gegenüber dem Kartell einer Sperre unterwerfen. Dies erscheint grundsätzlich nicht als ein Verstoß gegen die guten Sitten [4]). Allgemein ist allerdings zu sagen, daß die Sperre als Mittel des inneren Organisationszwangs seltener in Frage kommt, wie z. B. dann, wenn das Kartell einen zentralen Einkauf von Rohmaterialien für alle seine Mitglieder eingerichtet hat und nun ein Mitglied von dem Bezug derselben durch das Kartell ausschließt [5]).

Einer allzu starken Beschränkung durch die ihm gegenüber

---

[1]) Vgl. die Ausführungen über den Ausschluß aus dem Verein, unten S. 149; auch Steinitz, Autonome Rechtsprechung der Verbände bei Verfehlungen ihrer Mitglieder, Kart.-Rd. 1923 S. 19/20.

[2]) Vgl. RGZ. 88, 395, 401, wo der nachträgliche Erlaß einer Schiedsgerichtsordnung als Satzungsänderung angesehen wurde, Flechtheim, Rechtl. Organ., S. 322.

[3]) Siehe z. B. die Satzung unten S. 166 §§ 8 Nr. 3, 9, und den Lieferungsvertrag unten S. 172 Art. 13. Vgl. dazu Rosenberg, Lehrbuch des deutschen Zivilprozeßrechts, 3. Aufl., S. 585 ff., insbesondere S. 594, 3, b, wo Bedenken geäußert werden gegen RGZ. 113, 322, wonach die Besetzung eines Vereins- oder Verbandsschiedsgerichts nur mit Mitgliedern des Vereins oder Verbands für zulässig erklärt wird; ferner Baumbach, Das privatrechtliche Schiedsgerichtsverfahren, dazu Blum, Kart.-Rd. 1931, S. 290. Siehe auch das Urteil des OLG. Königsberg, Kart.-Rd. 1930, S. 182 ff.; ferner das Gutachten des Vorsitzenden des Kartellgerichts über die kartellgerichtliche Zulässigkeit von Schiedsgerichtsabreden in Kart.-Rd. 1925 S. 595 ff. und die Richtlinien für die Aufstellung von Verbands- (insbes. Kartell-)schiedsgerichtsordnungen: Schriften der Kartellstelle Nr. 6 vom Februar 1930. — Wegen der Stellung des Kart.-G. siehe auch unten S. 113.

[4]) Vgl. RGZ. 81 S. 4. — Jetzt greift aber § 9 KartVO. ein, siehe unten S. 81 ff.

[5]) So in E. 82; in E. 131 Sperre eines Mitglieds auf Grund eines Ausschließlichkeitsvertrages mit Lieferanten, siehe unten S. 82.

dem Kartell obliegenden Pflichten kann sich das Mitglied unter Umständen dadurch entziehen, daß es aus demselben durch Kündigung (Austritt) ausscheidet. Wie weit dies möglich ist, hängt nach allgemeinem Recht davon ab, welche Rechtsform für das Kartell im Einzelfall gewählt wurde.

Ist ein Kartell in Form einer Gesellschaft des bürgerlichen Rechts nicht auf bestimmte Zeit eingegangen, was allerdings nur in Ausnahmefällen zutreffen wird [1]), so kann jeder Gesellschafter jederzeit kündigen; bei Abschluß des Gesellschaftsvertrags auf bestimmte Zeit ist jederzeit fristlose Kündigung möglich, wenn ein wichtiger Grund vorliegt, § 723 BGB. Durch die Kündigung wird regelmäßig bei einem Kartell die Gesellschaft nicht aufgelöst, sondern es scheidet nur der kündigende Gesellschafter aus, während die verbleibenden die Gesellschaft fortsetzen [2]). Für den nichtrechtsfähigen Verein gilt ebenfalls § 723 BGB., so daß hier jederzeit und mit der gleichen Wirkung Kündigung wegen wichtigen Grundes möglich ist. Das gleiche gilt auch hinsichtlich der Gesellschaft des bürgerlichen Rechts (bzw. des nichtrechtsfähigen Vereins) bei der Doppelgesellschaft, wobei aber hier nur ein Ausscheiden des Kündigenden aus der Gesellschaft des bürgerlichen Rechts (bzw. dem nichtrechtsfähigen Verein) erfolgt [3]). Bei dem eingetragenen Verein ist nach § 39 BGB. jedes Mitglied zum Austritt berechtigt, wobei eine Erschwerung nur in der Weise zulässig ist, daß der Austritt nur am Schluß eines Geschäftsjahres oder erst nach Ablauf einer höchstens zweijährigen Kündigungsfrist zulässig ist; liegt aber ein wichtiger Grund vor, so wird auch hier (in entsprechender Anwendung des § 723 BGB.) jederzeit eine Kündigung (d. h. Austritt) möglich sein [4]).

Bei der GmbH. ist vom Gesetz ein Austritt nicht vorgesehen [5]).

---

[1]) Bei einem Kartell ist der Gesellschaftsvertrag möglichst so auszulegen, daß er als auf bestimmte Zeit geschlossen erscheint, siehe unten S. 139, Geiler-Staudinger S. 1389.

[2]) Nach § 736 BGB. kann bestimmt werden, daß nur der Kündigende ausscheidet, und bei Kartellen ist eine solche Regelung als stillschweigend erfolgt anzusehen, siehe unten S. 138.

[3]) Siehe darüber und über das Ausscheiden aus der GmbH. bzw. AG. oben S. 40.

[4]) Siehe unten S. 148.

[5]) Siehe unten S. 153; nur Auflösungsklage nach § 61 GmbH.-Ges.

Für die Nebenleistungs-GmbH. hat sich aber die Anschauung durchgesetzt, daß hier eine Kündigung aus wichtigem Grund hinsichtlich der Nebenleistungspflichten möglich ist [1] [2]).

Auch für die Ausschließung eines Kartellmitglieds sind die für die im Einzelfall gewählte Rechtsform geltenden Vorschriften in Verbindung mit den Bestimmungen des Gesellschaftsvertrags bzw. der Satzungen maßgebend [3]).

Beziehungen des Kartells zu Außenstehenden

Auch auf diesem Gebiet finden sich für die Kartelle hinsichtlich der Anwendung des allgemeinen Rechts keine Besonderheiten.

Dies gilt zunächst für die Regelung der Rechtsbeziehungen, die durch den Geschäftsverkehr eines Kartells begründet werden, soweit dieser dem Üblichen entspricht, wie also zum Beispiel für die Kauf-, Dienst-, Mietverträge, die ein Syndikat abschließt [4])

Das Gesagte trifft aber auch für diejenigen Maßnahmen zu, die das Kartell ergreift, um seine Machtstellung nach außen zu erhalten und zu stärken, und die sich unmittelbar oder mittelbar gegen Außenseiter sowie gegen Lieferanten und Abnehmer richten. Es handelt sich hier um den sogenannten äußeren Kartellzwang [5]); die Kampfmittel, die das Kartell gegen Außenstehende anwendet, um sie zur Eingliederung in das Kartell oder zur Anpassung an seine Einrichtungen zu zwingen.

Nur sind bei diesen Maßnahmen des Kartells, wie bei allen wirtschaftlichen Kämpfen, nach allgemeinem Recht gewisse Regeln zu beachten, die vor allem vom Reichsgericht in seiner Recht-

---

[1]) Siehe oben S. 35 und unten S. 156.

[2]) Über das Eingreifen des § 8 KartVO., wonach eine Kündigung aus wichtigem Grund zulässig ist bei allen Kartellen, einerlei welche Rechtsformen sie haben, siehe unten S. 103.

[3]) Vgl. für Gesellschaft des bürgerlichen Rechts unten S. 138 (auf Grund von § 737 BGB.), ebenso für den nichtrechtsfähigen Verein S. 143, für den eingetragenen Verein S. 148/49; bei der GmbH. kann Einziehung des Geschäftsanteils nach dem Gesellschaftsvertrag stattfinden, S. 153.

[4]) Siehe aber unten S. 75 wegen § 10 KartVO.

[5]) Vgl. Kestner-Lehnich, Der Organisationszwang, S. 53 ff., 98 ff.

sprechung herausgebildet worden sind [1]). Danach erscheint der Wirtschaftskampf grundsätzlich als zulässig, und es sind auch nicht einzelne, bestimmte Mittel desselben, wie etwa die Sperre, verboten [2]). Unter Umständen kann aber doch ein Verstoß gegen die guten Sitten vorliegen, so daß die Anwendung von § 826 BGB. und § 1 UnlWG. in Frage kommt. Jedoch ist dies nach der Rechtsprechung des Reichsgerichts nicht der Fall, wenn der verfolgte Zweck ein erlaubter ist, wenn das angewandte Mittel als solches erlaubt (keine an sich rechtswidrige Handlung) ist und wenn das Mittel in seiner Anwendung in dem besonderen Fall nicht die völlige oder nahezu völlige Vernichtung der wirtschaftlichen Existenz des Betroffenen herbeiführt, oder doch eine so große Schädigung, daß die dadurch bewirkten Nachteile zu dem erstrebten Erfolg in keinem angemessenen Verhältnis stehen [3]). Von wesentlicher Bedeutung für die Entscheidung nach der Zulässigkeit der angewandten Mittel ist es auch, ob es sich um eine Abwehr-

[1]) Für die Einzelheiten vgl. Eger, Das Reichsgericht und die Kartelle, S. 238 ff.

[2]) Siehe unten S. 81 wegen § 9 KartVO., wonach zur Verhängung einer Sperre oder eines Nachteils von ähnlicher Bedeutung die Einwilligung des Vorsitzenden des Kartellgerichts erforderlich ist.

[3]) Vgl. z. B. RGZ. 128, 97: Im Wirtschaftskampf kann es niemand verwehrt werden, seine Belange auch dann zu verfolgen, wenn dadurch ein anderer geschädigt wird. Gegen die guten Sitten verstößt ein solches Vorgehen nur beim Hinzutreten besonderer Umstände, insbesondere, wenn unlautere Mittel angewandt werden oder das Verhalten die wirtschaftliche Vernichtung des anderen zur Folge hat oder eine übermäßige wirtschaftliche Schädigung, die in keinem Verhältnis zu dem Vorteil des Schädigers steht, oder eine übermäßige Einschränkung der geschäftlichen Freiheit. — Zur Frage, wie weit das Vorgehen bei der Gefahr der Existenzvernichtung des Gegners stets sittenwidrig ist, vgl. RG. vom 12. März 1928 (Kart.-Rd. 1928 S. 290 = JW. 1928 S. 1206); ferner Isay, Der Vernichtungszweck im Wettbewerbsrecht, Gewerbl. Rechtsschutz und Urheberrecht, 1929, S. 1368 ff.; Nipperdey, Wettbewerb und Existenzvernichtung, in Kart.-Rd. 1930 S. 128 ff., der Leistungswettbewerb (namentlich durch Preisunterbietung, Qualitätssteigerung) und Behinderungswettbewerb (vor allem Sperre und sperrähnliche Maßnahmen) unterscheidet und annimmt, daß ersterer unbegrenzt, bis zur Existenzvernichtung gestattet sei, und zwar auch dann, wenn der Leistungswettbewerb als Mittel des Organisationszwangs angewandt wird, während beim Behinderungswettbewerb die Zulässigkeit von dem Grad der Schädigung des Gegners abhänge, so daß hier bei Existenzvernichtung ein Verstoß gegen die guten Sitten vorliege. — Siehe auch unten S. 52 Anm. 3.

maßregel bei dem Wirtschaftskampf handelte (vgl. RGZ. 92, 113; Kart.-Rd. 1924, 170; JW. 1927 S. 112).

Liegt ein Verstoß gegen die guten Sitten vor, dann kommt nicht nur aus § 826 BGB. eine Schadensersatzklage in Frage, sondern auch eine vorbeugende Unterlassungsklage und Erlaß einer einstweiligen Verfügung [1]).

Im übrigen ist folgendes aus der Rechtsprechung hervorzuheben:

Der Außenseiter hat keinen Anspruch auf Aufnahme in das Kartell und demgemäß auch keinen Schadensersatzanspruch bei deren Verweigerung, auch wenn diese für ihn erhebliche geschäftliche Nachteile mit sich bringt [2]).

Nach allgemeinem Recht besteht kein Hindernis für den Abschluß von Verträgen zwischen einem Kartell und einem Verband der vor- oder nachgeordneten Wirtschaftsstufe, also z. B. zwischen einem Industriekartell und einem Verband von Großhändlern, laut welchem vereinbart wird, daß die beiderseitigen Verbandsangehörigen nur untereinander in Geschäftsverkehr treten und daß Nichtmitglieder ausgeschlossen sind (ausschließlicher Verbandsverkehr, Ausschließlichkeits- oder Exklusivvertrag) oder daß doch die beiderseitigen Verbandsmitglieder sich wechselseitig eine Vorzugsstellung einräumen. Der Abschluß eines solchen Gegenseitigkeitsvertrags, eines Kollektivvertrags, durch den eine Gesellschaft des bürgerlichen Rechts zur Entstehung kommt, dient dem Organisationszwang, und zwar dem äußeren insofern, als dadurch unter Umständen auf die Außenseiter ein Druck ausgeübt werden soll, dem Kartell beizutreten, um auch der Vorteile des Gegenseitigkeitsvertrags teilhaftig zu werden, dem inneren dadurch, daß die Mitglieder des Kartells enger an dasselbe gefesselt werden, da sie im Falle ihres Ausscheidens dieser Vorteile verlustig gehen [3]).

Ein Außenseiter hat keinen Anspruch auf Einräumung der in einem solchen Vertrag für Verbandsmitglieder vorgesehenen

---

[1]) Siehe Geiler, Verhandlungen vor dem Untersuchungsausschuß, 4. Teil (Kartellpolitik), 2. Abschnitt, S. 493, 495.

[2]) So RGZ. 60, 94. — Es kann aber doch die Nichtaufnahme eine sittenwidrige Schädigung darstellen, siehe Nipperdey, Kontrahierungszwang, S. 65, und Kart.-Rd. 1927 S. 258 ff.

[3]) Über § 9 Abs. 7 KartVO. siehe unten S. 109.

Vorteile, etwa auf Lieferung von Waren zu Vorzugspreisen; nur unter besonderen Umständen könnte hier nach Ansicht des Reichsgerichts ein Verstoß gegen die guten Sitten vorliegen [1]).

Um einen Druck auf den Außenseiter zum Beitritt zum Kartell auszuüben oder um ihn doch vom Unterbieten der Kartellpreise abzuhalten, kann auch die Sperre über ihn verhängt werden.

Auch eine Sperre gegen Lieferanten und Kunden ist grundsätzlich zulässig, um diese zum Abbruch oder doch zu einer für den Außenseiter ungünstigen Gestaltung des Geschäftsverkehrs mit diesem zu veranlassen und dadurch mittelbar einen Druck auf den Außenseiter zum Beitritt oder zum Unterlassen des Unterbietens der Kartellpreise auszuüben [2]), immer unter dem Vorbehalt, daß nicht nach dem oben Ausgeführten besondere Umstände vorliegen, wonach sich ein Verstoß gegen die guten Sitten ergibt.

Nicht zulässig sind aber Maßnahmen, die ausschließlich zur Schädigung des Betroffenen bestimmt sind [3]). So verstößt es z. B. gegen die guten Sitten, wenn gegen einen Außenseiter, der um Aufnahme in das Kartell nachgesucht hat, dessen Aufnahme aber abgelehnt wurde, der also organisationswillig ist, eine Sperre der Arbeitskräfte verhängt wird, um ihm den Geschäftsbetrieb unmöglich zu machen oder zu erschweren und dessen Konkurrenz zu beseitigen [4])

---

[1]) Vgl. Urt. vom 16. Juni 1924, Kart.-Rd. 1924 S. 166 ff.: wenn nämlich die beiden Verbände eine gewisse Monopolstellung einnehmen würden, wenn zwischen ihrem Interesse an der Ausschließung des um die Beteiligung Nachsuchenden und dem diesem dadurch erwachsenden Schaden ein außerordentliches Mißverhältnis bestände, oder wenn die Verbände bei der Nichtaufnahme überhaupt nicht von der Rücksicht auf ihre eigenen, berechtigten Belange, insbesondere nicht von einem wirklichen Mißtrauen gegen die Leistungsfähigkeit und Zuverlässigkeit des Nachsuchenden, sondern lediglich von der Absicht, diesen zu schädigen, geleitet gewesen wären.

[2]) Siehe Eger a. a. O. S. 241 ff. — Eine Verurteilung eines Kartelleiters wegen Erpressung (§ 253 StGB.) bei Androhung einer Liefersperre gegenüber einem Abnehmer für den Fall des weiteren Warenbezugs von einem Außenseiter begegnet in RStGB. 34, 15 ff. vom 29. November 1900. Die Entscheidung wird heute allgemein als verfehlt abgelehnt, vgl. z. B. Olshausen, Kom. (1927) Bd. II S. 1267; Leipz. Kom., 4. Aufl. (1929), § 253 Anm. 4.

[3]) Siehe oben Anm. 1.

[4]) So RGZ. 60, 104.

Da es nach dem vom Reichsgericht ausgesprochenen [1]) und mit Art. 152 RV. übereinstimmenden Grundsatz „einem Gewerbetreibenden oder einem gewerblichen Verband nicht verwehrt werden kann, Dritten für die Eingehung von Geschäften oder die Aufrechterhaltung geschäftlicher Beziehungen Bedingungen zu stellen und bei Nichterfüllung solcher die Lieferung ihrer Erzeugnisse und Handelsartikel zu verweigern“, so erscheint es auch als zulässig, daß ein Kartell bzw. seine Mitglieder die Belieferung ihrer Abnehmer davon abhängig machen, daß diese sich zum ausschließlichen Bezug von dem Kartell bzw. von dessen Mitgliedern verpflichten (Exklusivverträge — als Individualverträge mit den einzelnen Kunden) [2]). Ebenso ist zulässig, in den Exklusivvertrag eine Treulohnklausel einzufügen, wonach der Abnehmer diesen abziehen darf, so lange er die übernommene Treupflicht nicht verletzt, während bei einem Verstoß gegen die ausschließliche Bezugspflicht Rückerstattung des gewährten Treulohns für eine gewisse Zeit als Vertragsstrafe verlangt werden kann [3]). Auch hier handelt es sich um ein Mittel des Organisationszwangs. Wenn es gelingt, möglichst viele Abnehmer durch solche Verträge zu binden, wird dadurch ein Druck auf die Außenseiter ausgeübt, ebenso aber auch auf die Kartellmitglieder, die dadurch zum Verbleiben im Kartell veranlaßt werden. Ein Verstoß gegen die guten Sitten

[1]) RGZ. 56, 271 ff., insbes. 277; 63, 399; 79, 224; Urt. vom 16. Juni 1924 (Kart.-Rd. 1924, 166 ff.).

[2]) Über Reversverträge (die außer der zur Behandlung stehenden Verpflichtung zum ausschließlichen Bezug auch Preisbindung, Vorschriften über den Wiederverkaufspreis, andererseits auch Rabattgewährung an den Abnehmer u. a. enthalten können) und Reverssystem vgl. Blum, Zur Systematik der Reversverträge, Kart.-Rd. 1927, 383 ff., insbes. S. 385 wegen Zulässigkeit nach allgemeinem Recht. —

[3]) Vgl. RGZ. 122, 260. — Siehe auch Blum, Echter und unechter Treurabatt, Kart.-Rd. 1930, 559 ff. Von echtem Treurabatt spricht Blum nur in dem Fall, daß der Kunde keine Verpflichtung zum ausschließlichen Bezug übernimmt, aber Anspruch auf Rabatt hat, wenn er freiwillig während einer bestimmten Zeit dem Kartell die Treue hält. Meyer, Rolf, Die Treurabattklausel, Diss., Jena 1930, unterscheidet entsprechend Treurabattversprechen (ohne rechtliche Verpflichtung zum Alleinbezug vom Kartell) und Treuverpflichtungsrabatt; vgl. auch die Beispiele unten S. 172 und S. 173.

ist nur in Ausnahmefällen unter dem Gesichtspunkt einer unzulässigen Knebelung anzunehmen [1]).

Die Statthaftigkeit eines Mengenrabatts, eines einfachen Umsatzbonus [2]), wobei der ausschließliche Bezug nicht Voraussetzung für die Rabattgewährung ist und ein Anreiz zum ausschließlichen Bezug vom Kartell bzw. dessen Mitgliedern für den Abnehmer nur dadurch geschaffen wird, daß mit der Höhe des Bezugs von diesen auch der Prozentsatz des Rabatts wächst, ergibt sich z. B. aus RGZ. 119, 366 ff., wonach es sich hier um eine erlaubte Preisunterbietung handelt [3]).

Es steht auch nach dem oben erwähnten Grundsatz dem Kartell bzw. seinen Mitgliedern wie jedem Gewerbetreibenden frei, bei dem Verkauf seiner Waren an Wiederverkäufer feste Preise (Markenpreise) festzusetzen, die bei dem Weiterverkauf einzuhalten

---

[1]) Vgl. RGZ. 118, 84 ff. über sogenannte zurückgestellte Rabatte; insbes. S. 88: Die Verflechtung in das Rabattsystem bedeutet somit für die Spediteure eine wesentliche Behinderung der gewerblichen Betätigungsmöglichkeit. Der wirtschaftliche Kampf bringt häufig solche Eingriffe in den Geschäftskreis anderer mit sich, die diese in der einen oder anderen Weise zur wirtschaftlichen Angliederung an ein Unternehmen zwingen sollen. In der Rechtsprechung ist anerkannt, daß solche Maßregeln, sofern sie nicht ausschließlich der Schädigung der Betroffenen, sondern der Ausdehnung und Sicherung des Unternehmens im wirtschaftlichen Kampf zu dienen bestimmt sind, nicht rechtswidrig sind, wenn sie sich erlaubter Mittel bedienen und wenn diese Mittel über das erforderliche Maß nicht hinausgehen und nicht die wirtschaftliche Vernichtung oder doch eine Schädigung des Betroffenen zur Folge haben, die zu den erstrebten Vorteilen in keinem Verhältnis steht; RGZ. 92, 132; 104, 327; JW. 1913 S. 134 Nr. 11. — Über „zurückgestellte" Rabatte in der Seeschiffahrt vgl. Reinbeck, Kart.-Rd. 1925 S. 407.

[2]) Über die Zulässigkeit von Rabattsystemen (Grossistenrabatt, Mengenrabatt, Treurabatt) nach allgemeinem Recht siehe auch Blum, Die kartellrechtliche Zulässigkeit der Absatzsicherung, Kart.-Rd. 1928 S. 550 ff., insbes. S. 554. — Beispiele siehe in den Verhandlungen des Untersuchungsausschusses, 3. Arbeitsgruppe, 2. Teil: Entwicklungslinien der industriellen und gewerblichen Kartellierung, 3. Abschnitt, S. 78 ff. usw.

[3]) Über die Zulässigkeit des Leistungswettbewerbs insbesondere durch Preisunterbietung siehe Nipperdey, Wettbewerb und Existenzvernichtung, Kart.-Rd. 1930, 127 ff., namentlich S. 147 ff., wo auch betont wird, daß ein Unterbieten des Gegners als Mittel des Organisationszwanges nicht unsittlich sein könne, dazu aber auch Tschierschky, Kart.-Rd. 1930, 253 ff., siehe weiter unten S. 87 Anm. 1.

sind unter Androhung der Sperre für den Fall der Zuwiderhandlung [1]). Doch ist auch hier zu prüfen, ob die Maßnahmen des Kartells nicht § 826 BGB. verletzen, wobei sich insbesondere ein gegen die guten Sitten verstoßender Mißbrauch der Machtstellung des Kartells dadurch ergeben kann, daß es unter dem Zwang der Sperre unangemessene Preise für Waren des allgemeinen und unentbehrlichen Bedarfs festsetzt.

Da allgemein, d. h. in gleicher Weise bei Kartellen, wie auch bei anderen wirtschaftlichen Machtkörpern der Mißbrauch einer tatsächlichen Monopolstellung [2]) als ein Verstoß gegen die guten Sitten erscheint [3]), so kann sich unter diesem Gesichtspunkt bei dem Verhalten des Kartells gegenüber Dritten eine Schadensersatzpflicht nach § 826 BGB. ergeben, wobei der Dritte, welcher diesen Anspruch geltend macht, zugleich die Interessen der Allgemeinheit vertritt, die durch die mißbräuchliche Benutzung des Monopols ausgebeutet wird [4]).

Wie weit daraus auch ein Kontrahierungszwang hergeleitet

---

[1]) RG. vom 7. Oktober 1907 (Warn., Respr. 1908 Nr. 8 S. 5); RGZ. 120, 47 (= Kart.-Rd. 1928, 224): Es ist zu prüfen, ob die im Verpflichtungsschein angedrohte Liefersperre, der sich der Beklagte für den Fall der Nichteinhaltung der Markenpreise unterworfen hat, ein gegen die guten Sitten verstoßendes Kampfmittel darstellt. Das ist zu verneinen. Die Übung einer großen Zahl von Fabrikanten, dem Wiederverkäufer bestimmte Preise, sog. Markenpreise, vorzuschreiben, ist nach geltendem Recht jedenfalls so lange nicht zu beanstanden, als hierdurch nicht eine künstliche unbillige Hochhaltung der Preise für den Verbraucher bewirkt wird usw. Ferner RG. vom 26. Oktober 1928 = JW. 1929, 249: Die bezeichnete Preisbindung genießt als Ausfluß der Vertrags- und Gewerbefreiheit rechtlichen Schutz, solange sie nicht gegen zwingendes öffentliches oder privates Recht oder gegen die guten Sitten verstößt. Vgl. Pinzger, Preisschleuderer und gute Sitten, Kart.-Rd. 1928, 345.

[2]) Es genügt der Mißbrauch des Ausschlusses einer Konkurrenzmöglichkeit, RGZ. 62, 266, siehe auch RGZ. 115, 218.

[3]) Siehe oben S. 22 ff.

[4]) Vgl. Hedemann, Reichsgericht und Wirtschaftsrecht, S. 75; Birnbaum, Die Rechtsprechung des Kartellgerichts auf Grund des § 9 KartVO. im Vergleich zur Rechtsprechung der ordentlichen Gerichte, Diss., Gießen 1930, S. 14. — Jetzt tritt Schutz der Gesamtheit bei einer das Gemeinwohl oder die Gesamtwirtschaft gefährdenden Ausnutzung der wirtschaftlichen Machtstellung auf Grund der Kartellverordnung ein, siehe unten S. 73 ff.

werden kann, sei es unter dem Gesichtspunkt, daß dann, wenn durch das Nichtkontrahieren in einer gegen die guten Sitten verstoßenden Weise Schaden zugefügt wird, eine Rechtspflicht zur Schadensverhütung durch Kontrahieren besteht, sei es unter dem des Schadensersatzes (Naturalrestitution, § 249 BGB.), ist eine zur Zeit noch umstrittene Frage[1]).

Das Reichsgericht hat allerdings in seinem Urteil vom 17. Juni 1904 einen allgemeinen Kontrahierungszwang für ein im Besitz eines tatsächlichen Monopols befindliches Syndikat ausdrücklich abgelehnt[2]). In der Folge ist auch keine Entscheidung des höchsten Gerichts ergangen, in welcher bei Mißbrauch der Monopolstellung wegen Verstoßes gegen die guten Sitten Verurteilung zu einem Vertragsschluß zu bestimmten Bedingungen erfolgt wäre. Aber das Reichsgericht zeigt doch in neuerer Zeit in diesem letzten Punkte keine entschieden ablehnende Haltung. So heißt es im Urteil vom 19. November 1926 (Kart.-Rd. 1927, 195): „In der Rechtsprechung des Reichsgerichts ist allerdings anerkannt, daß der Mißbrauch einer rechtlichen oder tatsächlichen Monopolstellung, eine mit den guten Sitten des geschäftlichen Verkehrs in Widerspruch stehende Weigerung zu den allgemeinen Bedingungen abzuschließen, eine den Inhaber des Monopols zum Schadensersatz verpflichtende Handlung darstellen kann. Ob dieser Standpunkt aber zur Annahme einer rechtlichen Verpflichtung zum Kontrahieren zu bestimmten Bedingungen führen muß, er-

---

[1]) Vgl. Nipperdey, Kontrahierungszwang und diktierter Vertrag, S. 53 ff., 96 ff.; ders. in Kart.-Rd. 1927, 258 ff.; ders. in Verhandlungen des Untersuchungsausschusses, 3. Arbeitsgruppe, 4. Teil (Kartellpolitik), 2. Abschnitt (Vernehmungen), S. 528, 531. Gegen Wimpfheimer, Kart.-Rd. 1929 S. 1 ff. auch S. 511 ff.; Isay ebenda S. 373 ff.; de lege ferenda auch Schreier, Das Kartellproblem, Schriften des Vereins für Sozialpolitik, 180. Bd., S. 90 ff., dazu Liefmann, JW. 1930 S. 3720. Über die Stellung des Kartellgerichts zur Frage eines Kontrahierungszwanges aus §§ 9, 17 KartVO. siehe unten S. 99.

[2]) Denkschrift über das Kartellwesen S. 117 ff. Es wird in den Gründen des Urteils dargelegt, daß das Roheisensyndikat den Inlandsmarkt beherrschte — dann heißt es weiter: zwar rechtfertigt die dargelegte Stellung des Syndikats nach dem geltenden Recht nicht etwa einen Kontrahierungszwang, d. h. die Verpflichtung, mit jedem einzelnen Konsumenten der syndizierten Ware abzuschließen —.

scheint zweifelhaft und kann hier dahingestellt bleiben [1].“ Die endgültige Stellungnahme des Reichsgerichts in dieser Frage bleibt noch abzuwarten [2].

Auch gegen das Kartell gerichtete, dieses schädigende Handlungen Außenstehender können unter § 826 BGB. und § 1 UnlWG. fallen und zu Schadensersatz verpflichten, wie z. B. der Versuch eines Abnehmers, Kartellmitglieder zum Bruch ihrer Kartellverpflichtungen zu verleiten; vgl. Isay, Gruchot, Beitr. Bd. 68 S. 25, Studien im privaten und öffentlichen Kartellrecht S. 69.

---

[1]) In dem Urteil vom 12. März 1928 (Kart.-Rd. 1928, 291) hat das Reichsgericht dem Berufungsgericht darin zugestimmt, daß sich aus der Tatsache, daß die Beklagte an einer Heilquelle ein tatsächliches Monopol hat, gewisse Pflichten gegenüber der Allgemeinheit ergeben können, daß unter Umständen auch die Ablehnung des Vertragsschlusses gegen die guten Sitten verstoßen kann. Das Berufungsgericht (OLG. Kassel im Urteil vom 14. Juli 1927, Kart.-Rd. 1928 S. 292 ff.) hatte ausgeführt, daß zwar aus dem tatsächlichen Monopol kein allgemeiner Kontrahierungszwang hergeleitet werden könne, daß man vielmehr im Hinblick darauf, daß das fragliche Wasser ein nierenkrankes Heilwasser sei, die Beklagte nur für verpflichtet ansehen könne, das Mineralwasser zu angemessenen Bedingungen in den Verkehr zu bringen und der Allgemeinheit zugute kommen zu lassen. Vielleicht könne man auch eine Verpflichtung der Beklagten annehmen, Heilbedürftigen das Wasser gegen angemessenes Entgelt zu liefern.

[2]) Vgl. den Generalbericht in den Verhandlungen des Untersuchungsausschusses, 3. Arbeitsgruppe, 4. Teil (Kartellpolitik), 1. Abschnitt, S. 70/1 mit den dort angeführten Äußerungen der Sachverständigen. „Obwohl bei fortschreitender Entwicklung der relativen Monopole, wie sie Kartelle und Einzelunternehmungen darstellen können, das Problem des Kontrahierungszwangs einer prinzipiellen Lösung bedarf, überwiegt doch gegenwärtig noch die Anschauung, daß eine gesetzliche Fixierung bei der Flüssigkeit der Entwicklung verfrüht sei. Die Rechtsprechung scheint jedoch allmählich auf dem Wege zu sein, gewisse Grundsätze herauszubilden, die praktisch zu einem Kontrahierungszwang führen, soweit der wirtschaftliche Tatbestand und die guten Sitten ihn erfordern. Auch unter den vom Enquête-Ausschuß vernommenen kartellpolitischen Sachverständigen herrschte fast allgemein die Auffassung, daß man den Fortgang der Rechtsprechung abwarten solle und auf Grund der wachsenden Erkenntnis der Gerichte auch unbedenklich abwarten könne.“

II. Teil.

Das Sonderrecht der Kartelle.

Rechtsquellen.

Als Rechtsquellen des Kartellsonderrechts kommen in Frage:

1. Die Verordnung gegen Mißbrauch wirtschaftlicher Machtstellungen vom 2. November 1923 (sog. Kartellverordnung [1]).
2. Die Notverordnung des Reichspräsidenten zur Behebung finanzieller, wirtschaftlicher und sozialer Notstände vom 26. Juli 1930, 5. Abschnitt: Verhütung unwirtschaftlicher Preisbindungen (sog. Kartellnotverordnung) [2]) mit den beiden auf Grund dieser Verordnung erlassenen Verordnungen vom 30. August 1930 über Aufhebung und Untersagung von Preisbindungen (Ausführungsverordnung zur Kartellnotverordnung) [3]) und vom 16. Januar 1931 über Preisbindungen für Markenwaren (sog. Markenwarenverordnung [4]).
3. Die vierte Verordnung des Reichspräsidenten zur Sicherung von Wirtschaft und Finanzen vom 8. Dezember 1931, 1. Teil, Kapitel I: Anpassung gebundener Preise an die veränderte Wirtschaftslage (Preissenkungsverordnung [5]).

Eine Sonderstellung nehmen die sog. Zwangskartelle ein; über sie siehe unten S. 130.

1. Abschnitt:

Die Verordnung gegen Mißbrauch wirtschaftlicher Machtstellungen vom 2. November 1923 (Kartellverordnung).

Entstehung, Inhalt, Auslegung.

Die Verordnung ist erlassen auf Grund des Ermächtigungsgesetzes vom 13. Oktober 1923; sie ist in Kraft seit 20. Novem-

---

[1]) Siehe Anl. III Nr. 1.
[2]) Siehe Anl. III Nr. 2.
[3]) Siehe Anl. III Nr. 3.
[4]) Siehe Anl. III Nr. 4.
[5]) Siehe Anl. III Nr. 5.

ber 1923. Ihre Rechtsgültigkeit war zwar zunächst bestritten, aber die Angriffe erscheinen als nicht begründet[1]), wie auch das Reichsgericht sich in zwei Entscheidungen vom 1. Dezember 1925 und vom 6. Juli 1926 (RGZ. 114, 263) für die Rechtsgültigkeit ausgesprochen hat. Aus der bei der Bekanntmachung der Verordnung veröffentlichten Mitteilung an die Presse[2]) ist zu entnehmen, daß mit ihrem Erlaß keineswegs eine völlige Zertrümmerung der Kartelle angestrebt wurde. Vielmehr wird dort ausdrücklich die volkswirtschaftlich bedeutsame Funktion verantwortungsbewußter Erzeugerorganisationen anerkannt. Die Verordnung soll dazu dienen, schädliche Auswüchse des Kartellwesens mit aller Schärfe zu bekämpfen, wie ja die Verordnung in ihrer Überschrift als gegen Mißbrauch wirtschaftlicher Machtstellung gerichtet bezeichnet wird[3]). Ungesunde Hemmungen des freien Wettbewerbs sollen beseitigt, die wirkliche Marktfreiheit soll wieder hergestellt werden, und die Kreise der Produktion und des Handels sollen wieder zu einem vielfach verlorengegangenen Verantwortungsgefühl gegenüber dem Gemeinwohl zurückgezwungen werden. Diese Gesichtspunkte sind bei der Auslegung der Vorschriften der Verordnung zu berücksichtigen.

Hinsichtlich des Inhalts der Verordnung sind zu scheiden[4]):

1. Materielle Bestimmungen, §§ 1—10, 16; ferner § 19, der die Zwangsverbände von der Anwendung der vorstehenden Bestimmungen ausnimmt.

---

[1]) Vgl. auch z. B. Isay-Tschierschky, Kartellverordnung S. 115, Goldbaum, Kartellrecht und Kartellgericht S. 21, Staffel, Kommentar zur Kartellverordnung S. 8.

[2]) Abgedruckt z. B. bei Isay-Tschierschky S. 114 ff., Goldbaum S. 23. — Über die Entstehungsgeschichte und den unmittelbaren Anlaß der Verordnung vgl. z. B. Lehnich-Fischer, Kartellgesetz S. 17 ff., Isay-Tschierschky S. 21 ff., Haußmann-Holländer S. 7 ff.

[3]) Siehe auch RGZ. 122 S. 260 oben S. 17 Anm. 3.

[4]) Siehe die Kommentare zur Kartellverordnung: Friedländer, Das Kartellaufsichtsgesetz, 1924; Goldbaum, Kartellrecht und Kartellgericht, 2. Aufl., 1926; Haußmann-Holländer, Die Kartellverordnung, 1925; Hempfing, Die Kartellverordnung, 1930; Isay-Tschierschky, Kartellverordnung, 1925; Lehnich-Fischer, Das Kartellgesetz, 1924; Staffel, Kommentar zur Verordnung gegen Mißbrauch wirtschaftlicher Machtstellungen, 1926.

a) §§ 1—9 beziehen sich nur auf Verträge und Beschlüsse, welche Verpflichtungen über die Handhabung der Erzeugung oder des Absatzes, die Anwendung von Geschäftsbedingungen, die Art der Preisfestsetzung oder die Forderung von Preisen enthalten (Syndikate, Kartelle, Konventionen und ähnliche Abmachungen); das sind die Kartelle im Sinne der KartVO.[1])

Für diese Verträge und Beschlüsse wird bestimmt, daß sie der schriftlichen Form bedürfen (§ 1), daß sie nichtig sind, wenn zu ihrer Bekräftigung das Ehrenwort verlangt und gegeben wird (§ 2) oder wenn sie die Anrufung des Kartellgerichts ausschließen, erheblich erschweren oder die Wirksamkeit der Verordnung in anderer Weise vereiteln oder beeinträchtigen sollen (§ 3).

Für sie führen die §§ 4—7 die Staatsaufsicht ein, die dem Reichswirtschaftsminister (bzw. dem Reichsminister für Ernährung und Landwirtschaft § 16) verschiedene Möglichkeiten zu Eingriffen gibt, wenn der Vertrag oder Beschluß oder eine bestimmte Art der Durchführung die Gesamtwirtschaft oder das Gemeinwohl gefährdet.

Für sie gibt § 8 jedem Beteiligten die Möglichkeit einer fristlosen Kündigung beim Vorliegen eines wichtigen Grundes und fordert § 9 die Einwilligung des Vorsitzenden des Kartellgerichts vor der Verwertung von Sicherheiten oder der Verhängung von Sperren oder von Nachteilen von ähnlicher Bedeutung auf Grund solcher Verträge und Beschlüsse.

b) § 10 betrifft einen weiteren Kreis von Unternehmungszusammenschlüssen, nämlich Trusts, Interessengemeinschaften, Syndikate, Kartelle, Konventionen und ähnliche Verbindungen und auch Einzelunternehmungen. Es kann der Reichswirtschaftsminister bzw. der Reichsminister für Ernährung und Landwirtschaft gegen sie einschreiten bei Anwendung von Geschäftsbedingungen oder Arten der Preisfestsetzung, die geeignet sind, unter Ausnutzung einer wirtschaftlichen Machtstellung die Gesamtwirtschaft oder das Gesamtwohl zu gefährden.

---

[1]) Siehe oben S. 15 und unten S. 60.

2. Verfahrensvorschriften §§ 11—15, 20.

Sie beziehen sich auf die Zusammensetzung, Zuständigkeit und den Geschäftsgang des durch die Verordnung neu geschaffenen Kartellgerichts (§§ 11—13, 20), auf das Verfahren vor Einigungsstellen § 14 und Ersuchen von Landesregierungen § 15.

3. Strafvorschriften. § 17 (Verhängung von Ordnungsstrafen durch das Kartellgericht auf Antrag des Reichswirtschaftsministers) § 18 (Bestrafung durch ordentliche Strafgerichte, Delikt der kartellrechtlichen Nötigung).

4. Uebergangsbestimmung § 21.

Was die Auslegung der Verordnung anlangt, so hat das Reichsgericht sich wiederholt für eine einschränkende Auslegung ausgesprochen, so RGZ. 122, 260: Trotzdem muß grundsätzlich angenommen werden, daß auch Kartelle und Kartellverbände im Rahmen des allgemeinen Rechts von den vorhandenen Rechts- und Rechtsschutzeinrichtungen ebenso Gebrauch machen können, wie andere Rechtssubjekte. Wo diese allgemeine Gleichheit vor Recht und Gesetz zum Nachteil solcher Vereinigungen durchbrochen sein soll, muß dies nach allgemeinen Grundsätzen, wenn nicht ausdrücklich verordnet, so doch zweifelsfrei zu erschließen sein; ferner RGZ. 128, S. 12, und U. v. 6. Oktober 1931 (II. 76/31, Kart.-Rdsch. 1931, 695): Gewiß stellt sich die VO. vom 26. Juli 1930 (die Kartellnotverordnung s. unten S. 120) als eine im allgemeinen Interesse getroffene Notmaßnahme dar. Das ändert aber daran nichts, daß es sich um einen durch Ausnahmegesetz verordneten Eingriff in bestehende Vertrags- und Privatrechtsverhältnisse handelt. Soweit durch Gesetze solcher Art Rechte und Befugnisse abgeschnitten oder verkürzt werden, die auf der allgemeinen Rechtsordnung beruhen, muß sich dies, wie der erkennende Senat wiederholt schon ausgesprochen hat (so z. B. RGZ. Bd. 116, S. 381, Bd. 128, S. 12), aus den getroffenen Anordnungen ganz unzweifelhaft ergeben.

Auch das Kartellgericht sagt in seinem Gutachten[1]) vom

[1]) Nr. 130 der Sammlung von Entscheidungen und Gutachten des Kartellgerichts, herausgegeben von der Kartellstelle des Reichsverbandes der Deutschen Industrie. Die in diese Sammlung aufgenommenen Entscheidungen werden im folgenden mit E zitiert.

3. März 1930: Die Kartellverordnung hat aber die in der Reichsverfassung verbriefte Freiheit der Wirtschaft auch hinsichtlich der Kartelle grundsätzlich unangetastet gelassen und ihre Vertrags- und Organisationsfreiheit nur insoweit beschränkt, als sie dies durch besondere Vorschriften deutlich zum Ausdruck gebracht hat. Das steht außer Zweifel.

Kartelle im Sinne der Kartellverordnung.

Von einem Kartell im Sinne der Kartellverordnung, auf welches die §§ 1—9 KartVO. Anwendung finden [1]), ist dann zu sprechen, wenn ein freiwilliger, auf Gesellschaftsvertrag oder körperschaftlicher Satzung beruhender Zusammenschluß von rechtlich und wirtschaftlich selbständig bleibenden Unternehmern besteht mit wechselseitigen Verpflichtungen über die Handhabung der Erzeugung oder des Absatzes, die Anwendung von Geschäftsbedingungen, die Art der Preisfestsetzung oder die Forderung von Preisen zum Zweck der Beeinflussung des Marktes [2]).

Die KartVO. enthält allerdings eine solche Bestimmung des Rechtsbegriffs des Kartells nicht. Im § 1 ist zunächst nur die Rede von Verträgen und Beschlüssen, welche Verpflichtungen über die Handhabung der Erzeugung usw. enthalten. In einer Klammer wird aber hinzugefügt: Syndikate, Kartelle, Konventionen. Es sind dies im Verkehr übliche Bezeichnungen für Zusammenschlüsse von Unternehmern [3]), die man zusammenfassend Kartelle im volkswirtschaftlichen Sinn nennt [4]). Wenn diese hier aufgeführt werden und dabei der Zusatz gemacht wird „und ähnliche Abmachungen" [5]), so ist daraus zu schließen, daß die fraglichen Vorschriften der Verordnung Anwendung finden sol-

---

[1]) § 10 bezieht sich außer auf Einzelunternehmungen auch auf andere Zusammenschlüsse, wie Trusts und Interessengemeinschaften.

[2]) Diese Merkmale ergeben sich insbesondere aus RGZ. Bd. 114, 262 ff. (= Kart.-Rdsch. 1926, 466 ff.) und RGZ. 128, 1 ff. (= Kart.-Rdsch. 1930, 268 ff.). Vgl. auch Haußmann, Kart.-Rdsch. 1928, 416 ff.

[3]) § 10 spricht von Zusammenschlüssen von Unternehmungen und führt als solche (neben Trust und Interessengemeinschaft) Syndikate, Kartelle, Konventionen und ähnliche Verbindungen auf.

[4]) Über Syndikate und Konventionen siehe oben S. 12 Anm. 2.

[5]) Es wird z. B. im Verkehr die Bezeichnung Ring mitunter auch als gleichbedeutend mit Kartell gebraucht.

len auf solche Zusammenschlüsse, welche im wesentlichen diejenigen Merkmale zeigen, die bei dem Erlaß der KartVO. allgemein als für ein Kartell im wirtschaftlichen Sinn notwendig betrachtet wurden [1]), allerdings mit der Einschränkung, daß für die Verordnung nur solche Vereinigungen in Frage kommen, bei welchen für die Beteiligten Verpflichtungen des in § 1 bezeichneten Inhalts bestehen.

Aus diesem Hinweis auf die Kartelle im wirtschaftlichen Sinn ergeben sich vor allem zwei Erfordernisse für die Kartelle im Sinne der KartVO.

1. Es muß sich handeln um Zusammenschlüsse von Unternehmern zur Erreichung eines gemeinschaftlichen Zwecks in gemeinsamem Zusammenwirken, wofür der Gesellschaftsvertrag und die körperschaftliche Satzung das gegebene Rechtsgewand bilden [2]). Als Rechtsformen kommen dabei vor allem die Gesellschaft des bürgerlichen Rechts [3]), der nichtrechtsfähige Verein, der eingetragene Verein, die Gesellschaft mit beschränkter Haftung und die Doppelgesellschaft in Frage [4]).

---

[1]) Die neuestens geäußerte Ansicht von Tschierschky (Kart.-Rdsch. 1931, 557), wonach bei dem Zusatz „und ähnliche Abmachungen" speziell an eine bloße Ähnlichkeit in der rechtlichen Konstruktion, an Fälle, in denen nur ein gesellschaftsähnliches Verhältnis vorliegt, gedacht sei, ist sehr wenig wahrscheinlich.

[2]) Siehe dazu oben S. 25. — Vgl. ferner RGZ. Bd. 114, 262 (Kart.-Rdsch. 1926, 467); RG. v. 6. Oktober 1931, II. 76/31 (Kart.-Rdsch. 1931, 696): es fehlt an der gesellschaftlichen oder körperschaftlichen Organisation und Zusammenfassung der Beteiligten, wie sie in Kart.-VO. § 1 gefordert wird; Isay-Tschierschky, Anm. 8 zu § 1 KartVO. Weitere Nachweise bei Wolff. Kart.-Rdsch. 1930, 525, ferner noch Lehnich-Fischer S. 86/7, Isay, JW. 1930, 1749 [6], der hervorhebt, daß § 1 KartVO. in der Klammer nur Abmachungen nennt, denen ein Gesellschaftszweck zugrunde liegt.

[3]) Es kann auch eine anormale Gesellschaft des bürgerlichen Rechts sein, bei welcher jede Organisation und ein Gesellschaftsvermögen fehlt, in welchem Fall mitunter von einem nur gesellschaftsähnlichen Verhältnis gesprochen wird, siehe unten S. 140. Im übrigen genügt ein gesellschaftsähnlicher Vertrag nicht, siehe Isay, JW. 1930, 1749 [6].

[4]) Wegen der Aktiengesellschaft siehe oben S. 26 Anm. 1. Bei den eingetragenen Genossenschaften fehlt im allgemeinen das gleich zu erwähnende Erfordernis des Strebens nach Marktbeeinflussung; vielmehr sollen bei diesen regelmäßig nur unter Benutzung der gegebenen Marktverhältnisse den Genossen Vorteile verschafft werden. Ist aber ausnahmsweise das marktpolitische Moment gegeben, dann erscheinen sie als Kartelle im Sinne der KartVO. Vgl. jetzt E 174.

2. Nach der zur Zeit des Erlasses der KartVO. allgemein verbreiteten Definition von Liefmann sind Kartelle Verbände von Unternehmern zum Zweck monopolistischer Beherrschung des Marktes [1]). Daraus muß geschlossen werden, daß für das Eingreifen der §§ 1—9 nicht schlechthin das Vorhandensein eines gesellschaftlichen Zusammenschlusses mit wechselseitigen Verpflichtungen des in § 1 aufgeführten Inhalts genügt [2]), daß vielmehr auch ein marktpolitischer Charakter hinzukommen muß. So hat denn auch das Reichsgericht in RGZ. Bd. 128, S. 1 ff. (Kart.-Rdsch. 1930 S. 268 ff. vom 7. Februar 1930) in Übereinstimmung mit der im Schrifttum herrschenden Ansicht [3]) ausdrücklich erklärt, daß die Absicht der Marktbeeinflussung weiteres notwendiges Erfordernis sei [4]), wobei unter Marktbeeinflussung verstanden wird, daß durch Eingehung der fraglichen Bindungen die Absatzverhältnisse usw. für die angeschlossenen Unternehmen auf dem allgemeinen Markt günstiger gestaltet werden, als dies sonst der Fall wäre [5]). Eine monopolistische Marktbeherrschung (im Sinne eines absoluten Monopols) hält das Reichsgericht nicht für erforderlich, ebenso auch nicht, daß die getroffenen Abreden an und für sich geeignet sind, den Markt tatsächlich zu beeinflussen. Dagegen fordert das Kartellgericht in einer Entscheidung vom 18. Dezember 1930 (E 155, Kart.-Rdsch. 1931, 189 ff.) die objektiv feststehende Eignung zur Marktbeeinflussung [6]), s. E 88 und 174.

---

[1]) Siehe oben S. 6 ff.

[2]) Wie dies allerdings Isay in Isay-Tschierschky, S. 123 ff., annimmt.

[3]) Siehe vor allem Haußmann-Holländer S. 19, weiter vgl. das Schrifttum bei Wolff, Kart.-Rdsch. 1930, S. 525 und E 174.

[4]) Siehe auch Urteil des Kammergerichts in Kart.-Rdsch. 1930, 36 ff. und die in E 174 angeführten Urteile des RG.

[5]) Vgl. auch Haußmann, Unternehmungszusammenfassungen im Handw. der Rew. Bd. 6 S. 265: für den rechtlichen Kartellbegriff genügt nicht eine Marktregulierung im Sinne irgendeiner Ordnung von Produktions- und Absatzbedingungen; es muß eine Marktbeeinflussung vorliegen, und zwar eine „monopolistische“ in dem Sinn, daß der Markt aus Konkurrenzgründen nach bestimmten Richtungen in egoistischem Interesse beeinflußt werden soll; Kart.-Rdsch. 1928 S. 416 ff.

[6]) Ein näheres Eingehen auf diese Divergenz und auf den Begriff der Marktbeeinflussung würde hier zu weit führen. Es sei hier nur verwiesen auf Haußmann-Holländer S. 17: daß der Verband eine Marktbeeinflussung bezweckt, wird auf Grund seiner Satzung, seiner Einrichtungen und der Zahl seiner Mitglieder und ihrer Bedeutung

Ist das Erfordernis der beabsichtigten Marktbeeinflussung erfüllt, so kann auch der Zusammenschluß von nur zwei Großunternehmungen genügen; RGZ. Bd. 114, S. 262; Bd. 119, S. 366. — Andererseits reicht es aus, daß die Marktbeeinflussung sich auf ein kleines Gebiet, wie etwa das einer Stadt beschränkt.

Im übrigen ist zu der zu Anfang gegebenen Begriffsbestimmung noch folgendes zu bemerken:

Das Erfordernis des freiwilligen Zusammenschlusses ist aus der KartVO. selbst zu entnehmen, da sie in § 19 diejenigen Verbände von ihrem Geltungsbereich ausnimmt, deren Bildung in Gesetzen oder Verordnungen angeordnet ist, also die sogenannten Zwangskartelle [1]).

Als Unternehmer kommen in Frage alle, die im wirtschaftlichen Produktions- oder Zirkulationsprozeß Waren oder Leistungen zum Zweck der Gewinnerzielung geschäftsmäßig anbieten [2]),

---

für den in Betracht kommenden Geschäftszweig, also aus objektiven Tatsachen, sich ohne große Schwierigkeiten erkennen lassen; s. aber auch Haußmann, Kart.-Rdsch. 1928, S. 426; ferner RG. v. 28. 6. 1929 (RGZ. 125, 166, Kart.-Rdsch. 1929, 468), wo gesagt ist, daß bei einem Verein, der satzungsgemäß die Möglichkeit von Sperren vorsieht, der überdies mit einem Großhändlerverband ein Ausschließlichkeitsabkommen getroffen hat, der Zweck, den Markt zu beherrschen, gegeben ist. — Vgl. weiter Wolfers, Das Kartellproblem im Lichte der deutschen Kartelliteratur (Schriften des Vereins für Sozialpolitik, 180. Bd., 2. Teil, 1931) S. 39: Wenn Liefmann und mit ihm alle, die seinen Kartellbegriff angenommen haben, vom „Zweck" monopolistischer Marktbeherrschung sprechen, so soll damit offenbar nicht die subjektive Absicht der Kartellgründer verstanden werden; mit dem Zweck ist vielmehr der volkswirtschaftlich objektive Sinn einer Institution gemeint; s. auch den Generalbericht in Verhandl. und Berichte des Unterausschusses für allgemeine Wirtschaftsstruktur, 3. Arbeitsgruppe, 4. Teil, Kartellpolitik, S. 20: Der gangbare Kartellbegriff entnimmt den Einteilungsgrund für die Klassifizierung der Kartelle geradezu dem Monopolstreben dieser Unternehmerorganisationen. Hierunter ist nicht der subjektive Wille zu konkreter Beeinflussung der Marktverhältnisse zu verstehen, sondern die aus dem Wesen der Organisation entspringende, objektive Tendenz, auf die fast immer aus den Wirkungen von Handlungen und Unterlassungen geschlossen werden muß. Dieses Monopolstreben ist auch selten in den Satzungen kenntlich gemacht und aus den Entschließungen der Kartelle als deren Willensäußerungen nicht immer ablesbar.

[1]) Siehe unten S. 130.

[2]) Wolff, Kart.-Rdsch. 1930 S. 522, s. auch die Beispiele oben S. 4 Anm. 3.

so auch Handwerker, Urproduzenten, auch Landwirte, Inhaber von Transportunternehmungen, Banken, Verleger; dagegen im allgemeinen nicht die Angehörigen freier Berufe, wie Ärzte, Rechtsanwälte, Schriftsteller [1]). Arbeitnehmerverbände scheiden aus [2]).

Da trotz des Zusammenschlusses die rechtliche und wirtschaftliche Selbständigkeit fortbestehen muß [3]), so folgt daraus, daß die §§ 1—9 auf einen Trust [4]) selbst dann keine Anwendung finden, wenn dieser durch die konzernmäßige Vereinigung von seither selbständigen Unternehmungen entstanden ist. So wird denn auch der Trust erst in § 10 erwähnt.

Da letzteres auch hinsichtlich der Interessengemeinschaft [5]) der Fall ist, so scheint daraus auf den ersten Blick ebenfalls der Schluß gezogen werden zu können, daß der Kartellteil der VO. auf sie nicht anwendbar ist. Eine nähere Betrachtung zeigt aber, daß hier eine einheitliche Entscheidung nicht möglich ist. Viel-

---

1) Vgl. aber z. B. E 111 (Kart.-Rdsch. 1929, 220), wonach die allgemeinen Bestimmungen über den Geschäftsverkehr der drei Verbände: deutscher Bühnenverein, Verband deutscher Bühnenschriftsteller und Komponisten und Vereinigung der Bühnenverleger als Kartell im Sinne der KartVO. zu betrachten sind; auch E 94 (Kart.-Rdsch. 1927, 651) und Tschierschky, Kartellorganisation, S. 17.

2) Ebenso auch reine Arbeitgeberverbände, die nur sozialpolitische Aufgaben erfüllen E 117 (Kart.-Rdsch. 1929, S. 348), und Innungen, bei denen es an typischen Kartellpflichten für die Mitglieder fehlt, s. aber unten S. 69 Anm. 1.

3) RGZ. Bd. 114, 262 ff., Literatur bei Wolff, Kart.-Rdsch. 1930, 523. — Dem Kartellteil der KartVO. liegt zweifellos der Gedanke zugrunde, daß es sich bei den ihm unterfallenden Zusammenschlüssen nur um Bindungen hinsichtlich einzelner wirtschaftlicher Funktionen zwischen Unternehmungen handelt, die infolge ihrer trotzdem bewahrten wirtschaftlichen Selbständigkeit nach Lösung derselben ohne weiteres fortbestehen können.

4) Siehe oben S. 15. Für konzernmäßige Zusammenschlüsse ist auch zu betonen, daß durch die hier begegnende effektenkapitalistische Verflechtung und den Austausch von Verwaltungsmitgliedern (s. oben S. 14) keine Verpflichtungen im Sinne von § 1 KartVO. entstehen, s. Isay-Tschierschky S. 135/6, Rosendorff, Rechtliche Organisation der Konzerne S. 44.

5) Siehe oben S. 15. Es ist dort bereits darauf hingewiesen worden, daß die Bezeichnung in sehr verschiedenem Sinn gebraucht wird. So ist der von den Beteiligten als I.G. bezeichnete Zusammenschluß, dessen Kartellcharakter das Kartellgericht in einer Entscheidung (Kart.-Rdsch. 1925, S. 84 ff.) festgestellt hat, keine I.G. in dem früher dargelegten Sinn.

mehr ist allerdings für eine Interessengemeinschaft, die nur eine gegenseitige Gewinngemeinschaft darstellt, die Anwendung der §§ 1—9 KartVO. abzulehnen. Es können aber doch auch Vereinbarungen des in § 1 KartVO. aufgeführten Inhalts, verbunden mit der Absicht der Marktbeeinflussung, hinzutreten, so daß damit dieses Mischgebilde unter die genannten Vorschriften fällt [1]).

Ein Erweiterung wird für den Kartellbegriff im Sinne der KartVO. gegenüber dem volkswirtschaftlichen [2]) insofern anzunehmen sein, als es nicht notwendig Unternehmungen derselben oder doch ähnlicher Art sein müssen, daß vielmehr auch Unternehmer verschiedener Wirtschaftsstufen im Kartell vereinigt sein können, wie z. B. im Buchhändlerbörsenverein die Verleger und Sortimenter. Auch für die Markenschutzverbände, in welchen Unternehmer ganz verschiedener Art sich zum Schutze einer bestimmten Betriebsform zusammenschließen und durch Bindung der nachfolgenden Wirtschaftsstufe die Preise für Markenartikel auf einer bestimmten Höhe zu erhalten suchen, wird überwiegend ihr Charakter als Kartell anerkannt [3]).

In diesen Zusammenhang gehören auch die Gegenseitigkeitsverträge, die zwischen Unternehmern verschiedener Wirtschaftsstufen, wie etwa zwischen einem Erzeuger- und einem Händlerverband oder zwischen einem Groß- und einem Kleinhändlerverband oder auch zwischen einem Einzelunternehmer und einem Verband vor- oder nachgeordneter Unternehmer abgeschlossen

---

[1]) Siehe Friedländer, Kart.-Rdsch. 1931, 602; Haußmann, Kart.-Rdsch. 1928, 341; weitere Literatur bei Wolff, Kart.-Rdsch. 1930, 529.

[2]) Siehe oben S. 8. Ein Unterschied zwischen beiden Begriffen besteht auch insofern, als es sich bei den Markenschutzverbänden (s. unten bei Anm. 3) unter Umständen nicht um Beschränkung des Wettbewerbs der Kartellmitglieder untereinander handelt. Außerdem ist für das Kartell im Sinne der KartVO. keine längere Dauer Voraussetzung, so daß auch Vereinbarungen, die sich auf ein Submissionsverfahren beziehen, als solches erscheinen.

[3]) Vgl. Tschierschky, Kart.-Rdsch. 1926 S. 69 ff., Breslauer-Tschierschky, System, Beilage zu H. 1/2 Kart.-Rdsch. 1927, S. 82 ff., Tschierschky, Kartellorganisation S. 90, Isay Kart.-Rdsch. 1927, 107, Holländer ebenda S. 394, Hempfing S. 28/9 a. A. Wolff Kart.-Rdsch. 1930 S. 525, insoweit als es sich bei dem Zusammenschluß nicht um Beschränkung des Wettbewerbs der Mitglieder des Verbands untereinander handelt.

werden. Sie stellen sich als Gesellschaftsverträge dar, bei welchen den Beteiligten Bindungen auferlegt werden zu dem gemeinsamen Zweck, sich wechselseitig Schutz gegen die beiderseitigen Außenseiter zu gewähren [1]).

Es genügt deshalb auch der Umstand, daß sich dabei Unternehmer verschiedener Wirtschaftsstufen als Kontrahenten gegenüberstehen, noch nicht, um einem Reversvertrag oder -system den Charakter eines Kartells im Sinne der KartVO. abzusprechen, doch nötigen dazu andere Gründe [2]). Bei dem Reversvertrag übernimmt ein Unternehmer gegenüber einem solchen der vorgeordneten Wirtschaftsstufe (z. B. ein Großhändler einem Produzenten, ein Klein- einem Großhändler gegenüber) schriftlich durch Unterzeichnung einer Urkunde (Verpflichtungsschein) Verpflichtungen hinsichtlich des künftig zwischen ihnen stattfindenden Geschäftsverkehrs. Es können sich diese Verpflichtungen beziehen auf Preisbindung [3]), auf Wiederverkaufspreise und -bedingungen, auf Absatzbeschränkungen, wonach der Verpflichtete nur an bestimmte Abnehmer oder nur an solche, die entsprechende Reversbedingungen eingehen, liefern darf, oder endlich auf den ausschließlichen Bezug des Verpflichteten von dem Reversberechtigten (Exklusivvertrag) [4]).

---

[1]) Siehe Isay-Tschierschky S. 127, 131, 293, weitere Nachweise bei Wolff Kart.-Rdsch. 1930, 525, 530; Isay JW. 1930 S. 1749 [6]. — Siehe auch oben S. 49 und unten S. 84.

[2]) Siehe dazu vor allem Blum, Zur Systematik des Reversvertrags Kart.-Rdsch. 1927 S. 384 ff., Isay ebenda S. 106, Blum Kart.-Rdsch. 1931 S. 247 ff.

[3]) Nach der 1. AusfVO. zur Kart.-NotVO. vom 30. August 1930 können aber dem Abnehmer einer Ware keine Verpflichtungen hinsichtlich der Art der Preisfestsetzung oder der Forderung von Preisen für Waren anderer Art oder Herkunft oder für gewerbliche Leistungen auferlegt werden, siehe unten S. 123.

[4]) Auf seiten des Reversberechtigten können Verpflichtungen zu einer Rabattgewährung begründet werden (Mengenrabatt, Treurabatt), siehe Blum Kart.-Rdsch. 1927 S. 384 ff. und 1930 S. 559 ff.; auch oben S. 51 und unten S. 121. Über die für den Berechtigten infolge des Abschlusses von Lieferungsverträgen auf Grund des Revers-(Rahmen-)vertrags entstehende Verpflichtung zur gleichmäßigen Behandlung der Reversverpflichteten, zur gleichmäßigen Festsetzung der Wiederverkaufspreise und Bedingungen, zur gleichmäßigen Verfolgung von Verstößen, siehe Blum Kart.-Rdsch. 1931 S. 248, RGZ. Bd. 133, 51 ff. (Kart.-Rdsch. 1931, 594).

Wenn, wie dies regelmäßig der Fall ist, derartige Reversverpflichtungen dem gleichen Einzelunternehmer gegenüber von seiten einer Mehrzahl von Unternehmern der nächsten Wirtschaftsstufe übernommen werden, so spricht man von einem Reverssystem [1]).

Weder der einzelne Reversvertrag noch ein solches Reverssystem stellen nach der Rechtsprechung des Reichsgerichts und der im Schrifttum herrschenden Ansicht ein Kartell im Sinne der KartVO. dar. Der Reversvertrag ist ein Rahmenvertrag mit schuldrechtlichem Charakter und dem Inhalt, daß die in dem Revers übernommenen Verpflichtungen automatisch Bestandteil der künftig von dem Reversverpflichteten mit dem Reversberechtigten abzuschließenden Einzellieferungsverträge werden. Es liegt kein Gesellschaftsvertrag und mithin auch kein Kartell im Sinne der KartVO. vor [2]).

Reversverträge der verschiedenen Art können auch von einem Kartell mit einzelnen Unternehmern einer anderen Wirtschaftsstufe geschlossen werden. Auch dann ist weder der einzelne Reversvertrag noch das Reverssystem ein Kartell im Sinne der KartVO.[3]).

---

[1]) Autonomes Reverssystem zum Unterschied von dem Fall, daß ein Kartell Reversverträge als Reversberechtigter abschließt, Blum Kart.-Rdsch. 1931 S. 247.

[2]) RG. vom 22. Mai 1931 (RGZ. Bd. 133, 51 ff.; Kart.-Rdsch. 1931 S. 589 ff.), RG. vom 6. Oktober 1931, II. 76/31 (Kart.-Rdsch. 1931, 696), auch KamG. vom 25. Juni 1931 (Kart.-Rdsch. 1931 S. 506 ff. mit Bem. von Blum; ferner Blum Kart.-Rdsch. 1927 S. 387, Isay ebenda 106, Wolff, Kart.-Rdsch. 1930 S. 531, Blum Kart.-Rdsch. 1931 S. 247 ff. And. A. Breslauer-Tschierschky, System, Beilage zu H. 5 Kart.-Rdsch. 1926 S. 61/2, Tschierschky, Kart.-Rdsch. 1931, 441 ff., 558 ff.

Auch die Ansicht, daß durch § 1 Abs. 3 Kart.-NotVO. hinsichtlich derjenigen Reversverträge, die Verpflichtungen hinsichtlich der Art der Preisfestsetzung oder der Forderung von Preisen enthalten (Preisbindung der zweiten Hand), eine authentische Interpretation oder eine Erweiterung des Kartellbegriffs des § 1 KartVO. und damit eine Ausdehnung des Anwendungsgebiets der KartVO. erfolgt sei, ist abzulehnen; siehe RG. vom 6. Oktober 1931 und unten S. 121 Anm. 4.

[3]) Anders allerdings das Kartellgericht (E 161 vom 23. Januar 1931), wo die Möglichkeit einer Kündigung auf Grund des § 8 KartVO. von seiten des Reversverpflichteten gegenüber dem Kartell als Reversberechtigten angenommen wird; siehe dagegen aber Blum Kart.-Rdsch. 1931 S. 252/3. — Ein bedeutsamer Unterschied besteht

Als weiteres Erfordernis des Kartells im Sinne der KartVO. erscheint, daß nach dem Willen der am Kartell Beteiligten, für jeden von ihnen Verpflichtungen des im § 1 KartVO. näher bezeichneten Inhalts begründet sein sollen [1]). Beschränkt sich ein Verband darauf, seinen Mitgliedern Mitteilungen über die jeweilige Marktlage zu machen [2]) und dabei Ratschläge über Preisgestaltung, Geschäftsbedingungen usw. zu erteilen, deren Befolgung den Mitgliedern freisteht, so ist dies kein Kartell im Sinne der KartVO. [3]).

Für die einzelnen Kartellarten, bei welchen die typischen Kartellpflichten des § 1 KartVO. begegnen, ist auf die früheren Ausführungen zu verweisen [4]). Daß auch Einkaufsverbände des Handels und Handwerks als Kartelle im Sinne der KartVO erscheinen, wenn sie ihre Mitglieder dazu verpflichten, im geschäftlichen Verkehr mit ihren Lieferanten bestimmte Bedingungen oder Preise einzuhalten, ist in einem Gutachten des Vorsitzenden des Kartellgerichts anerkannt [5]).

---

allerdings zwischen dem autonomen Reverssystem eines Einzelunternehmers und dem eines Kartells insofern, als nur gegenüber dem Kartell gegebenenfalls die Anwendung des § 9 KartVO. in Frage kommt.

[1]) Ist das Kartell in die Form der Gesellschaft des bürgerlichen Rechts oder des nichtrechtsfähigen Vereins gekleidet, so bestehen die Pflichten gegenüber der Gesamtheit der Mitbeteiligten, bei dem rechtsfähigen Verein und der GmbH. gegenüber der juristischen Person.

[2]) Über Preismeldestellen siehe Tschierschky, Kartellorganisation S. 52.

[3]) Siehe aber wegen der Umgehungsklausel in § 1, 1 c der Kart.-NotVO. unten S. 122.

[4]) Siehe oben S. 9 ff. Vgl. auch RGZ. Bd. 125 S. 166 (Kart.-Rdsch. 1929, 468), wonach es genügt, wenn in der Satzung Sperren vorgesehen sind (= Maßnahmen, welche die Handhabung des Absatzes betreffen) und eine Verpflichtung zur Einhaltung der Sperre für die Mitglieder besteht. — Vgl. noch für Konditionenkartell, System, Beil. zu H. 7/8 Kart.-Rdsch. 1927 S. 92; Kalkulationskartell: Hempfing Kart.-Rdsch. 1929 S. 530 ff.; Submissionskartelle: Bergemann-Gorski, Das Verdingungskartell. Über Rationalisierungszusammenschlüsse, die nur dann als Kartelle im Sinne KartVO. erscheinen, wenn sie gleichzeitig marktpolitisch wirken sollen, siehe Wolff Kart.-Rdsch. 1930 S. 527.

[5]) Nr. 23 der Sammlung der Kartellstelle, siehe aber dazu Wolff Kart.-Rdsch. 1930 S. 526/7.

Zu betonen ist noch, daß Verbände nachträglich dadurch zugleich auch Kartellcharakter annehmen können, daß sie ihren Mitgliedern typische Kartellpflichten auferlegen und auch das marktpolitische Moment in dieser Hinsicht vorhanden ist [1]).

Kartellverträge und -beschlüsse.

§ 1 KartVO. spricht von Verträgen und Beschlüssen, welche Verpflichtungen über die Handhabung der Erzeugung usw. enthalten.

Aus den vorstehenden Ausführungen über Kartelle im Sinne der KartVO., wonach als solche nur gesellschaftliche und körperschaftliche Zusammenschlüsse [2]) erscheinen, ergibt sich, daß dem entsprechend als Kartellverträge nur Gründungsverträge von Gesellschaften und Körperschaften in Frage kommen, sowie Vereinbarungen über Kartellpflichten, durch welche bereits bestehende Gesellschaftsverträge ergänzt oder abgeändert werden [3]).

Ein Beschluß setzt voraus, daß für die bei dem Zustandekommen des Beschlusses mitwirkende Personen bereits eine Bindung durch Gesellschaftsvertrag oder Satzung besteht. Dabei ist es nach der gewählten Rechtsform in Verbindung mit den im

---

[1]) Dies gilt auch für Arbeitgeberverbände und Innungen, vgl. E 155 (Kart.-Rdsch. 1931 S. 189). Über eine Fleischerinnung als Kartell siehe Tschierschky Kart.-Rdsch. 1928 S. 730, Ricker, Die Stellung des § 12 der VO. gegen Mißbrauch wirtschaftl. Machtstellung im deutschen Kartellrecht S. 72.

[2]) In Form der Gesellschaft des bürgerlichen Rechts, des nichtrechtsfähigen Vereins, des eingetragenen Vereins, der Einheits-GmbH., der Doppelgesellschaft, in Ausnahmefällen auch der eingetragenen Genossenschaft, siehe oben S. 24 ff.

[3]) Es erscheint nicht als zutreffend, die Abreden über die Kartellpflichten des § 1 KartVO. für eine selbständige Vertragskategorie zu erklären, wie dies Lukas DJZ. 1924 S. 425, JW. 1924 S. 1120 und im Anschluß an ihn auch Breslauer, Kart.-Rdsch. 1924 S. 312, tut; siehe auch Klinger, Die Rechtsprechung des Kartellgerichts S. 1 ff. Dagegen vgl. vor allem Isay-Tschierschky S. 110 ff., 265 ff. Mit dieser Ablehnung des Kartellvertrags als selbständige Vertragsart steht nicht im Widerspruch, daß nach § 8 KartVO. eine Kündigung hinsichtlich der Kartellbindungen auch bei einer Einheits-GmbH. eintreten kann, zumal diese jetzt vom Reichsgericht auch für Nebenleistungen bei einer GmbH., die kein Kartell ist, anerkannt wurde, siehe oben S. 35.

Einzelfall getroffenen Bestimmungen zu beurteilen, wie weit überhaupt durch einen Mehrheitsbeschluß Kartellpflichten neu eingeführt oder bestehende abgeändert werden können. Dies ist z. B. der Fall, wenn den Mitgliedern eines Vereins durch die Satzung allgemein die Pflicht auferlegt wird, beschlossene Konditionen bei Meidung von Ordnungsstrafen oder Ausschluß zu beachten, und daraufhin die Geschäftsbedingungen regelnde Beschlüsse ergehen [1]).

Auf diese Verträge und Beschlüsse findet das allgemeine Recht Anwendung, so auch insbesondere der § 138 BGB [2])

Auch für die Form dieser Verträge sind die Vorschriften des Zivilrechts maßgebend, so daß also bei dem Kartell in Form der Einheits-GmbH. für die Errichtung der Satzung, welche die Kartellpflichten als Nebenpflichten (§ 3 Abs. 2 GmbHGes.) zu enthalten hat, gerichtliche oder notarielle Beurkundung erforderlich ist. Auch bei Satzungsänderungen ist die gleiche Form einzuhalten.

§ 1 KartVO. stellt aber auch eine Formvorschrift auf, indem er sagt, daß die von ihm bezeichneten Verträge der schriftlichen Form bedürfen [3]). Soweit allerdings die strengere Form der gerichtlichen oder notariellen Beurkundung zu wahren ist, hat diese Bestimmung keine Bedeutung. Sie greift aber ein bei einer Gesellschaft des bürgerlichen Rechts, dem nichtrechtsfähigen und

---

[1]) Vgl. E 103 (Kart.-Rdsch. 1928 S. 562), siehe auch das Beispiel unten S. 158 ff.

[2]) Siehe oben S. 22 ff. Für die Entscheidung der Frage, ob Nichtigkeit nach § 138 BGB. vorliegt, sind die ordentlichen Gerichte zuständig, bzw. das Schiedsgericht, wenn eine Schiedsgerichtsklausel vorhanden ist und danach das Schiedsgericht auch die Frage der Gültigkeit des Hauptvertrags zu entscheiden hat, was Auslegungsfrage ist, siehe Rosenberg, Lehrbuch des deutschen Zivilprozesses, 3. Aufl. S. 590, auch Gorski Kart.-Rdsch. 1930 S. 189. Wenn das Kartellgericht diese Frage incidenter prüft, so erwächst die Beantwortung derselben nicht in Rechtskraft; vgl. E 32 (Kart.-Rdsch. 1924 S. 327), wo die Nichtigkeit des Kartellvertrags aus § 138 BGB. vom Kartellgericht als Vorfrage geprüft, bejaht und daraufhin der Antrag zurückgewiesen wurde, wobei aber gleichzeitig das Kartellgericht auch für den Fall eine Entscheidung gab, daß der Vertrag doch gültig sein sollte; siehe dazu Walther, Kart.-Rdsch. 1930 S. 749 ff., Ricker, Die Stellung des § 12 usw., S. 19 und unten S. 110 ff.

[3]) Für die vor dem Inkrafttreten der KartVO. zustandegekommenen Verträge und Beschlüsse vgl. § 21 KartVO.

dem eingetragenen Verein und bei der Doppelgesellschaft hinsichtlich des Syndikatsvertrags, s. oben S. 26 Anm. 4.

Es ist nun bestritten, ob hier § 126 BGB. anzuwenden ist.

Die bejahende Ansicht, die ursprünglich auch das Kartellgericht vertrat, findet sich z. B. noch in dem Urteil des OLG. Köln vom 7. Oktober 1929, JW. 1930, 2724 mit Bem. von Isay.

Das Kartellgericht hat aber schon bald mit guten Gründen einen anderen Standpunkt eingenommen und im Anschluß an Isay [1]), der darauf hinwies, daß der Zweck der Vorschrift der sei, den Aufsichtsbehörden jederzeit eine Nachprüfung der Kartellverträge zu ermöglichen [2]), sich dahin ausgesprochen, daß es genügt, daß die getroffenen Vereinbarungen derart niedergelegt sind, daß eine Nachprüfung sowohl hinsichtlich des Inhalts wie der Person der Teilnehmer möglich ist; E 56 vom 19. Mai 1925, E 74 (Kart.-Rdsch. 1926, 288), E 151 (Kart.-Rdsch. 1931, S. 29) [3]).

Dieser Ansicht ist auch das Kammergericht (Kart.-Rdsch. 1929, S. 224) beigetreten und ebenso auch das Reichsgericht in RGZ. 128, S. 1 ff. (Kart.-Rdsch. 1930, 267) [4]).

Für Beschlüsse genügt, daß der Beschluß schriftlich niedergelegt und von den satzungsgemäß zuständigen Personen, in Ermangelung von Satzungsvorschriften von dem Versammlungsleiter oder Protokollführer unterzeichnet ist [5]).

Die Stellungnahme des Reichsgerichts in dieser Frage ist deshalb von besonderer Bedeutung, weil für die Entscheidung

[1]) Isay-Tschierschky Anm. 21 zu § 1.

[2]) Unter Anwendung der VO. über Auskunftspflicht vom 13. Juli 1923, siehe auch § 4 Abs. 1 Ziff. 3 KartVO.

[3]) Für den Nachweis des Beitritts eines Mitglieds eines eingetragenen Vereins ist z. B. nach E 74 ausreichend, wenn die Aufnahme durch Vereinsbeschluß im Protokollbuch beurkundet ist und weiter feststeht, daß der Betreffende sich durch Besuch von Mitgliederversammlungen und Zahlung von Mitgliederbeiträgen als Mitglied betätigt hat.

[4]) Danach genügt hinsichtlich des Beitritts zu einem Kartell in Form einer GmbH., daß der Gesellschaftsvertrag gerichtlich oder notariell beurkundet ist und der Betreffende auf Grund seiner Anmeldung in der Gesellschafterliste verzeichnet ist; es ist nicht nebenher noch ein den Erfordernissen des § 126 BGB. entsprechender Vertrag zwischen dem Beitretenden und der Gesellschaft nötig.

[5]) Vgl. zu diesen Fragen Pitz. Zur Schriftform von Kartellverträgen, Kart.-Rdsch. 1928 S. 69 ff.

über die eventuelle Nichtigkeit des Vertrags oder Beschlusses wegen Fehlens der im § 1 KartVO. vorgeschriebenen Form die ordentlichen Gerichte, gegebenenfalls vereinbarte Schiedsgerichte zuständig sind [1]).

Ist die in § 1 KartVO. vorgeschriebene Form nicht eingehalten, so ist der ganze Vertrag oder Beschluß nichtig. Diese zivilrechtliche Folge der Nichtigkeit ergibt sich aus § 17 KartVO., der ausdrücklich von der auf dieser Verordnung beruhenden Nichtigkeit eines Vertrages oder Beschlusses redet und dabei unter anderem auf § 1 verweist.

Nach dem eben angezogenen § 17 KartVO. kann der Reichswirtschaftsminister bei dem Kartellgericht die Verhängung einer Ordnungsstrafe beantragen gegen denjenigen, der sich bewußt über diese Nichtigkeit hinwegsetzt [2]). In dieser Weise kann der Minister auch eingreifen, wenn ein sogenanntes verstecktes Kartell vorliegt; es haben z. B. Fabrikanten sich über die gemeinsame Durchführung gewisser Abreden über Preise und Geschäftsbedingungen gegenüber ihren Abnehmern geeinigt und sind willens, entsprechende Verpflichtungen einzugehen, zur Umgehung der Vorschriften der KartVO. unterlassen sie jedoch den Abschluß eines schriftlichen Kartellvertrages und übernehmen statt dessen jeder einzeln gleichmäßige Verpflichtungen gegenüber einer gemeinsamen Stelle [3]).

Besondere Nichtigkeitsgründe für Kartellverträge und -beschlüsse enthalten noch die §§ 2 und 3 der VO. für den Fall, daß zu deren Bekräftigung das Ehrenwort oder eine ähnliche feierliche Versicherung *verlangt* und gegeben worden ist, oder daß sie die Anrufung des Kartellgerichts ausschließen, erheblich erschweren oder die Wirksamkeit der VO. in anderer Weise ver-

---

[1]) Wenn das Kartellgericht diese Frage als Vorfrage prüft, so kann eine Entscheidung darüber, ob der Vertrag wegen Formmangels nichtig ist, nicht in Rechtskraft erwachsen, vgl. E 19, wo der Antrag auf Unzulässigkeitserklärung der Kündigung mit der Begründung zurückgewiesen wurde, daß der zugrunde liegende Vertrag wegen mangelnder Schriftform nichtig sei, siehe weiter Pitz a. a. O. S. 82, Walther a. a. O., Ricker a. a. O. S. 18.

[2]) Vgl. Breslauer, Kart.-Rdsch. 1927 S. 67 ff. und unten S. 77.

[3]) Siehe Blum, Kart.-Rdsch. 1931 S. 505, 518; Wolff, Kart.-Rdsch. 1930 S. 533 wegen der Anwendbarkeit von § 1 Abs. 3 Kart.-NotVO. auf diesen Fall; siehe auch unten S. 121.

eiteln oder beeinträchtigen sollen [1]). Auch hier kann bei bewußtem Hinwegsetzen über die Nichtigkeit des Vertrages der Reichswirtschaftsminister bei dem Kartellgericht eine Ordnungsstrafe beintragen, § 17 KartVO. [2]).

Staatsaufsicht.

Die bedeutsamste Neuerung, welche die VO. gegen Mißbrauch wirtschaftlicher Machtstellungen gebracht hat, liegt auf öffentlichrechtlichem Gebiet. Es ist die Anordnung einer Staatsaufsicht [3]). In den §§ 4—7, 10, 17 wird staatlichen Behörden ein weitgehendes Aufsichts- und Eingriffsrecht gegeben, wobei es sich überwiegend (§§ 4—7) um Sondernormen handelt, die nur auf Kartelle im Sinne der KartVO. anwendbar sind, wähend § 10 sich auch auf Einzelunternehmungen und andere Unternehmungszusammenschlüsse erstreckt [4]).

1. Das Aufsichts- und Eingriffsrecht des Reichswirtschaftsministers bzw. des Reichsministers für Ernährung und Landwirtschaft [5]) gegenüber Kartellen im Sinne der KartVO. auf Grund der §§ 4—7, 17.

Die ihm hiernach zustehenden, alsbald aufzuzählenden Machtmittel hat der RWM. bisher nur selten in der Weise zur

---

[1]) Auch hier sind die ordentlichen Gerichte, gegebenenfalls das vereinbarte Schiedsgericht für die Entscheidung über die Frage der Nichtigkeit zuständig. Über die Anwendung von § 139 BGB. siehe Isay-Tschierschky zu §§ 2 und 3 KartVO., Staffel zu § 2. — Vgl. auch die Übergangsvorschrift § 21 Abs. 2.

[2]) Ein weiterer Nichtigkeitsgrund begegnet in der 1. AusfVO. zur Kart.-NotVO. vom 30. August 1930 siehe unten S. 123.

[3]) Isay in Isay-Tschierschky S. 99 ff. sieht darin einen neuen Zweig der Polizei, die Kartellpolizei; auch Pilars de Pilar, Kart.-Rdsch. 1929 S. 259 ff. charakterisiert die Aufsicht als polizeimäßige Staatsaufsicht. — Gegen Isays Lehre von dem polizeilichen Charakter der Bestimmungen der KartVO. siehe Haußmann, Grundlegung S. 42 ff., Wolff Kart.-Rdsch. 1930 S. 518.

[4]) Daneben gelten jetzt die weitergehenden Vorschriften der Kartell-Not-Verordnung und die weiteren Notverordnungen. Siehe unten S. 119 ff.

[5]) Siehe § 16 KartVO.; der Kürze halber wird im folgenden nur vom RWM. gesprochen. — Wegen Ersuchen der Landesregierungen siehe § 15 KartVO.

Anwendung gebracht, daß dies durch Erlaß von VOn. des RWM.[1]) oder Entscheidungen des vom RWM. angerufenen Kartellgerichts[2]) in der weiteren Öffentlichkeit bekannt geworden wäre. Aber auch ohne daß es zu solchen Eingriffen kam, hat der RWM. eine sehr intensive überwachende und beeinflussende Tätigkeit hinsichtlich der Kartelle ausgeübt, die zu Aenderungen vieler Satzungen führte, wobei die Vorschriften der KartVO. schon durch ihr Dasein die Kartelleiter zur Nachgiebigkeit veranlaßten. Dabei machte der RWM. auch von der VO. über die Auskunftspflicht vom 13. Juli 1923 (RGBl. S. 273) Gebrauch.

Voraussetzung für die Anwendung von §§ 4—7 ist, daß ein Vertrag oder Beschluß der in § 1 bezeichneten Art, also ein Kartell im Sinne der KartVO. vorliegt, ferner daß der Vertrag oder Beschluß selbst oder eine bestimmte Art seiner Durchführung die Gesamtwirtschaft oder das Gemeinwohl gefährdet (§ 4 Abs. 1)[3]). Dabei ist nach § 4 Abs. 2 diese Gefährdung insbesondere dann als gegeben anzusehen, wenn in volkswirtschaftlich nicht

---

[1]) Vgl. die vier alsbald zu erwähnenden Verordnungen, die auf Grund von § 4 Abs. 1 Ziff. 2 u. 3 erlassen sind, unten S. 75 Anm. 4 u. 5.

[2]) Vgl. die Verhängung einer Ordnungsstrafe durch das Kartellgericht auf Grund des Antrags des RWM. gemäß § 17 unten S. 77 ff.

[3]) Die Gefährdung von Gesamtwirtschaft und Gemeinwohl kehrt auch in §§ 9 und 10 wieder. Aus der Rechtsprechung des Kart.-Ger. sind zu erwähnen: E 111 (Kart.-Rdsch. 1929, 220): das Gemeinwohl beschränkt sich nicht auf das wirtschaftliche Gedeihen, umfaßt vielmehr auch den ungestörten Besitz und Genuß kultureller Güter; E 95 (Klinger, Rechtsprechung des Kart.-Ges. S. 60, Breslauer-Tschierschky, System, Beil. H. 4, Kart.-Rdsch. 1927 S. 89): Gefährdung der Gesamtwirtschaft bei Stärkung einer monopolistischen Machtstellung. — Über die Begriffe Gesamtwirtschaft und Gemeinwohl eingehend Isay-Tschierschky S. 66 ff., Lehnich-Fischer S. 127 ff., 298 ff., siehe auch Arndt Archiv f. öff. R. 1926 Bd. 50 S. 192 ff., Metzner, Kartelle und Kartellpolitik S. 88, skeptisch Delbanco, Kartell- und Konzernrecht, 1924, und namentlich Liefmann, Kartelle, Konzerne und Trusts[8] S. 245 (bloße Phrasen, unter denen jeder etwas anderes versteht), auch Schreier, Schriften des Vereins für Sozialpolitik, 180. Bd. S. 108. (Begriffe wie Gemeinwohl und Gesamtwirtschaft sind zu eliminieren.) — Über die Kart.-NotVO. siehe unten S. 120. — Die Gefährdung des Gemeinwohls begegnet übrigens in § 62 GmbH.-Ges., § 87 Gen.-Ges. und Art. 4 Pr. AGHGB., vgl. Goldbaum S. 28 ff., sowie in dem Aktienrechtsentwurf des RJustMin. § 178. — Über das Verhältnis von § 138 BGB. zur Gefährdung von Gesamtwirtschaft und Gemeinwohl siehe Kullmann, Kart.-Rdsch. 1929 S. 516 ff., Callmann Kart.-Rdsch. 1931 S. 102.

gerechtfertigter Weise die Erzeugung oder der Absatz eingeschränkt, die Preise gesteigert oder hochgehalten oder im Falle wertbeständiger Preisstellung Zuschläge für Wagnisse (Risiken) eingerechnet werden oder wenn die wirtschaftliche Freiheit durch Sperren im Einkauf oder Verkauf oder durch Festsetzung unterschiedlicher Preise oder Bedingungen unbillig beeinträchtigt wird [1]).

Sind diese Voraussetzungen erfüllt, dann kann der RWM. [2]):

a) Bei dem Kartellgericht Nichtigkeits- oder Untersagungsklage anstellen [3]) § 4 Abs. 1 Ziff. 1, § 7.

b) Ohne Angehen des Kartellgerichts selbst die fristlose Kündbarkeit des Vertrages durch jeden Beteiligten anordnen [4]), § 4 Abs. 1 Ziff. 2. Es entsteht dadurch für jedes Kartellmitglied ein Kündigungsrecht. Macht es von diesem Gebrauch, so scheidet es aus dem Kartell aus. Es kann auch ein Beschluß für sich allein für kündbar erklärt werden.

c) Die Einreichung von Vereinbarungen und Verfügungen anordnen [5]), § 4 Abs. 1 Ziff. 3, § 5.

2. Beanstandung allgemeiner Geschäftsbedingungen und Arten der Preisfestsetzung von

---

[1]) Vgl. dazu die Kommentare. Hervorzuheben ist, daß für Sperren der § 9 die Präventivzensur anordnet; über das Verhältnis von § 9 zu § 4 in dieser Hinsicht siehe unten S. 82.

[2]) Für die Einzelheiten muß auf die Kommentare verwiesen werden. Über die Kart.-NotVO., nach welcher die Reichsregierung ohne Angehen des Kartellgerichts die Nichtigkeit aussprechen oder die Durchführung untersagen kann, siehe unten S. 120.

[3]) Eine Entscheidung des Kartellgerichts, wonach auf Grund eines Antrags des RWM. die Nichtigkeit ausgesprochen oder die Durchführung von Kartellmaßnahmen untersagt worden wäre, ist nicht ergangen, wenn auch mehrere Anträge von dem RWM. auf Grund von § 4 gestellt worden sind, siehe Friedländer JW. 1928 S. 2187. — Über die Popularklage aus § 12 Abs. 3 Satz 2 KartVO. siehe unten S. 80.

[4]) In drei Fällen hat der RWM. eine solche Anordnung getroffen; siehe Kart.-Rdsch. 1925 S. 599, 1926 S. 233 und D. Reichs- und Staatsanz. Nr. 171 vom 17. August 1929. — Über Nachprüfung durch die ordentlichen Gerichte siehe Isay-Tschierschky S. 181.

[5]) Ein Anwendungsfall ist die als KuratelVO. bezeichnete VO. vom 17. Januar 1928, vgl. Kart.-Rdsch. 1928 S. 83.

Einzelunternehmungen und Unternehmungszusammenschlüssen[1]) §§ 10, 17 KartVO.

Sie kann, wie dies § 10 ausdrücklich sagt, nicht nur bei Kartellen erfolgen, sondern auch bei anderen Zusammenschlüssen, wie Trusts und JG., und außerdem weiter bei Einzelunternehmungen, mag es sich hier bei dem Unternehmer um eine physische oder juristische Person oder auch um eine OHG. oder KomG. handeln. Es muß aber die Unternehmung oder der Zusammenschluß erhebliche wirtschaftliche Macht besitzen, ohne daß jedoch ein absolutes Monopol für sie bestehen müßte[2]).

Voraussetzung für die Beanstandung ist zunächst, daß ein solcher Träger wirtschaftlicher Macht für seinen Geschäftsverkehr allgemeine, typische Geschäftsbedingungen oder Arten der Preisfestsetzung[3]) aufgestellt[4]) und in Verträgen mit Dritten, seinen Abnehmern und sonstigen Kunden oder Lieferanten angewandt hat, sodann daß die Durchsetzung dieser Klauseln für den Unternehmer nur infolge seiner wirtschaftlichen Machtstellung möglich und ihm dies bewußt ist, sowie schließlich, daß die Klauseln geeignet sind, die Gesamtwirtschaft oder das Gemeinwohl zu gefährden.

---

[1]) Über die einschlägigen Vorschriften der Kart.-NotVO. siehe unten S. 120. Wegen der von einer obersten Reichs- oder Landesbehörde angeordneten oder genehmigten Geschäftsbedingungen oder Arten der Preisfestsetzung siehe § 19 KartVO. Danach gelten z. B. die Bestimmungen der KartVO. nicht für Versicherungsbedingungen, die vom Aufsichtsamt nach §§ 4, 9, 10 VersAufsG. genehmigt sind.

[2]) Vgl. dazu die Rechtsprechung des Reichsgerichts gegenüber den Inhabern eines tatsächlichen Monopols für den Fall des Mißbrauchs der Monopolmacht oben S. 23. Auf die Anwendbarkeit des § 138 BGB. hat § 10 KartVO. keinen Einfluß, vielmehr kann § 10 KartVO. dann nicht eingreifen, wenn Nichtigkeit aus § 138 BGB. vorliegt; siehe Kullmann, Kart.-Rdsch. 1929 S. 514 ff. und die dort angegebene Literatur.

[3]) Feste Preisbestimmungen fallen nicht hierunter.

[4]) Wie z. B. allgemein bei Banken und Transportunternehmungen. Auch Rabattsysteme gehören hierher. Steht ein Kartell in Frage, so sind unter Geschäftsbedingungen nicht unverbindliche Richtlinien, sondern nur Kartellbindungen der in § 1 KartVO. bezeichneten Art zu verstehen, E 124 (Kart.-Rdsch. 1929 S. 648). Den Anlaß für die Aufnahme dieser Bestimmung in die KartVO. gaben vor allem die in der damaligen Inflationszeit aufgekommenen Klauseln; vgl. Lehnich-Fischer S. 244 ff.

Bei dieser Sachlage kann der RWM.[1]) einschreiten, und zwar mit einem Antrage an das Kartellgericht [2]).

Sieht dieses die Voraussetzungen auch als erfüllt an, so hat es allgemein auszusprechen, daß die benachteiligten Vertragsteile von allen Verträgen, die unter den beanstandeten Voraussetzungen abgeschlossen sind, zurücktreten können. Die Entscheidung ist öffentlich bekanntzumachen. Die Wirkung ist eine doppelte:

a) Ein binnen zwei Wochen nach der Bekanntmachung auszuübendes Rücktrittsrecht für die Vertragsgegner des Machtträgers hinsichtlich der bestehenden, noch nicht erfüllten Verträge, die die beanstandete Klausel enthalten, § 10 Abs. 1—4. So weit sich nicht aus § 10 etwas anderes ergibt, sind die §§ 346 ff. BGB. anzuwenden [3]).

b) Gänzliche oder teilweise, ipso jure eintretende Nichtigkeit künftiger Verträge, die nach der Bekanntmachung unter den beanstandeten Voraussetzungen geschlossen werden [3]), § 10 Abs. 5.

Gegen denjenigen, der sich bewußt über die auf § 10 Abs 5 beruhende Nichtigkeit hinwegsetzt, also Verträge mit der beanstandeten Klausel abschließt oder einen nichtigen Vertrag durchzuführen versucht, kann der RWM. gemäß § 17 die Verhängung einer Ordnungsstrafe beim Kartellgericht beantragen.

Einen Zwang zum Abschluß von Verträgen unter angemessenen Bedingungen für den Träger wirtschaftlicher Macht statuiert § 10 KartVO. nicht [4]).

3. Verhängung von Ordnungsstrafen auf Antrag des RWM.[5]) durch das Kartellgericht § 17 KartVO.

---

[1]) Bzw. der REM. nach § 16.

[2]) Der RWM. hat zwar eine Reihe solcher Anträge gestellt, aber es ist zu keiner Entscheidung darüber gekommen. Über Fälle der Popularklage gemäß § 12 Abs. 3 Satz 2, die sich auch auf § 10 stützten, siehe unten S. 80; in keinem Fall ist hier dem Antrag stattgegeben worden.

[3]) Über die Zuständigkeit der ordentlichen Gerichte vgl. Abs. 5.

[4]) Über die Frage des Kontrahierungszwangs auf Grund des § 826 BGB. siehe oben S. 53 ff.

[5]) Bzw. des REM. nach § 16 KartVO.

Der Antrag kann von dem RWM. gestellt werden bei Nichtbefolgung von Anordnungen, die er selbst gemäß § 4 Abs. 1 S. 3, § 5 erlassen hat, sowie bei Nichtbeachtung der Nichtigkeit von Verträgen und Beschlüssen auf Grund von Entscheidungen des Kartellgerichts, die auf Antrag des RWM. ergangen sind, §§ 7, 10 Abs. 5; ferner auch in Fällen, in denen ohne weiteres nach der KartVO. Nichtigkeit oder relative Unwirksamkeit eintritt, §§ 1—3, 9 Abs. 7, 21. Weiter aber auch bei Verwertung von Sicherheiten oder der Verhängung von Sperren oder Nachteilen von ähnlicher Bedeutung ohne die nach § 9 Abs. 1 erforderliche Einwilligung des Vorsitzenden des Kartellgerichts [1]), oder schließlich, wenn im Falle des § 9 Abs. 6 nicht unverzüglich die Rückgewährung der Sicherheiten erfolgt. Die Ordnungsstrafe besteht in einer Geldstrafe, deren Höchstmaß unbeschränkt ist [2]).

In allen Fällen ist aber Voraussetzung für die Verhängung der Strafe, wie dies § 17 ausdrücklich ausspricht, ein bewußtes Hinwegsetzen über die Nichtigkeit eines Vertrages oder Beschlusses (§§ 1—3, 7, 9 Abs. 7, 10 Abs. 5, 21), über die Anordnung des RWM. gemäß §§ 4 Abs. 19. 3, § 5 oder über die Vorschriften, wonach ohne die Einwilligung des Vorsitzenden des Kartellgerichts Sicherheiten nicht verwertet und Sperren oder Nachteile von ähnlicher Bedeutung nicht verhängt werden dürfen, bzw. in gewissen Fällen Sicherheiten unverzüglich zurückzugewähren sind, § 9 Abs. 1 und 6. Der zu Bestrafende muß den Inhalt der von ihm verletzten Vorschrift bzw. in den Fällen des § 4 Abs. 1 S. 3,

---

[1]) In dem einzigen Fall, in dem es bis jetzt zur Verhängung einer Ordnungsstrafe auf Grund des § 17 kam, handelt es sich um die Nichteinholung der Einwilligung zur Verhängung einer Sperre durch ein Syndikat. Die Ordnungsstrafe betrug 50 000 RM., siehe E 110 (vom 27. Februar 1929, Kart.-Rdsch. 1929 S. 213 ff.). — Bedenken gegen die Bestrafung der juristischen Person (GmbH.) bei Wolff, Die Kartell-Notverordnung, S. 51, und Krumbholz Kart.-Rdsch. 1931 S. 620.

[2]) Für das Delikt der kartellrechtlichen Nötigung, das nach § 18 KartVO. mit Gefängnis oder Geldstrafe, die ohne Antrag des RWM. von den ordentlichen Strafgerichten zu verhängen sind, bedroht ist, sei auf die Kommentare verwiesen. Es ist wohl kein Fall der Anwendung dieser Vorschrift bis jetzt bekannt geworden.

§ 5 die Anordnung des RWM kennen und sich absichtlich durch sein Verhalten damit in Widerspruch setzen [1])

Über die Frage, ob durch Verhängung von Ordnungsstrafen auf Grund des § 17 in Verbindung mit § 9 KartVO. ein Zwang zum Abschluß von Verträgen ausgeübt werden kann s. unten S. 99.

---

[1]) Dies scheint auch die Auffassung des Kartellgerichts bei dem Erlaß der S. 78 Anm. 1 zitierten Entscheidung gegen den Norddeutschen Zementverband GmbH. gewesen zu sein, dessen Geschäftsführer den Rechtsstandpunkt vertrat, daß eine nach § 9 Abs. 1 der Einwilligung bedürftige Sperre nicht vorliege. Das Kartellgericht führt demgegenüber in der Begründung der Entscheidung aus, daß den maßgebenden Stellen des Syndikats und insbesondere dem Geschäftsführer die Vorschriften des § 9 und des § 17 KartVO. bekannt waren, und daß weiter auch das Gericht die volle Überzeugung gewonnen habe, daß die genannten Stellen, insbesondere der Geschäftsführer der GmbH., sich auch bewußt waren, daß die Entziehung des Händlerrabatts eine wesentliche Einschränkung der wirtschaftlichen Bewegungsfreiheit der Firma F, unter den gegebenen Umständen also die Verhängung einer Sperre oder einer sperrähnlichen Maßnahme darstelle. Bei der Bemessung der Strafe kam erschwerend in Betracht, daß die Kartelleitung die Aufforderung des RWM. (siehe dazu unten S. 97) unbeachtet gelassen, und die Gelegenheit, sich von der Rechtsauffassung des Kartellgerichts zu unterrichten, nicht wahrgenommen habe. Nach dem Gutachten des Kart.-Gerichts vom 3. März 1930 (Nr. 130 der Sammlung der Kartellstelle) soll aber zur Bestrafung aus § 17 die Kenntnis der rechtlichen Tragweite der in Frage kommenden Maßnahme, insbesondere die Kenntnis ihrer Zensurpflichtigkeit, nicht erforderlich sein; vielmehr soll ein bewußtes Hinwegsetzen über die Vorschriften des § 9 Abs. 1 auch dann gegeben sein, wenn jemand, obwohl er die Vorschriften des § 17 kennt, sich um die Anwendbarkeit dieser Vorschrift auf die von ihm beabsichtigte Maßnahme nicht kümmert und von der ihm gebotenen Gelegenheit sich über die rechtliche Zulässigkeit seines Verhaltens an zuständiger Stelle Gewißheit zu verschaffen, keinen Gebrauch macht. Siehe auch Tschierschky, Ausgewählte Rechtsfragen für Ingenieure und Industrielle, 1930, S. 707 ff.: „Der Dolus liegt darin, daß der RWM. der Geschäftsleitung des Kartells zweimal mitgeteilt hat: Ich, Minister, kraft meiner Autorität, betrachte diesen Fall als unter § 9 KartVO. fallend, ich bin sogar bereit, Material zur Verfügung zu stellen, auf Grund dessen du dir ein Urteil bilden kannst, daß du im Unrecht bist, daß du die Genehmigung nach § 9 einholen mußt. Also bitte! — hole die Genehmigung ein.“ — (Wahrscheinlich hätte, wie Tschierschky sagt, das Kartellgericht dem Syndikat die Sperre genehmigt.) — Über die Unklarheit, die hinsichtlich des Charakters der Ordnungsstrafe aus § 17 besteht, ob sie Ungehorsams- oder Beugestrafe nicht krimineller Natur, ob sie Kriminalstrafe oder ob sie Verwaltungsstrafe ist, siehe Wolff, Kart.-Rdsch. 1930, 554, mit Literatur, Krumbholz a. a. O. — Über die Ordnungsstrafe gem. § 5 der Kart.-NotVO. siehe unten S. 123.

4. Die sogenannte Popularklage auf Grund von § 12 Abs. 3 S. 2 KartVO.

Mit dieser hat es folgende Bewandtnis. Wenn sich in einem vor dem ordentlichen Gericht oder Schiedsgericht anhängigen Rechtsstreit ergibt, daß die Entscheidung ganz oder teilweise von einer Feststellung abhängt, für welche das Kartellgericht zuständig ist, so hat das Gericht die Verhandlung bis zur Entscheidung des Kartellgerichts auszusetzen, vgl. § 12 Abs. 3 S. 1, dazu unten S. 117.

Es kommen hier unter anderem in Betracht die Fälle, daß der Beklagte glaubhaft macht:

daß ein Vertrag im Sinne des § 1 KartVO. vorliegt und die Gesamtwirtschaft oder das Gemeinwohl gefährdet ist, so daß der RWM. mit Nichtigkeitsklage einschreiten kann, § 4 Abs. 1 S. 1, oder daß der Kläger seine wirtschaftliche Machtstellung durch Geschäftsbedingungen oder Arten von Preisfestsetzung ausgenutzt habe, die geeignet sind, die Gesamtwirtschaft oder das Gemeinwohl zu gefährden, so daß der RWM. bei dem Kartellgericht Antrag nach § 10 KartVO. stellen kann [1]).

Hat in einem solchen Fall die Aussetzung durch das Gericht stattgefunden, so fragt es sich zunächst, ob der RWM. Nichtigkeitsklage erhebt oder Antrag nach § 10 stellt. Lehnt er dies ab oder stellt er, ohne das Gesuch um Einschreiten zu beantworten, binnen zwei Wochen nach dem Eingang keinen Antrag bei dem Kartellgericht, so haben nunmehr die am Streit Beteiligten ein Antragsrecht, § 17 Abs. 3 S. 1. Bis jetzt sind von dem Kartellgericht drei Fälle dieser Art entschieden worden; in allen wurde der Antrag abgewiesen [2]). Dieses Antragsrecht der am Prozeß vor dem ordentlichen Gericht oder Schiedsgericht Beteiligten ist namentlich von Isay mit Recht entschieden bekämpft worden. Aus der Ablehnung der Antragstellung von seiten des RWM. ist zu entnehmen, daß dieser eine Gefährdung der Gesamtwirtschaft

---

[1]) Siehe Ricker, Die Stellung des § 12 usw. S. 56 ff., 73 ff.

[2]) E 58 (Kart.-Rdsch. 1925 S. 440), E 96 (Kart.-Rdsch. 1927 S. 701), E 124 (Kart.-Rdsch. 1929 S. 648) — siehe Ricker a. a. O. S. 76 ff.

oder des Gemeinwohls nicht für vorliegend erachtet. Hier nun — entgegen der Regel — den Prozeßbeteiligten ein selbständiges Antragsrecht zu gewähren, erscheint nicht nur überflüssig, sondern auch wegen der zweifellos sehr nahe liegenden Gefahr böswilliger Prozeßverschleppung unter dem Mantel der Vertretung des Gemeinwohl in hohem Grade bedenklich [1]).

Die Präventivzensur bei Verhängung von Sperren und Nachteilen von ähnlicher Bedeutung.

Ein Kartell im Sinne der KartVO. — nur ein solches, nicht ein monopolistisches Einzelunternehmen, auch nicht ein Trust — bedarf zur Verhängung von Sperren und Nachteilen von ähnlicher Bedeutung der Einwilligung des Vorsitzenden des Kartellgerichts [2]).

Dies besagt § 9 mit den Worten: Auf Grund von Verträgen und Beschlüssen der im § 1 bezeichneten Art dürfen ohne Einwilligung des Vorsitzenden des Kartellgerichts Sperren oder Nachteile von ähnlicher Bedeutung nicht verhängt werden [3]).

Die Vorschrift hat eine große praktische Bedeutung [4]) dadurch erlangt, daß sie nach der herrschenden, von dem Kartellgericht

[1]) Vgl. das Schrifttum bei Ricker a. a. O., sowie Verhandl. und Berichte des Unterausschusses, 3. Arbeitsgruppe, 4. Teil, 1. Abschnitt (Generalbericht) S. 62; 2. Abschnitt (Vernehmungen) S. 514 (Isay), 540 (Tschierschky), 555 (Lucas).

[2]) Vgl. Tschierschky, Die Sperre im Kartellwesen, Kart.-Rdsch. 1925 S. 1 ff.; Luley, Der Kartellzwang nach § 9 KartVO., Kart.-Rdsch. 1928, S. 134 ff. — Siehe auch die Stellungnahme von Flechtheim, Friedländer, Geiler, Isay, Nipperdey, Tschierschky und Lucas zur Präventivzensur in den Vernehmungen S. 471 ff. (Verhandl. und Berichte des 1. Unterausschusses, 3. Arbeitsgruppe, 4. Teil, 2. Abschnitt) und den Generalbericht (1. Abschnitt) S. 66 ff. über diese Frage. — Der Salzburger Juristentag von 1928 hat sich für die Aufhebung des § 9 ausgesprochen.

[3]) Nach § 9 ist diese Einwilligung auch einzuholen vor der Verwertung von Sicherheiten; siehe darüber unten bei der Behandlung des internen Kartellzwangs S. 112.

[4]) Unter den 138 Entscheidungen des Kartellgerichts, die bis zum 1. Januar 1930 ergingen, betrafen 28 den § 9; elfmal wurde die Einwilligung erteilt, zwölfmal versagt, in 5 Fällen wurden die Anträge zurückgewiesen, weil die Maßnahme keine Sperre darstellte, siehe

geteilten und auch vom Reichsgericht ausdrücklich gebilligten [1]) Auslegung nicht nur bei Verhängung von Sperren und sperrähnlichen Nachteilen gegen Kartellmitglieder [2]), sondern auch bei einer solchen gegen Außenstehende (Außenseiter, Abnehmer und Lieferanten) Anwendung zu finden hat.

Trotz dieser vielen und gewichtigen Stimmen wird man sich mit der Minderheit [3]) dahin entscheiden müssen, daß man bei der Abfassung des § 9 nur Maßnahmen gegenüber Kartellmitgliedern im Auge hatte. Allerdings läßt sich dies nicht durch Motive oder ähnliches Auslegungsmaterial belegen, da solches nicht vorhanden ist und überdies der § 9 nach den jetzt vorliegenden Nachrichten über seine Entstehungsgeschichte erst spät, kurz vor Toresschluß eingefügt worden ist [4]). Aber schon diese letztere Tatsache scheint doch dafür zu sprechen, daß man nicht beabsichtigte, noch eine Vorschrift von so weittragender Bedeutung einzuflicken, wie dies der § 9 wäre — wenn er sich auch auf Sperren gegen Außenstehende erstrecken sollte. Daran hat man nicht gedacht, weil man der Meinung war, daß in dieser Richtung durch den § 4 Abs. 2 genügend Vorsorge getroffen sei, wonach der RWM. eingreifen kann, wenn die wirtschaftliche Freiheit durch Sperre

---

Wiedersum, Die Sperrechtsprechung des Kartellgerichts, im Bericht über die Sitzung des Großen Ausschusses der Kartellstelle am 10. April 1930, S. 24. (Schriften der Kartellstelle des Reichsverbandes der Deutschen Ind. Nr. 7). Von den in der Sammlung der Kartellstelle veröffentlichten, seit 1. Januar 1930 ergangenen (41) Entscheidungen betreffen 16 den § 9; in 10 Fällen wurde die Einwilligung erteilt, in 4 Fällen versagt, in 2 Fällen erfolgte Zurückweisung, weil keine Sperre i. S. des § 9 vorlag.

[1]) RGZ. Bd. 125 S. 166: „überwiegende Gründe, nämlich der uneingeschränkte Wortlaut und das unzweifelhaft vorhandene Bedürfnis sprechen für die herrschende, mit der Rechtsprechung des Kartellgerichts übereinstimmende Meinung, wonach § 9 Sperren gegen jedermann betrifft, sofern sie auf Grund von Verträgen der in § 1 bezeichneten Art verhängt werden"; siehe auch Klinger, Die Rechtsprechung des Kartellgerichts S. 57.

[2]) Beispiele hierfür bieten zwei Entscheidungen des Kartellgerichts, nämlich E 82 (Kart.-Rdsch. 1927 S. 109) und E 131 (hier wird die Sperre gegen das Verbandsmitglied von den am Abkommen beteiligten Großhändlern durchgeführt).

[3]) Vgl. Goldmann, JW. 1924 S. 116; Giehler, Kart.-Rdsch. 1924 S. 9 ff., und vor allem Goldbaum zu § 9 Anm. I 2.

[4]) Wiedersum a. a. O. S. 15, Gutachten des Kartellgerichts vom 3. März 1930 (Nr. 130 der Sammlung der Kartellstelle).

im Einkauf oder Verkauf oder durch Festsetzung unterschiedlicher Preise oder Bedingungen unbillig beeinträchtigt wird. Man hatte ein viel beschränkteres Ziel im Auge. Man wollte als Anhang zu dem § 8, der zum Zweck der Lockerung des Kartellgefüges die fristlose Kündigung aus wichtigem Grund den Kartellmitgliedern gebracht hatte, nun auch noch eine weitere Milderung des inneren Kartellzwangs herbeiführen, indem man eine Kontrolle über die Strafgewalt der Kartelle über ihre Mitglieder anordnete, soweit diese ohne ein Angehen der ordentlichen Gerichte oder des vereinbarten Schiedsgerichts durch das Kartell ausgeübt werden konnte. Deshalb die Schaffung der Präventivzensur für die Verwertung von Sicherheiten, wobei es sich unbestrittenermaßen nur um solche handeln sollte, welche die Kartellmitglieder zur Sicherung der Erfüllung ihrer Verbindlichkeiten gegenüber dem Kartell, insbesondere aber für verwirkte Strafen laut Kartellvertrag oder Beschluß zu stellen haben [1]). Das führt aber ohne weiteres auch für die in unmittelbarem Zusammenhang damit genannten Sperren und Nachteile von ähnlicher Bedeutung auf die Maßnahmen dieser Art, die in den Kartellverträgen und Beschlüssen gegen fehlbare Mitglieder vorgesehen und über diese verhängt werden. Dabei ist als Beispiel für solche Nachteile von ähnlicher Bedeutung an eine strafweise Herabsetzung des Kontingents oder den zeitweisen Ausschluß von der Benutzung gemeinsamer Einrichtungen des Kartells zu denken, die für das Mitglied von ähnlich schweren Folgen sein können wie eine Sperre.

Daß man eine unterschiedliche Behandlung von Abnehmern hinsichtlich der Preise oder Bedingungen mit dieser Vorschrift treffen wollte, die doch auch nach der derzeitigen Auslegung des § 9 durch das Kartellgericht den weitaus wichtigsten Anwendungsfall eines Nachteils von ähnlicher Bedeutung bilden soll [2]), erscheint durchaus unwahrscheinlich schon aus dem Grunde, weil man sonst — wie man es ja im § 4 Abs. 2 getan hat — das Kind beim richtigen Namen genannt und nicht den Auslegern das große Rätsel des Nachteils von ähnlicher Bedeutung aufge-

[1]) Siehe oben S. 43 und unten S. 112.
[2]) Siehe unten S. 85 ff.

geben hätte, von dem sein Urheber kaum geahnt hat, daß er es in die Welt setzte, weil die Vorschrift, wie gewollt, nur auf den inneren Kartellzwang bezogen ohne jeden Zwang einen ganz klaren Sinn ergibt, so daß man sogar ein bewußtes Hinwegsetzen über dieselbe im § 17 mit Strafe bedrohen konnte.

Im folgenden muß aber doch die herrschende, weitere Auslegung des § 9 zu Grunde gelegt werden, wonach er auch die Sperre gegen Außenstehende umfaßte. Dabei ist vor allem die Rechtsprechung des Kartellgerichts zu behandeln [1]).

Unter Sperre ist nach der ständigen Rechtsprechung des Kartellgerichts der ausdrückliche Ausschluß eines Unternehmens von dem üblichen Geschäftsverkehr, die völlige Ablehnung desselben zu verstehen [2]), so z. B. E 131 („hinsichtlich der Belieferung mit Brennstoffen für einen Monat gesperrt")), 132 (Antrag auf Einwilligung in die Verhängung einer Sperre gegen A zu erteilen, durch die A vom Geschäftsverkehr mit den Mitgliedern des Verbandes ausgeschlossen wird), 134, 138, 139, 142.

Eine Sperre tritt auch dann ein, wenn ein Ausschließlichkeitsvertrag [3]) gegen eine bestimmte Person durchgeführt wird, so E 111, 140 (wenn der Gegenseitigkeitsvertrag gegen die Antragsteller durchgeführt würde, würden diese von dem Bezug der Verbandsware bei allen Mitgliedern des Fabrikantenverbandes ausgeschlossen), 165.

Ferner bedeutet die von den Mitgliedern eines Verbandes übernommene Verpflichtung, nur Reverskunden zu beliefern [4]), eine Sperre derjenigen Händler und Verbraucher, die diesen Revers nicht unterzeichnet haben, denn sie schließt diese Abnehmer von dem Geschäftsverkehr mit den Verbandsmitgliedern ab, E 169.

---

[1]) Für die ältere siehe Klinger, Die Rechtsprechung des Kartellgerichts S. 47 ff.

[2]) Siehe auch die Definition von Blum, Kart.-Rdsch. 1930 S. 182: Sperre = der auf rechtsverbindliche Anweisung erfolgende, relative Ausschluß eines Unternehmens von dem üblichen Geschäftsverkehr.

[3]) Siehe zu diesem oben S. 49.

[4]) In der angeführten Entscheidung ist ausdrücklich gesagt: den Satzungsbestimmungen, daß von den Verbandsmitgliedern nur Reverskunden beliefert werden dürfen, stehen grundsätzliche Bedenken nicht entgegen.

Außerordentliche Schwierigkeiten bereitet die Beantwortung der Frage, was unter einem **Nachteil von ähnlicher Bedeutung** zu verstehen ist.

Das Kartellgericht hat ursprünglich die Ansicht vertreten, daß — im Unterschied zu der Sperre, die den Ausschluß vom Geschäftsverkehr bedeutet — ein Nachteil von ähnlicher Bedeutung dann vorliege, wenn es sich um eine Erschwerung des Geschäftsverkehrs z. B. durch eine wirtschaftserhebliche, unterschiedliche Behandlung im Ein- oder Verkauf handle. Danach unterscheidet sich also der sperrähnliche Nachteil von der Sperre durch die geringere Wirkung, er ist ein geringerer Grad der Absperrung. Auch RGZ. Bd. 119, 369 versteht darunter Nachteile, die auf eine wesentliche Erschwerung des Geschäftsverkehrs hinauslaufen, insbesondere eine verschiedene Behandlung in Preisen und Bedingungen wie in § 4 Abs. 2; s. auch RGZ. 122, S. 264.

In den beiden Entscheidungen vom 28. November 1930 (E 126) und vom 13. Dezember 1930 (E 127) hat aber das Kartellgericht seine Auffassung geändert und dies ausdrücklich in seinem Gutachten vom 3. März 1930 (Nr. 130 der Sammlung der Kartellstelle) gebilligt. Danach handelt es sich um die Verhängung eines Nachteils von ähnlicher Bedeutung dann, wenn „die völlige Ablehnung oder Versagung des üblichen Geschäftsverkehrs zwar nicht ausdrücklich als Zweck der vom Kartell verhängten Maßnahmen bezeichnet, aber die vom Kartell ins Auge gefaßte oder durchgeführte unterschiedliche Behandlung des Gesperrten nach ihrer sachlichen Wirkung der völligen Abschließung vom Geschäftsverkehr gleichzuachten ist." Das Kartellgericht sieht mithin das Unterscheidende zwischen Sperre und sperrähnlichem Nachteil nicht mehr in der verschiedenen Wirkung, vielmehr muß auch die sperrähnliche Maßnahme den vollen Abschluß vom üblichen Geschäftsverkehr herbeiführen [1]). Der Unterschied liegt nicht mehr im Grad der Wirkung, sondern in dem angewandten Mit-

---

[1]) Dies ist aber abgeschwächt in E 127, 146, wenn der völligen Absperrung die Konkurrenzunfähigkeit gleichgestellt wird; siehe dazu auch RGZ. 119, 369, wo zunächst von der bloßen Erschwerung des Geschäftsverkehrs bei dem sperrähnlichen Nachteil (siehe oben im Text), dann aber auch von der dadurch herbeigeführten Konkurrenzunfähigkeit die Rede ist. — S. neuestens E 175.

tel [1]). Als solches kommt vor allem die unterschiedliche Behandlung in der Preisgestaltung in Betracht.

Wenn z. B. ein Kunde, der seither im Hinblick auf eine von ihm übernommene Treupflicht einen Treurabatt erhalten, aber dem Kartell gegenüber erklärt hat, daß er die Treupflicht nicht mehr anerkenne, nunmehr nur noch zum Bruttopreis (ohne Kürzung des Treulohns) beliefert wird, dann handelt es sich nicht um eine Sperre, da ja keine völlige Ablehnung des Geschäftsverkehrs stattfindet [2]). Es kann aber in der Preisdifferenzierung ein sperrähnlicher Nachteil liegen, nämlich dann, wenn sie sich so ungünstig auswirkt, daß sie geeignet ist, den Geschäftsverkehr zwischen dem Kunden, der den Treulohn nicht mehr erhält, und den Kartellmitgliedern unmöglich zu machen; dabei wird es vor allem auf die Höhe des Treulohnes ankommen, E 126.

Auch die Streichung von einer Liste von Grossisten, die einen hohen Grossistenrabatt erhalten, kann sich als sperrähnliche Maßnahme darstellen, wenn sie darauf hinauslaufen würde, den betreffenden Abnehmer von dem üblichen Geschäftsverkehr auszuschließen, E 135, s. auch E 146 (Nichtgewährung von Händlerrabatt an eine Genossenschaft, die diese Rabatte braucht, um gegenüber den Händlerfirmen wettbewerbsfähig zu bleiben), E 155.

Handelte es sich bisher um sperrähnliche Maßnahmen gegenüber Abnehmern, so kann auch eine solche gegenüber einem Außenseiter dann in Frage kommen, wenn das Kartell seinen Kunden einen Treulohn gewährt, so lange sie ausschließlich mit Kartellmitgliedern in Geschäftsverkehr stehen [3]), vorausgesetzt,

---

[1]) Vgl. Blum, Kart.-Rdsch. 1930 S. 177, 182 (Maßnahme des Organisationszwangs, die, ohne Sperre zu sein, in ihrer gewollten und voraussichtlichen Wirkung einer Sperre letzten Endes gleich erscheint), auch schon Kart.-Rdsch. 1928 S. 557. Breslauer-Tschierschky, System, Kart.-Rdsch. 1930 H. 1 S. 153; Wiedersum a. a. O. S. 10 ff.

[2]) Ein Fall, in dem der frühere Reverskunde überhaupt nicht mehr beliefert wird, also Sperre vorliegt, in E 169.

[3]) Nur, wenn es sich um echten Treurabatt handelt, wobei der Kunde keine Verpflichtung zum ausschließlichen Geschäftsverkehr mit den Kartellmitgliedern übernimmt, kommt eine sperrähnliche Maßnahme gegenüber dem Außenseiter in Frage (siehe aber auch Wiedersum a. a. O. S. 19, der hier auch keine sperrähnliche Maßnahme anerkennt). Ein unechter Treurabatt wirkt als Sperre (nicht sperrähn-

daß der Treulohn angesichts seiner Höhe geeignet ist, den Außenseiter völlig oder doch in einem seine Konkurrenzunfähigkeit herbeiführenden Umfang von der Kundschaft abzusperren, E 127 [1]).

Bei der Sperre und der sperrähnlichen Maßnahme handelt es sich sonach um den Abschluß von dem Geschäftsverkehr, und zwar von dem üblichen, d. h. von einem solchen, der anderen nach Art und Umfang ihres Betriebs und ihrer wirtschaftlichen Funktion gleichartigen Unternehmen üblicherweise zugänglich ist. E 118; 130, 136.

Das Kartell kann die Üblichkeit des Geschäftsverkehrs hinsichtlich der kartellierten Ware selbst bestimmen, E 163; aber dies hat eine Grenze insoweit, als die Regelung des Geschäftsverkehrs nicht zu einer auf den Ausschluß hinauslaufenden unterschiedlichen Behandlung gegenüber anderen Unternehmen führt, welche dieselbe wirtschaftliche Funktion ausüben und denen der Bezug der Kartellware offen steht, E 142, 146.

Wenn also ein Kartell von Farbenfabriken, die nur an Farbenhändler liefern, die Belieferung von Malermeistern ablehnt, so ist dies keine Sperre, da kein Ausschluß vom üblichen Geschäftsverkehr stattfindet; dagegen stellt sich die Ablehnung des Geschäftsverkehrs mit Malerhändlern (d. h. Inhabern von Malergeschäften, die gleichzeitig Handel mit Farben treiben) als Sperre im Sinne des § 9 dar, E 142. — Wenn die Mitglieder eines Kartells sich nicht aus bloßer Willkür, sondern aus vernünftigen, wirtschaftlichen Erwägungen, etwa mit Rücksicht auf die Ungleichartigkeit der wirtschaftlichen Aufgaben und Betätigung

---

liche Maßnahme) gegenüber dem Außenseiter. Über die Unterscheidung zwischem echtem und unechtem Treurabatt siehe oben S. 51 Anm. 3, zum Ganzen Blum, Kart.-Rdsch. 1930 S. 559 ff., insbesondere S. 562.

Die Gewährung einer bloßen Umsatzvergütung (Mengenrabatt) für die Bezüge von den Kartellmitgliedern, unabhängig davon, ob ausschließlicher Bezug von diesen stattfindet, stellt keine sperrähnliche Maßnahme dar nach RGZ. 119 S. 360, Kart.-Rdsch. 1928, 152, siehe oben S. 52.

[1]) Über die Frage, ob eine planmäßige Preisunterbietung, die sich gegen einen bestimmten Außenseiter richtet, als sperrähnliche Maßnahme i. S. des § 9 erscheinen kann, vgl. bejahend Blum, Kart.-Rdsch. 1930 S. 182, Tschierschky, ebenda S. 261; mit Recht verneinend: Nipperdey, Kart.-Rdsch. 1930 S. 135, Wolff, Kart.-Rdsch. 1931 S. 600; Wiedersum a. a. O. S. 30.

der verschiedenen Abnehmergruppen, geeinigt haben, ihre Erzeugnisse nur an den Handel abzusetzen, so ist diese Art des Absatzes als der übliche Geschäftsverkehr im Sinne des § 9 zu betrachten. Die Ablehnung der Belieferung von Bezugsgemeinschaften würde danach im allgemeinen nicht als Sperre erscheinen; wohl aber die Ablehnung des Geschäftsverkehrs mit Bezugsgemeinschaften (z. B. einer eingetragenen Genossenschaft), die ihre Tätigkeit, d. h. den Absatz von Waren nicht nur gelegentlich über den Kreis ihrer Mitglieder hinaus ausdehnen und bei denen die Tätigkeit von der Absicht, einen Kapitalgewinn zu erzielen, geleitet ist, da hier ein dem Handel gleichartiges Unternehmen vorhanden ist, E 146.

Auch wenn der Betroffene trotz des Verbots der unmittelbaren Belieferung die Möglichkeit hat, Verbandsware aus zweiter Hand zu bekommen, so bleibt der Charakter der Sperre bestehen; dieser Umstand ist nur von Bedeutung bei der Prüfung der Frage, ob eine unbillige Einschränkung der wirtschaftlichen Bewegungsfreiheit des Betroffenen besteht, § 9 Abs. 2, E 169. Ebenso bedarf es zur Feststellung, ob eine Sperrmaßnahme vorliegt, nicht der Untersuchung, ob der Betroffene außerhalb des Kartells Waren gleicher Art und Güte zu beziehen in der Lage ist oder ob das Gesamtergebnis des auch mit anderen Waren handelnden Betriebs etwa durch die unterschiedliche Behandlung hinsichtlich der Kartellware im Sinne seiner Wettbewerbsfähigkeit beeinflußt wird, E 146.

Die Sperrmaßnahme muß nicht zu einem Abschluß von jeglichem Geschäftsverkehr, also zu einem völligen Lahmlegen des ganzen Unternehmens des Betroffenen führen. Auch der Abschluß von dem Geschäftsverkehr mit einem Teil der Abnehmerschaft, auf den er zur Erhaltung seiner Wettbewerbsfähigkeit angewiesen ist, genügt, E 139, 135.

Nach § 9 bedarf es zur Verhängung einer Sperre oder eines sperrähnlichen Nachteils der Einwilligung des Vorsitzenden des Kartellgerichts. Worin besteht die Verhängung? Darüber herrscht große Unklarheit[1]).

[1]) Siehe Blum, Kart.-Rdsch. 1930 S. 175.

Steht ein loseres Kartell (nicht ein Syndikat) in Frage, so erfolgt die Verhängung gegenüber einem Abnehmer dadurch, daß auf Grund eines von dem satzungsmäßig dafür zuständigen Organ gefaßten Beschusses die Kartelleitung den Kartellmitgliedern die für sie rechtsverbindliche Anweisung erteilt, den Geschäftsverkehr mit einer bestimmten Person abzulehnen oder abzubrechen oder die fragliche sperrähnliche Maßnahme gegen sie zur Anwendung zu bringen, etwa ihr keinen Treurabatt mehr zu gewähren oder sie von der Grossistenliste zu streichen [1]).

Haben die Kartellmitglieder die Verpflichtung übernommen, nur Kunden zu beliefern, die einen Revers unterzeichnet haben, so geschieht die Verhängung der Sperre erst dadurch, daß die Kartelleitung die von dem Geschäftsverkehr ausgeschlossene Person in einer für alle Beteiligten erkennbaren Weise als von der Sperre betroffen kennzeichnet, also z. B. den Kartellmitgliedern bezüglich eines seitherigen Reverskunden, der die Unterzeichnung eines neuen Reverses abgelehnt hat, die Mitteilung macht, daß er nicht mehr Reverskunde sei; erst damit ist die erforderliche Individualisierung eingetreten, E 169. Sind die Kartellmitglieder verpflichtet, Reverskunden Treurabatt zu gewähren, andere aber nur zu höheren Bruttopreisen zu beliefern, so liegt die Verhängung einer sperrähnlichen Maßnahme (wenn die übrigen Voraussetzungen für eine solche gegeben sind, s. oben) in der Mitteilung seitens der Kartelleitung an die Mitglieder, daß ein

---

[1]) Nach RGZ. Bd. 125 S. 166 (Kart.-Rdsch. 1929 S. 467) kommt es bei der Weisung des Vorstandes eines Kartells in Form eines rechtsfähigen Vereins an die Mitglieder zur Durchführung einer Sperre nicht darauf an, ob der nach der Satzung vorgeschriebene Beschluß der Mitgliederversammlung vorliegt. Ergeht die Weisung seitens des Vorstandes in diesem Fall ohne Einwilligung des Vorsitzenden des Kartellgerichts, so haftet der Verein aus § 9 KartVO. in Verbindung mit §§ 823 Abs. 2, 31 BGB., vorausgesetzt, daß ursächlicher Zusammenhang zwischen der Weisung des Vorstandes und der Lieferungsverweigerung durch die Mitglieder besteht, siehe unten S. 101 Ein ohne Einwilligung des Vorsitzenden des Kartellgerichts gefaßter Sperrbeschluß ist nach Ansicht des Reichsgerichts nach § 134 BGB. nichtig; ebenso Kartellgericht E 36 (Kart.-Rdsch. 1924 S. 410) und E 85. — Liegt nur eine Empfehlung der Nichtbelieferung vor, dann keine Sperre E 38.

bestimmter, seitheriger Reverskunde nur noch zu Bruttopreisen zu beliefern sei[1].

Bei der Verhängung der Sperre durch ein loseres (nicht als Syndikat erscheinendes) Kartell sind mithin drei daran Beteiligte zu unterscheiden: der Sperrende, der das Sperrgebot erläßt = das Kartell; die Ausführer, die das erhaltene Gebot ausführen = die Kartellmitglieder; der Gesperrte (Abnehmer). Die Kartellmitglieder stehen hier in unmittelbarer Geschäftsverbindung zu den Abnehmern, die Kartelleitung steht hinter den Mitgliedern und legt durch ihr Gebot die Sperre zwischen Mitglieder und Abnehmer[2]).

Anders bei der Syndikatssperre. Bei dem Syndikat ist, wie früher[3]) dargelegt wurde — einerlei, ob es sich um Einheits-GmbH. oder um Doppelgesellschaft handelt —, die Absatzvermittlung in die Hand der juristischen Person (der GmbH. oder AG.) gelegt, an welche die Mitglieder ihre ganze Produktion zu diesem Zwecke abzuliefern haben. Hier steht die juristische Person vor den Kartellmitgliedern, denen — trotz ihrer rechtlichen und wirtschaftlichen Selbständigkeit im übrigen — der Geschäftsverkehr mit den Abnehmern unterbunden ist. Verweigert nun die Verkaufsstelle die Belieferung eines Abnehmers mit den ihr kraft des Kartellvertrages zum Absatz überlassenen Erzeugnissen der Kartellmitglieder, so hat dies gegenüber dem Abnehmer die gleiche Wirkung, wie wenn bei einem loseren Kartell sämtliche Kartellmitglieder auf Weisung der Kartelleitung den Geschäftsverkehr mit ihm ablehnen. Es kann daher, wenn gewisse, später zu behandelnde Voraussetzungen[4]) erfüllt sind, in diesem Verhalten

---

[1]) Die Entziehung des Treurabatts für die Zukunft ist sonach unter Umständen eine einwilligungsbedürftige Sperrmaßnahme gegenüber dem Abnehmer E 126. Dagegen liegt eine solche nach RGZ. 122 S. 260 (Kart.-Rdsch. 1929 S. 104; JW. 1929 S. 1245) nicht in der Einforderung des seither abgezogenen, durch Bezug von einem Außenseiter nunmehr verwirkten Treurabatts, da es sich dabei nur um eine fällig gewordene Vertragsstrafe handelt.

[2]) Siehe dazu Luley a. a. O. S. 23.

[3]) Siehe oben S. 29 ff.

[4]) Siehe unten S. 92 ff.

der Verkaufsstelle eine Sperre im Sinne des § 9 gesehen werden [1]).

Steht eine Sperre gegen einen Außenseiter auf Grund eines Ausschließlichkeitsvertrags [2]) in Frage, so kann bereits in dem Abschluß dieses Vertrags eine einwilligungsbedürftige Sperre liegen, wenn der Vertrag eindeutig erkennen läßt, welchen bestimmten Personen der Geschäftsverkehr verschlossen sein soll. Hier hat die Einholung der Einwilligung bereits vor Abschluß des Vertrages zu erfolgen, E 135, 140. Doch ist die Sachlage in der Regel eine andere, so daß auch im allgemeinen zum Abschluß eines Ausschließlichkeitsvertrages die Einwilligung gemäß § 9 nicht erforderlich ist, s. auch RGZ. 122, 260 (Kart.-Rdsch 1929 S. 104). In den meisten Fällen ist noch eine Verhängung der Sperre in Gestalt ihrer Individualisierung, d. h. der Kennzeichnung derjenigen Person, die der Wirkung des Ausschließlichkeitsvertrags unterworfen und von dem Geschäftsverkehr ausgeschlossen werden soll, nötig, E 92, 94, 111, 165. (Antrag: 16 namentlich bezeichnete Grabmalgeschäfte — Außenseiter der Grabmalgruppe, die mit einem Lieferantenverband einen Ausschließlichkeitsvertrag abgeschlossen hat — den Wirkungen dieses Vertrags aussetzen zu dürfen); s. auch E 142 (wegen der Gründe für die Kennzeichnung).

Die Verhängung einer Sperre gegen einen Außenseiter erblickt das Kartellgericht auch darin, daß das Kartell diesem Außenseiter erklärt, daß es seine Abnehmer wegen Verletzung

---

[1]) E 110: im Hinblick auf die Stellung der GmbH. im Aufbau der Doppelgesellschaft sind im vorliegenden Fall die Maßnahmen, die die GmbH. als Organ des Kartells innerhalb der ihr zugewiesenen Aufgaben durchführt, als Maßnahmen des Kartells selbst zu betrachten und es liegen, sofern auch im übrigen die Voraussetzungen des § 9 KartVO. gegeben sind, Sperren oder sperrähnliche Maßnahmen i. S. § 9 vor.

[2]) Dabei kann es sich auch um ein früheres, aus dem Kartell ausgeschiedenes Mitglied desselben handeln, wobei die Verhängung der Sperre nicht schon mit dem Ausscheiden stattfindet, sondern erst durch entsprechende Mitteilung an die im Gegenseitigkeitsverhältnis stehenden Lieferanten E 97, auch 111. — Die Verhängung der Sperre gegen ein Kartellmitglied als Äußerung des internen Organisationszwangs kann dadurch erfolgen, daß das Kartell die vertraglich zur Sperrhilfe verpflichteten Lieferanten ersucht, das betreffende Mitglied nicht mehr zu beliefern E 131.

ihrer übernommenen Treupflicht in Anspruch nehmen werde, falls sie mit dem betreffenden Außenseiter in Geschäftsverkehr treten, E 114, auch E 127. Das Kartellgericht führt in E 114 aus: Regelmäßig wird die Verhängung der Sperre durch Willensäußerungen des Verbandes erfolgen, die erkennen lassen, welchen Außenseitern gegenüber die Reverskunden zur Vermeidung der Verletzung ihrer Treupflicht den Geschäftsverkehr abzulehnen haben. Solche Äußerungen des Verbandes können sowohl den Reverskunden gegenüber, wie unmittelbar gegenüber dem betroffenen Außenseiter abgegeben werden [1]).

Damit § 9 eingreift und danach zu dem Ausschluß von dem Geschäftsverkehr oder den an Wirkung gleichkommenden Maßnahmen die Einwilligung des Vorsitzenden des Kartellgerichts erforderlich ist, muß noch eine weitere Voraussetzung erfüllt sein. Es kommt nämlich darauf an, welche Zwecke das Kartell mit seiner Maßnahme verfolgt [2]).

Diejenigen Fälle scheiden ohne weiteres aus, in denen rein sozialpolitische Zwecke maßgebend sind und keine wirtschaftlichen Maßnahmen im Sinne des § 1 KartVO. in Frage stehen, E 117, s. auch E 155 [3]).

Die Maßnahme muß zur Durchführung des im Kartellvertrag oder der Kartellsatzung ausdrücklich festgelegten oder im Wesen des Kartells ohne weiteres begründeten Organisationszwecks (Beeinflussung des Marktes, Einschränkung des Wett-

[1]) E 114 beschäftigt sich nur mit dem letzteren Fall. Dagegen hat das Kartellgericht noch keine Gelegenheit gehabt, über einen Fall ersterer Art sich in einer Entscheidung näher zu äußern. Man muß eine solche eingehendere Stellungnahme abwarten, um beurteilen zu können, ob wirklich kein Widerspruch besteht zwischen der Auffassung des Kartellgerichts und der Entscheidung des Reichsgerichts in RGZ. Bd. 122 S. 260, wonach in dem Einfordern des durch den Geschäftsverkehr mit dem Außenseiter verwirkten Treurabatts als Vertragsstrafe keine einwilligungsbedürftige Sperre zu erblicken ist, wie dies E. 114 allerdings erklärt und Lucas bei seiner Vernehmung durch den Untersuchungsausschuß, 3. Arbeitsgruppe, 4. Teil, 2. Absch. S. 553/4 betont; siehe aber auch Breslauer-Tschierschky, System, Kart.-Rdsch. 1929 H. 5 S. 141; andererseits die Bemerkung von Hamburger in JW. 1929 S. 1243 ff.

[2]) Über die verschiedenen in Frage kommenden Zwecke siehe auch Schreier, Aufgaben der Kartelljurisprudenz S. 98 ff., Schriften des Vereins für Sozialpolitik, 180. Bd.

[3]) Aussperrungen von Arbeitern bei Lohnkämpfen fallen nicht unter § 9.

bewerbs, Beherrschung der Außenseiter, Stärkung der Organisation usw.) angewandt werden, vgl. das Gutachten des Kartellgerichts (Nr. 130 der Sammlung).

Dieser Gesichtspunkt ist namentlich auch dann von Bedeutung, wenn es sich um die Verweigerung der Belieferung eines Abnehmers von seiten eines Syndikats handelt. Auch hier muß die Verkaufsstelle mit ihrer Maßnahme die Verwirklichung des Kartellzwecks herbeiführen und dieses Ziel mit den Mitteln des Organisationszwangs erreichen wollen, damit eine Sperre im Sinne des § 9 angenommen werden kann, E 110. Dies ist aber nicht der Fall, wenn das Verhalten des Syndikats durch die mangelnde Kreditwürdigkeit des Abnehmers veranlaßt ist und den Zweck hat, geschäftliche Verluste zu vermeiden [1]. Bei dieser Sachlage handelt es sich ebenso wenig um eine Sperre im Sinne des § 9, wie wenn ein Einzelunternehmer aus diesen Gründen den Geschäftsverkehr ablehnt oder alle Mitglieder eines loseren Kartells [2]) oder eines sonstigen Unternehmerverbandes dies tun, etwa infolge einer Mitteilung der Verbandsleitung, daß der Inhaber einer Firma notorisch geschäftlich unzuverlässig und kreditunwürdig sei [3].

Nach den gemachten Ausführungen muß also folgender Tatbestand vorliegen: Ein Kartell verhängt eine Sperre (ausdrücklicher Ausschluß eines Unternehmens vom üblichen Geschäftsverkehr) oder einen Nachteil von ähnlicher Bedeutung (andere Maßnahmen, welche den vollen Abschluß vom üblichen Geschäftsver-

[1]) Vgl. Isay, Kart.-Rdsch. 1929 S. 378.

[2]) Siehe dazu E 78, angeführt unten S. 96 Anm. 1.

[3]) Siehe dazu auch Wiedersum a. a. O. S. 18. — Wenn allerdings der RWM. triftige Gründe für die Annahme hat, daß es sich doch nicht um eine geschäftsmäßige Ablehnung handelt, so müßte ein Weg gegeben sein, um eine Entscheidung des Kartellgerichts darüber herbeizuführen, ob die Verhängung einer Sperre i. S. des § 9 vorliegt. Da in der VO. nicht vorgesehen ist, daß der RWM. selbst etwa einen Antrag auf Feststellung der Unzulässigkeit der Sperrverhängung stellen kann, so ist es erklärlich, daß man den Weg beschritt, das Syndikat durch Androhung einer Ordnungsstrafe gemäß § 17 zur Einreichung eines Gesuchs um Genehmigung zu zwingen; siehe dazu aber oben S. 79 Anmerkung 1. Auch für die Erklärung der hier entstehenden Schwierigkeiten ist es von Bedeutung sich zu vergegenwärtigen, daß die Präventivzensur im § 9 nur für die Fälle des internen Kartellzwangs beabsichtigt war, siehe oben S. 82.

kehr herbeiführen) zur Durchführung des Kartellzwecks. Dann bedarf es nach § 9 der Einwilligung des Vorsitzenden des Kartellgerichts. Es sind diese Maßnahmen allgemein verboten, bis die Einwilligung erteilt ist, es liegt mit anderen Worten ein Verbot mit Erlaubnisvorbehalt vor [1]).

Wird eine solche Maßnahme verhängt, ohne daß die Einwilligung erteilt ist, so tritt auf Grund von § 823 Abs. 2 BGB. in Verbindung mit § 9 KartVO., der als Schutzgesetz im Sinne der ersteren Vorschrift erscheint, die Verpflichtung zur Leistung von Schadensersatz an den Gesperrten ein [2])

Es kann aber nach der Rechtsprechung des Kartellgerichts auch nach bereits erfolgter Verhängung Genehmigung erteilt werden, die aber erst vom Zeitpunkt der Erteilung an wirkt und die aus der Übertretung des Verbots seither entstandenen Rechtsfolgen nicht beseitigt, E 92, 108, 140, 169.

Nach § 9 Abs. 2 ist die Einwilligung zu versagen, wenn die Maßnahmen eine Gefährdung der Gesamtwirtschaft oder des Gemeinwohls enthalten oder die wirtschaftliche Bewegungsfreiheit des Betroffenen unbillig einschränken würden [3]). Bestritten ist, ob diese Bestimmung dahin auszulegen ist, daß nur bei einer solchen Gefährdung oder unbilligen Beschränkung die Einwilligung versagt werden darf, oder ob daneben noch andere Versagungsgründe in Frage kommen können. Das Kartellgericht vertritt die letztere Ansicht [4]), vgl. z. B. E 139: die Einwilligung

---

[1]) Friedländer, JW. 1928 S. 2188, sieht darin ein Friedensgebot entsprechend dem Verbot der Einleitung eines Streiks oder einer Aussperrung ohne Anrufung der Schlichtungsstelle im Arbeitsrecht.

[2]) Über das Erfordernis des ursächlichen Zusammenhangs siehe oben S. 89 Anm. 1.

[3]) Durch die Verkoppelung des gesamtwirtschaftlichen und des privatwirtschaftlichen Interesses ist ein lebhafter Streit darüber hervorgerufen worden, in wieweit diese Vorschrift öffentlich-rechtlichen oder privatrechtlichen Charakter hat. Diese Frage kann hier nicht weiter verfolgt werden. Siehe dazu z. B. Nipperdey, Vernehmung vor dem Untersuchungsausschuß, S. 526.

[4]) Siehe auch Lucas, Vernehmung vor dem Untersuchungsausschuß, S. 550; auch Kart.-Rdsch. 1927 S. 689. — Ursprünglich hat das Kartellgericht augenscheinlich auch die erstere Ansicht geteilt (vgl. Kart.-Rdsch. 1924 S. 407 ff.). Sie entspricht auch der Fassung, denn man muß doch annehmen, daß die Ausnahmefälle, in denen die Einwilligung nicht zu erteilen ist, erschöpfend aufgezählt werden, siehe z. B. Isay-Tschierschky S. 289.

ist nur dann zu versagen, wenn die Maßnahme einen Mißbrauch der Kartellmacht darstellt, insbesondere wenn sie eine Gefährdung der Gesamtwirtschaft oder des Gemeinwohls enthalten oder die wirtschaftliche Bewegungsfreiheit des Betroffenen unbillig einschränken würde, E 140.

Aus der Rechtsprechung des Kartellgerichts sind folgende Grundsätze für die Versagung der Einwilligung zu entnehmen [1]).

Im allgemeinen wird die Sperrverhängung gegen organisationswillige Außenseiter nicht zugelassen, E 75, E 135. Doch gilt dies nicht, wenn die Aufnahme des von der Sperre Betroffenen den Kartellmitgliedern nach Lage des Falls nicht zugemutet werden kann, E 120.

Eine unbillige Einschränkung der wirtschaftlichen Bewegungsfreiheit wird stets angenommen, wenn die Sperre die Gefährdung oder Vernichtung der wirtschaftlichen Existenz des Gesperrten zur Folge haben würde, E 111. In Fällen, in denen eine von der Sperre betroffene Firma nur das ausführende Organ des wirklichen Trägers eines wirtschaftlichen Unternehmens ist, kann die Frage der Gefährdung oder Vernichtung der wirtschaftlichen Existenz nur hinsichtlich des wirklichen Trägers gestellt werden, E 134.

Auch die bestehende Möglichkeit, sich durch Beitritt zu dem Kartell dem drohenden wirtschaftlichen Nachteil zu entziehen, schließt die Unbilligkeit der Einschränkung der wirtschaftlichen Bewegungsfreiheit des bedrohten Außenseiters dann nicht aus,

---

[1]) Wegen der Frage, wann eine Gefährdung der Gesamtwirtschaft gegeben ist, siehe E 85 (das Kartellgericht kann nicht durch einen behördlichen Akt die Betätigung einer privaten Monopolmacht unterstützen, die auf dem Gebiete wirtschaftsnotwendiger Artikel darauf abzielt, unter Androhung schwerer Nachteile im Wege des Zwangs einen freien Händler einer Organisation zuzuführen, siehe dazu auch oben S. 22 ff. wegen der Stellung des Reichsgerichts und Holländer, ZBH. 1927 S. 366); E 53 (wenn die Durchführung des Ladenpreissystems dazu bestimmt wäre, in volkswirtschaftlich nicht gerechtfertigter Weise die Bücherpreise hoch zu halten); E 140 (es wird eine Gefährdung der deutschen Gesamtwirtschaft verneint und dabei ausgeführt: der mit dem Gegenseitigkeitsvertrag verfolgte Zweck kann sich in diesem Fall als eine durchaus berechtigte Abwehrmaßnahme gegen die der deutschen Wirtschaft durch die ausländische Konkurrenz drohende Gefahr darstellen).

wenn ihm der Beitritt nach den gegebenen Verhältnissen nicht zugemutet werden kann, E 108, 111, 138, 139, 165, 169.

Auch die Unzuverlässigkeit des Betroffenen kann die Verhängung der Sperre rechtfertigen und die eintretende Einschränkung der wirtschaftlichen Bewegungsfreiheit als nicht unbillig erscheinen lassen, nur bedarf es dabei einer besonders scharfen Prüfung des Grades der Unzuverlässigkeit, E 159 (Gefahr nicht nur für die Kundschaft, sondern auch für den organisierten, vertragstreuen und anständigen Kohlenhandel); vgl. auch die in dieser Entscheidung erwähnten E 61, 78, 80.

Als eine unbillige Einschränkung der wirtschaftlichen Bewegungsfreiheit des Betroffenen erscheint es, wenn durch die Sperre der Überfüllung eines Gewerbes begegnet werden soll [1]), E 75, 78.

Hinsichtlich des Verfahrens bei der Ausübung der Präventivzensur bei Sperrmaßnahmen nach § 9 ist folgendes zu sagen [2]):

Das kartellgerichtliche Verfahren wird eingeleitet durch den Antrag des Kartells, welches die Sperre oder den sperrähnlichen Nachteil verhängen will. Der Antrag ist zu richten an den Vorsitzenden des Kartellgerichts und lautet auf Erteilung der Ein-

---

[1]) In E 75 und 78 zieht das Kartellgericht Art. 151 RV. und § 1 GewO. heran; so heißt es E 75: „durch Mittel des Organisationszwangs darf aber das die gegenwärtige Wirtschaftsordnung beherrschende und durch Art. 151 RV. und § 1 GewO. gesetzlich gewährleistete Recht der Gewerbefreiheit nicht beseitigt werden“. Diese beiden Bestimmungen schlagen aber hier nicht ein, da sie nur gegen obrigkeitliche Eingriffe Schutz gewähren, vgl. Entscheidung des Staatsgerichtshofs in RGZ. Bd. 112 Anh. S. 25, Kestner-Lehnich, Organisationszwang, S. 198, Nipperdey, Referat auf dem Salzb. Jur.-Tag, S. 45, und Kart.-Rdsch. 1930, 131.

Zu beachten ist, daß das Kartellgericht in beiden Fällen betont, daß durch das Versagen der Einwilligung kein Kontrahierungszwang entsteht, E 75: darf die Lieferung nicht deshalb verweigert werden, weil diese Voraussetzung (die Unterzeichnung der Wettbewerbsbestimmungen) nicht erfüllt ist, E 78: die Versagung der Sperre bedeutet keineswegs, daß die gebundenen Großhändler nunmehr gezwungen sind, die Firma A. zu beliefern. Es steht jeder dieser Firmen frei, sich darüber schlüssig zu werden, ob sie der Firma A. die Lieferung der Kohlen verweigern will, weil sie die Firma A. für unzuverlässig und kreditunwürdig hält oder ob sie die Firma A. beliefern und das Risiko, das mit einer Kreditgewährung gegebenenfalls verbunden ist, übernehmen will, siehe auch unten S. 99/100.

[2]) Siehe auch Isay-Tschierschky S. 316.

willigung zur Verhängung der Sperre oder des sperrähnlichen Nachteils [1]). Häufig erfolgt diese Antragstellung aber erst auf eine Aufforderung des RWM. hin, der durch eine Beschwerde von seiten des von der Sperrmaßnahme Betroffenen [2]) oder auf sonstige Weise von dem Sachverhalt Kenntnis erlangt hat, s. z. B. E 169 (Aufforderung, die Firma R. von der Sperrwirkung ohne Verzug freizustellen, so lange nicht die Einwilligung des Vorsitzenden des Kartellgerichts vorliegt; ferner Bescheid: daß der Verband die erforderliche Einwilligung vorbehaltlich seiner — des Verbands — Rechtsauffassung einholen möge.) In einem Fall, in dem eine solche Aufforderung des RWM. ergangen war, in dem aber die Leitung des Syndikats ihr Verhalten nicht änderte und auch keine Einwilligung nachsuchte, erfolgte Verhängung einer Ordnungsstrafe gemäß § 17 KartVO. (E 110 vom 27. Februar 1929) [3]).

Nach Mitteilung des Antrags an den von der Sperre Betroffenen zur Äußerung gemäß § 2 S. 2 der VO. über das Verfahren vor dem Kartellgericht vom 2. November 1923 läßt der Vorsitzende eine prima facie Entscheidung ergehen [4]). Die Entscheidung kann auch stillschweigend erfolgen, da die Einwilligung als erteilt gilt, wenn der Vorsitzende binnen drei Wochen seit Eingang des Ersuchens eine Entscheidung nicht getroffen hat (§ 9 Abs. 3). Im übrigen kann die Entscheidung lauten auf Erteilung oder auf Versagung der Einwilligung oder auf Zurückweisung

---

[1]) Falls Zweifel bestehen, ob die Maßnahme unter § 9 Abs. 1 fällt, mit dem Zusatz: für den Fall, daß hierin eine Sperre oder sperrähnliche Maßnahme erblickt wird. Zuweilen geht auch der Antrag in erster Linie dahin, festzustellen, daß die beabsichtigte Maßnahme keine Sperre oder sperrähnliche Maßnahme i. S. § 9 sei. Ein solcher Feststellungsantrag ist unzulässig; das Kartellgericht kann nicht darüber entscheiden, siehe Ricker, Die Stellung des § 12 usw., S. 34. Es weist den Antrag zurück, wenn keine Sperre oder sperrähnliche Maßnahme vorliegt, siehe z. B. E 142, 126.

[2]) Der Betroffene kann sich nicht unmittelbar an das Kartellgericht wenden und etwa dort Feststellung beantragen, daß die Sperrmaßnahme unzulässig sei, siehe vorige Anm. — Wohl aber kann er bei dem ordentlichen Gericht Klage aus § 823 Abs. 2 BGB. in Verbindung mit § 9 Abs. 1 erheben, siehe unten S. 100.

[3]) Siehe dazu oben S. 79 Anm. 1.

[4]) Siehe Lucas, Vernehmung vor dem Untersuchungsausschuß, S. 556.

des Antrages. Auch eine befristete oder bedingte Erteilung der Einwilligung ist möglich, E 38, 59, 131, 140.

Die Beteiligten [1]) können gegen die Entscheidung des Vorsitzenden die Entscheidung des Kartellgerichts anrufen.

Aus dem seither Gesagten ergibt sich, daß folgende Möglichkeiten bestehen:

1. Das Kartell hat eine Sperre oder sperrähnliche Maßnahme verhängt, ohne die erforderliche Einwilligung einzuholen.

a) Es kann hier das Kartellgericht auf Antrag des RWM., eventuell auf Beschwerde des Betroffenen, eine Ordnungsstrafe auf Grund von § 17 verhängen.

Dabei ist aber folgendes zu beachten: Nach dem früher Ausgeführten liegt im allgemeinen in dem Abschluß eines Ausschließlichkeitsvertrags oder in der Uebernahme der Treupflicht bei dem Treurabatt noch keine „Verhängung" einer Sperre. Diese tritt erst mit der Individualisierung ein (s. oben S. 88 ff.). Ist eine solche dadurch erfolgt, daß eine durch den Ausschließlichkeitsvertrag gebundene Person oder der Treureverskunde den Geschäftsverkehr mit einer bestimmten Person ablehnt, so kommt es zunächst darauf an, ob das Kartell die nunmehr erforderliche Einwilligung einholt. Geschieht dies nicht alsbald, so setzt sich der den Geschäftsverkehr weiterhin Ablehnende nach E 85 der Gefahr aus, mit einer Ordnungsstrafe belegt zu werden; aber doch nur, wenn die Ablehnung auf Grund des Ausschließlichkeitsvertrags oder der bestehenden Treupflicht erfolgt. Aus anderen Gründen kann die Ablehnung stattfinden, und es kann deshalb auch keine Ordnungsstrafe verhängt werden [2]).

---

[1]) Die KartVO. und die VO. über das Verfahren vor dem Kartellgericht vom 2. November 1923 enthalten keine Vorschrift, wonach der RWM. bei einem auf Antrag des die Sperre verhängenden Kartells nach § 9 Abs. I eingeleiteten Verfahren die Stellung eines Beteiligten hätte. Er kann aber auf Grund des hier anwendbaren § 19 der VO. über das Reichswirtschaftsgericht als Beteiligter zugelassen werden und als solcher dann auch Anträge stellen, siehe E 142.

[2]) In E 85 heißt es: die Lieferanten könnten sich für eine Ablehnung der Belieferung auf die Ausschließlichkeitsabreden mit dem Stahlwerksverband ohne Risiko einer Bestrafung aus § 17 nicht berufen, weil eine für eine solche Ablehnung erforderliche kartellgerichtliche Einwilligung bisher nicht vorlag. Vgl. Isay, Kart.-

Wird bei einem loseren Kartell (nicht Syndikat) die Kartellleitung wegen Verhängung einer Sperrmaßnahme ohne die erforderliche Einwilligung in Ordnungsstrafe genommen, so wird es für sie angezeigt sein, um sich nicht der Gefahr einer neuen Ordnungsstrafe wegen Aufrechterhaltung der Sperre auszusetzen, die Kartellmitglieder ausdrücklich darauf hinzuweisen, daß für sie eine Verpflichtung zur Durchführung der fraglichen Maßnahme nicht besteht [1]). Ein Zwang zum Geschäftsverkehr mit dem seither Gesperrten ist aber für die Kartellmitglieder nicht vorhanden [2]).

Bei der Syndikatssperre scheint sich allerdings für das Syndikat als notwendige Folge der Androhung einer Ordnungsstrafe wegen verbotener Verhängung einer Sperre nach § 9 zu ergeben, daß das Syndikat [3]) den Abnehmer beliefern muß, um der Ordnungsstrafe zu entgehen, so daß hier ein mittelbarer Kontrahierungszwang bestände [4]). Entsprechendes gilt, wenn über das Syndikat bereits eine Ordnungsstrafe verhängt ist und es nun Gefahr läuft, erneut mit einem solchen belegt zu werden.

Dieses Ergebnis ist aber bei einer Betrachtung rein unter rechtlichen Gesichtspunkten unbefriedigend wegen der ungleichen Behandlung des Syndikats sowohl gegenüber den loseren Kar-

---

Rdsch. 1927 S. 273, Lucas, ebenda S. 690, auch Vernehmung durch den Untersuchungsausschuß S. 572, Blum, Kart.-Rdsch. 1928 S. 558. — Über die in E 85 zutage tretende verschiedene rechtliche Beurteilung der Preisbindung der zweiten Hand vom kartellrechtlichen und wettbewerbsrechtlichen Standpunkt aus und den hier bestehenden Gegensatz zwischen dem Kartellgericht und den ordentlichen Gerichten, siehe z. B. Ricker, Die Stellung des § 12 usw., S. 25, 27 ff.

[1]) Siehe die Entscheidung des Berufungsgerichts in RGZ. Bd. 125 S. 166 (Kart.-Rdsch. 1929 S. 467 ff.).

[2]) Das ist ausdrücklich anerkannt in E 61: auch kann keins ihrer Mitglieder gezwungen werden, mit der Firma A. in Geschäftsverkehr zu treten, vgl. auch E 75 oben S. 96 Anm. 1.

[3]) Wenn es nicht zunächst den Versuch macht, Genehmigung erteilt zu erhalten.

[4]) So Gutachten des Kartellgerichts, Nr. 130 der Sammlung der Kartellstelle: daß in besonders gearteten Fällen die Vorschrift des § 9 sich ausnahmsweise als Kontrahierungszwang auswirken kann (z. B. beim Syndikat) . . . .“

tellen als auch gegenüber einem Einzelunternehmen [1]). Es muß deshalb folgendes beachtet werden:

Nur wenn und solange als die Belieferung eines Abnehmers mit den Erzeugnissen der Syndikatsmitglieder von seiten der Syndikatsleitung dadurch verhindert wird, das sie das ihr auf Grund des Syndikatsvertrags allerdings zustehende Recht ausübt, über den Absatz der Gesamtproduktion der Syndikatsmitglieder allein zu bestimmen, kann man von einer auf Grund eines Kartellvertrags verhängten Sperre reden. Wird aber dieses Recht des Syndikats, über den Absatz der Erzeugnisse der Syndikatsmitglieder zu entscheiden, durch eine Vereinbarung mit den Syndikatsmitgliedern hinsichtlich der Frage der Belieferung eines bestimmten Abnehmers ausgeschaltet und werden für diesen Fall die Syndikatsmitglieder von ihrer Verpflichtung, ihre Erzeugnisse nicht anderweitig zu verkaufen, entbunden, so ist dieser Fall rechtlich dem gleich zu beurteilen, daß bei einem loseren Kartell die Kartellleitung den Kartellmitgliedern erklärt, daß ihnen die Belieferung eines seither Gesperrten freistehe. Auch die Syndikatsmitglieder stehen dann diesem Abnehmer als einzelne ohne Kartellbindung gegenüber.

b) Der von der Sperrmaßnahme Betroffene kann sich an die ordentlichen Gerichte oder das vereinbarte Schiedsgericht wenden.

Er kann sich dabei auf § 823 BGB. Abs. 2 stützen in Verbindung mit § 9 KartVO., der als Schutzgesetz im Sinne der ersteren Vorschrift erscheint, vgl. RGZ. Bd. 119 S. 366 (Kart.-Rdsch. 1928, S. 150); RGZ. Bd. 125, S. 166 (Kart.-Rdsch. 1929, S. 467 ff). Der Betroffene kann auf Grund dieser Vorschriften Schadensersatz verlangen, auch einen Unterlassungsanspruch geltend machen, falls weitere Angriffe zu besorgen sind. Er hat auch u. U. die Möglichkeit, eine einstweilige Verfügung zu erwirken. Das Gericht entscheidet hier darüber, ob ein Kartellvertrag im Sinne § 1 KartVO. vorliegt und ob auf Grund desselben eine

[1]) Für ein solches kommt ja § 9 überhaupt nicht in Betracht, da die Sperrmaßnahme auf Grund eines Kartellvertrags oder Beschlusses verhängt sein muß.

Sperrmaßnahme nach § 9 Abs. 1 verhängt wurde. Auf Antrag des Klägers kann Aussetzung gemäß § 12 KartVO. erfolgen[1])

Auch aus § 826 BGB. kann der Betroffene Ansprüche herleiten.

2. Die Entscheidung lautet auf Versagung der Einwilligung.

Es kann der RWM. eventuell Ordnungsstrafe auf Grund von § 17 beantragen, wobei auf die Ausführungen unter 1 zu verweisen ist. Der von der Sperrmaßnahme Betroffene kann sich auch hier auf Grund von § 823 Abs. 2 in Verbindung mit § 9 KartVO. an die ordentlichen Gerichte oder das vereinbarte Schiedsgericht wenden. In diesem Verfahren kann das Kartell nicht geltend machen, daß eine gegen § 9 Abs. 1 verstoßende Sperre nicht vorliege[2]).

Nach RGZ. 125 S. 166 hat aber das Gericht zu prüfen, ob nicht die Mitglieder des Kartells den Geschäftsverkehr von sich aus, unbeeinflußt durch die Leitung des Kartells abgebrochen haben, da sonst kein vom Kartell verursachter Schaden vorliegt, RG. vom 12. März 1928 (Kart.-Rdsch. 1928 S. 290).

Außerdem kommt auch hier § 826 BGB. in Betracht.

3. Die Entscheidung lautet auf Erteilung der Einwilligung.

Ob hier der von der Sperrmaßnahme Betroffene trotzdem Ansprüche aus § 826 BGB. bei den ordentlichen Gerichten geltend machen kann, ist bestritten, aber grundsätzlich zu bejahen, s. Ricker a. a. O. S. 40 ff.

4. Die Entscheidung lautet auf Zurückweisung des Antrags, z. B. deshalb, weil bei einem Ausschließlichkeitsvertrag in Folge nicht genügender Individualisierung noch keine Verhängung erfolgt sei. Dadurch wird die Gültigkeit des Ausschließlichkeitsvertrages nicht berührt, nur ist bei Ablehnung des Geschäfts-

---

[1]) Siehe dazu Ricker a. a. O. S. 69 ff. insbesondere auch über die Fälle, in denen einstweilige Verfügung ohne Aussetzung des Verfahrens erlassen wurde.

[2]) Dies ist allerdings bestritten, vgl. die Nachweise bei Ricker a. a. O. S. 48, der selbst annimmt, daß das ordentliche Gericht selbständig prüfen kann, ob eine Sperre überhaupt vorliegt, da das Kartellgericht darüber nicht rechtskräftig entschieden habe.

verkehrs mit einem bestimmten Außenseiter und der damit durch Kennzeichnung des zu Sperrenden erfolgten Verhängung der Sperre alsbald die Einwilligung nach § 9 einzuholen.

Milderung des inneren Kartellzwangs.

Den ausgesprochenen Zweck, eine Lockerung des Kartellgefüges, eine Verminderung der Macht des Kartells über das einzelne Mitglied, herbeizuführen, verfolgt die VO. mit zwei Vorschriften, den §§ 8 und 9. Im § 8 wird für die Kartellmitglieder ein fristloses Kündigungsrecht bei Vorliegen eines wichtigen Grundes statuiert, während § 9 für die Verwertung von Sicherheiten, welche Kartellmitglieder dem Kartell gestellt haben [1]) und für die Verhängung von Sperren oder Nachteilen von ähnlicher Bedeutung gegen Kartellmitglieder [2]) die Einwilligung des Vorsitzenden des Kartellgerichts fordert.

1. Die fristlose Kündigung aus wichtigem Grunde nach § 8 KartVO.

Schon vor Erlaß der KartVO. hatte, vor allem unter dem Einfluß der Ausführungen von Flechtheim [3]), die Überzeugung immer mehr an Boden gewonnen, daß bei jedem Kartell als notwendiges Korrelat der Kartellpflichten ein Kündigungsrecht aus wichtigem Grunde anerkannt werden müsse. Im Anschluß daran bestimmt § 8 KartVO.: Verträge und Beschlüsse der im § 1 bezeichneten Art kann jeder Beteiligte fristlos kündigen, wenn ein wichtiger Grund vorliegt [4]).

---

[1]) Siehe oben S. 43.

[2]) Nach der herrschenden Meinung und der mit ihr übereinstimmenden Rechtsprechung des Kartellgerichts und des Reichsgerichts hat allerdings § 9, soweit es sich um Sperrmaßnahmen handelt, nicht nur in Fällen des inneren Kartellzwangs gegen Kartellmitglieder Anwendung zu finden, weshalb hierüber bereits im vorigen Abschnitt gehandelt wurde, siehe auch unten S. 112 Anm. 1.

[3]) Rechtliche Organisation der Kartelle siehe unten S. 156.

[4]) Vgl. Generalbericht (Untersuchungsausschuß I, 3, 4) S. 64 ff. mit Vernehmungen.

Mit dieser Vorschrift hat sich das Kartellgericht seither bei weitem am häufigsten beschäftigt [1]), und darüber hinaus spielt die Berufung auf die Kündigungsmöglichkeit nach § 8 auch bei den Verhandlungen innerhalb der Kartelle eine nicht unbedeutende Rolle [2]).

Jedes Mitglied des Kartells kann kündigen, wenn für es ein wichtiger Grund gegeben ist. Diese Vorschrift ist zwingend [3]). Sie greift ein ohne Rücksicht auf die Rechtsform, insbesondere auch bei Kartellen in der Gestalt einer juristischen Person, eines eingetragenen Vereins oder auch einer Einheits-GmbH. [4]).

Wie das Kartellgericht in vielen Entscheidungen betont, ist sie aber erst dann zulässig, wenn der Kündigende zuvor die ihm zur Verfügung stehenden, billigerweise zumutbaren und nicht von vornherein aussichtslosen Möglichkeiten satzungsmäßiger und

---

[1]) Nach Wiedersum a. a. O. S. 24 sind bis zum 1. Januar 1930 von allen 138 Entscheidungen des Kartellgerichts 105 auf Grund des § 8 ergangen; 29mal war die Kündigung zulässig, 58mal unzulässig; 14 Anträge wurden als verspätet, 4 aus anderen Gründen zurückgewiesen. — Seit 1. Januar 1930 sind nach der Sammlung der Kartellstelle 25 Entscheidungen auf Grund von § 8 ergangen, darunter lauten 5 auf Zulässigkeit, 18 auf Unzulässigkeit der Kündigung, in 2 Fällen erfolgte Zurückweisung des Antrages. — Dabei ist zu berücksichtigen, daß der weitaus größte Teil der auf Grund des § 8 an das Kartellgericht gerichteten Anträge nicht zur Entscheidung gelangte, sondern durch Vergleich oder anderweitig erledigt wurde, siehe Friedländer JW. 1928 S. 2188 und Wiedersum a. a. O. S. 7 über das Wirken des Kartellgerichts als Gütestelle.

[2]) Allerdings ist jetzt auch nach allgemeinem Recht die Möglichkeit der Kündigung aus wichtigem Grund bei allen in Frage kommenden Rechtsformen gegeben, namentlich seit das Reichsgericht seine Stellung in der Frage der Kündigung von Nebenpflichten bei der Nebenleistungs-GmbH. geändert hat, siehe oben S. 35. In dieser Richtung bedürfte es heute der Vorschrift des § 8 nicht mehr.

[3]) E 121: das in § 8 jedem Kartellbeteiligten eingeräumte Recht der fristlosen Kündigung ist unabdingbar.

[4]) E 1, 9 siehe Klinger, Rechtsprechung S. 4 ff.; auch RGZ. Bd. 114 S. 212 (Kart.-Rdsch. 1926, 463). Bei der Gesellschaft des bürgerlichen Rechts und dem nichtrechtsfähigen Verein wird durch das Kündigungsrecht auf Grund des § 8 KartVO. eine Kündigung aus wichtigem Grund gemäß § 723 Abs. 1 S. 2 BGB. ausgeschlossen. Dagegen bleibt bei dem eingetragenen Verein das Austrittsrecht nach § 39 BGB. unberührt und ebenso auch die Auflösungsklage bei der Einheits-GmbH. gemäß § 61 GmbH.-Ges.

gesellschaftsrechtlicher Behelfe erschöpft hat, wozu auch die Anrufung eines etwa vorgesehenen Schiedsgerichts gehört [1]).

Für die Frage, wann ein wichtiger Grund vorliegt, bestimmt § 8 Abs. 2, daß eine unbillige Einschränkung der wirtschaftlichen Bewegungsfreiheit des Kündigenden immer als ein solcher anzusehen ist. Dadurch werden aber auch Gründe anderer Art nicht ausgeschlossen, wenn durch sie die Kartellbindung dem Kündigenden nicht mehr erträglich erscheint [2]).

In erster Linie ist die Frage, ob ein wichtiger Grund vorliegt, vom privatwirtschaftlichen Standpunkt des Kündigenden aus zu beurteilen, denn die Vorschrift ist, wie das Kartellgericht ausdrücklich sagt, „auf einen privatrechtlichen und -wirtschaftlichen Schutz des einzelnen Vertragschließenden gegen internen Organisationszwang abgestellt". Wenn daneben die Berücksichtigung der Bedeutung des zu kündigenden Vertrags für die Gesamtwirtschaft und das Gemeinwohl nach seiner Ansicht auch nicht von vornherein ausgeschlossen ist, so hat das Gericht die Kündigung doch auch in Fällen zugelassen, in denen eine Erhaltung des Kartells vom Standpunkt der Gesamtwirtschaft aus erwünscht war [3]). Eine Abwägung gegenüber den Interessen der anderen Kartellmitglieder, die durch das vorzeitige Ausscheiden des Kündigenden geschädigt werden, nimmt das Kartellgericht nicht vor im Gegensatz zu RGZ. Bd. 128 S. 1 ff., wo in einem nicht kartellrechtlich zu behandelnden Fall, auf Grund des allgemeinen Rechts eine Abwägung der beiderseitigen Parteiinteressen verlangt wird [4]).

---

[1]) E 119, 122, 84, 123 bei Klinger, Rechtsprechung; siehe weiter E 137, 143, 149, 152, 158, 160, 162. Vgl. auch Schreier, Aufgaben der Kartelljurisprudenz S. 122 ff.

[2]) E 3, 128, 148.

[3]) E 3, 5, 33, 129. — Allerdings wird durch die Kündigung nach § 8 keine Auflösung des Kartells herbeigeführt, vielmehr scheidet nur der Kündigende aus, siehe unten S. 107.

[4]) Siehe auch Breslauer-Tschierschky, System, Beil. Kart.-Rdsch. 1931 H. 3 S. 166. — Der Deutsche Juristentag 1928 in Salzburg hat dazu beschlossen: es ist zu bestimmen, daß das Gericht bei seiner Entscheidung einerseits die Nachteile berücksichtigen soll, die dem Kündigenden bei weiterem Verbleiben im Kartell erwachsen, andererseits die Schädigung, welche den übrigen Vertragsteilnehmern durch das vorzeitige Ausscheiden des Kündigenden entsteht.

Das Kartellgericht bekennt sich zu dem Satz pacta sunt servanda. „Der Nachdruck ist hierbei, wie das Kartellgericht wiederholt ausgesprochen hat, auf den Begriff der unbilligen Einschränkung zu legen. Auch die KartVO. hält grundsätzlich daran fest, daß Verträge gehalten werden müssen. Nur ausnahmsweise soll die vorzeitige Lösung des Kartellvertrags erlaubt sein, nämlich dann, wenn dem Mitglied das weitere Festhalten an der Kartellbindung billigerweise nicht zugemutet werden kann. Bei der Prüfung der Zumutbarkeit sind — wie das Kartellgericht ebenfalls wiederholt ausgesprochen hat — alle Umstände des Falls zu prüfen.“ [1]).

Dabei ist über die einzelnen, hauptsächlich in Frage kommenden Umstände an Hand der Rechtsprechung des Kartellgerichts [2]) folgendes zu sagen:

Die allgemeine ungünstige Wirtschaftslage bildet grundsätzlich für sich allein keinen wichtigen Grund, E 2, 4, 40, 166 (Einwirkungen einer ungünstigen Konjunktur auf den Umfang und die Gleichmäßigkeit seiner Beschäftigung muß das Mitglied als Ausgleich mit den durch das Kartell erlangten Vorteilen hinnehmen). Doch kann sie im Verein mit anderen Umständen die fristlose Kündigung rechtfertigen, E 144.

Die Konkurrenz durch Außenseiter kann nur dann von Erheblichkeit sein, wenn diese nach Gründung des Kartells so erheblich zugenommen hat, daß dem Mitglied eine weitere Bindung an die Kartellpreise und damit die Unmöglichkeit einer eigenen wirksamen Bekämpfung der Außenseiter nicht mehr zugemutet werden könnte, E 149, 158, 164 (Bedrohung in einem bei dem Beitritt nicht voraussehbaren Maß); weitere Entscheidungen bei Klinger S. 38/9.

Als in dem Kartell liegende Gründe kommen insbesondere in Betracht [3]): Überspannung des Organisationszwangs, verfehlte Kartellpolitik [4]), mangelnde Anpassungsfähigkeit an die veränderte Wirtschaftslage, Nichterreichung des Kartellzwecks,

---

1) E 137.
2) Vgl. allgemein Klinger a. a. O. S. 23 ff.
3) Über die Einzelheiten s. Klinger.
4) E 148: eine nur ausnahmsweise und nur vorübergehende Lockerung der Preispolitik bildet keinen Kündigungsgrund.

unterschiedliche Behandlung der Mitglieder, Änderung des Kartellvertrags (E 2), Verschiebung der Machtverhältnisse innerhalb des Kartells, insbesondere durch Konzernbildung [1]), Erschütterung der Verbandsdisziplin (vereinzelte Verstöße einzelner Mitglieder reichen nicht aus), Auftreten eines neuen Wettbewerbers aus dem Kreis der Mitglieder [2]).

Was schließlich die Veränderung bei dem Kündigenden selbst anlangt, so reicht eine vorübergehende wirtschaftliche Bedrängnis nicht aus, wohl aber bedeutet die Gefährdung der wirtschaftlichen Existenz an sich schon einen wichtigen Grund, s. E 166, 167, 168.

Die Kündigung ist eine empfangsbedürftige Willenserklärung. Sie bedarf keiner besonderen Form, und es ist auch nicht nötig, daß darin auf den § 8 Bezug genommen wird [3]). Das Kartellgericht verlangt aber doch in ständiger Rechtsprechung den unzweideutigen Ausdruck des Willens, das Kartellverhältnis mit sofortiger Wirkung zur Auflösung zu bringen [4]).

Die Kündigung wirkt von dem Zeitpunkt ihres Zugehens an, falls sie überhaupt wirksam ist. Dies ist sie stets, wenn nicht innerhalb einer Frist von zwei Wochen nach dem Zugang der Kündigung bei dem Kartellgericht der Antrag gestellt ist, über die Wirksamkeit der Kündigung zu entscheiden (§ 8 Abs. 2 S. 2 u. 3). Ist dieser Antrag rechtzeitig gestellt, so hängt die Wirksamkeit der Kündigung davon ab, daß das Kartellgericht sie für zulässig erklärt. Fällt diese Entscheidung bejahend aus, so wirkt die

---

[1]) E 12, 9; andererseits auch E 158: Dabei übersieht die Antragsgegnerin, daß sie sich durch den Beitritt zum Syndikat selbst freiwillig in die Lage gebracht hat, als kleiner Betrieb drei übermächtigen Werken gegenüber gestellt zu sein. Grund zur Beschwerde hätte sie deshalb nur, wenn die großen Werke ihre Macht mißbrauchen. — Siehe auch Friedländer, Konzernrecht S. 350 ff., Rosendorff, Rechtl. Organ. der Konzerne S. 47 ff.

[2]) E 100, siehe aber auch E 164: die Verfolgung eigner privatwirtschaftlicher Interessen muß, sofern sie den übernommenen Vertragspflichten nicht zuwiderläuft, jedem Kartellmitglied schon im Hinblick auf die ungewisse Dauer dieser Organisation freistehen.

[3]) So auch RGZ. Bd. 114 S. 262; Kart.-Rdsch. 1926, 100 und 466.

[4]) E 144, 153 (wonach das Ersuchen an den Verband, den Kündigenden als Mitglied zu streichen und ihm seinen unterm ... übermittelten Austritt zu bestätigen, als unbedingte unzweideutige fristlose Kündigung im Sinne des § 8 erscheint). — Der Salzburger Juristentag verlangte schriftliche Form.

Kündigung von ihrem Zugehen an. Es hat also diese Entscheidung deklaratorische Bedeutung [1]), so E 1, RGZ. Bd. 114, 327 und 128, 1 ff. (Kart.-Rdsch. 1930, 268 ff.).

Das Kartellgericht entscheidet nur über die Zulässigkeit der Kündigung [2]). Welches die Wirkungen der für zulässig erklärten Kündigung sind, ist nach allgemeinem Recht zu beurteilen, und es sind für die Entscheidung dieser Frage die ordentlichen Gerichte zuständig. Bei einer Gesellschaft des bürgerlichen Rechts führt zwar im allgemeinen eine Kündigung die Auflösung der Gesellschaft herbei, doch ist hier, auch wenn keine ausdrückliche Vereinbarung gemäß § 737 BGB. vorliegt, bei Kartellen regelmäßig als stillschweigend gewollt anzunehmen, daß nur der Kündigende ausscheidet und die Gesellschaft unter den übrigen Gesellschaftern weiter besteht [3]).

Entsprechend scheidet bei der Doppelgesellschaft das kündigende Mitglied aus der Gesellschaft des bürgerlichen Rechts aus, wobei es nach dem Kartellvertrag (gegebenenfalls auch stillschweigend gewollt) die Verpflichtung hat, seine Aktien oder seinen Geschäftsanteil an die Verkaufsstelle abzutreten, und ihm andererseits auch ein Recht zusteht auf Abnahme derselben [4]). Bei dem rechtsfähigen und dem nichtrechtsfähigen Verein wirkt die zulässige Kündigung nach § 8 als Austrittserklärung, so daß nur der Kündigende ausscheidet.

Schwierigkeiten ergeben sich bei der Einheits-GmbH. Für diesen Fall hat das Kartellgericht mit Nachdruck den Standpunkt vertreten, daß durch die Kündigung nach § 8 nur eine Befreiung des Kündigenden von den typischen Kartellbindungen und -verpflichtungen herbeigeführt werde [5]), wobei die GmbH. und der zugrunde liegende Gesellschaftsvertrag von der Kündigung rechtlich unberührt geblieben seien. Die Frage, wie sich das Verhältnis der auf Grund der Kündigung ausscheidenden Kartellmitglieder zu der GmbH. gestalte, sei nicht nach der KartVO. und nicht vom

[1]) Der Salzburger Juristentag hat sich für konstitutive Wirkung der Entscheidung ausgesprochen.

[2]) Wegen Schadensersatzanspruch bei Unzulässigkeit siehe Flechtheim, Rechtl. Organ. S. 45, Blum Grundzüge S. 109.

[3]) Siehe oben S. 41 Anm. 2.

[4]) Siehe oben S. 40.

[5]) Siehe Klinger a. a. O. S. 22, Rider a. a. O. S. 20 Anm. 3.

Kartellgericht, sondern nach Maßgabe des bürgerlichen Rechts bzw. GmbH.-Ges. von den ordentlichen Gerichten zu entscheiden, E 9, 45. Das Reichsgericht hat in RGZ. Bd. 114 S. 212 an seiner in RGZ. Bd. 108 S. 20 ff. ausgesprochenen Ansicht festgehalten, daß nach dem Aufbau des ganzen, gesellschaftliche Organisation und Kartellvertrag umfassenden Rechtsverhältnisses die Zugehörigkeit zu der GmbH. ohne die Kartell- (Nebenleistungs-) Pflichten nicht möglich sei. Es hält die Fortdauer der Mitgliedschaft bei der gesellschaftlichen Organisation (der GmbH.) für nicht vereinbar mit dem Erlöschen der Kartellpflichten. Es nimmt allerdings nicht an, daß die Kündigung auf Grund des § 8 die Auflösung der GmbH. herbeiführe [1]). Es hält vielmehr für die angemessenste Lösung, wenn nur das kündigende Mitglied aus der GmbH. ausscheidet. Zwar erscheint ein automatisches Ausscheiden wegen der Eigenart der Gesellschaftsform der GmbH. ausgeschlossen. Aber es tritt zugleich mit der Befreiung von den Kartellpflichten auch ein Ruhen der Mitgliedschaftsrechte und -pflichten bei der gesellschaftlichen Organisation ein. Der Kündigende nimmt an den durch die Mitgliedschaft der GmbH. bedingten, vermögensrechtlichen Vergünstigungen nicht weiter teil und darf z. B. ein von der GmbH. erworbenes Patent, dessen Benutzung sie ihren Mitgliedern überlassen hat, nicht mehr benutzen. Die Gesellschaft kann dann unter entsprechender Anwendung des § 34 GmbH.-Ges. den Geschäftsanteil des Kündigenden einziehen gegen Leistung eines entsprechenden Entgelts [2]). Den gleichen Standpunkt vertritt RGZ. Bd. 125 S. 114 ff. (JW. 1929 S. 2600 mit Bem. von Nord), wo noch das Recht des Kündigenden anerkannt wird, durch Klage nach § 61 GmbH.-Ges. die Auflösung der Gesellschaft herbeizuführen, falls die Einziehung grundlos hinausgeschoben wird [3]). In RGZ. Bd. 128 S. 1 ff. wird gesagt, daß für die Kartell-GmbH. anerkannt sei, daß hier bezüglich der Kartellbindungen, aber auch nur bezüglich ihrer, das Kündigungsrecht des § 8 KartVO. Platz greife, und es wird auf RGZ.

---

[1]) So Hachenburg [5], Erl. zu § 3 Anm. 11a.

[2]) Flechtheim tritt daneben für ein Erwerbsrecht für Rechnung der Gesellschaft oder der übrigen Gesellschafter ein, Kart.-Rdsch. 1927 S. 57 ff., JW. 1927 S. 123 [23].

[3]) Vgl. Feine-Ehrenberg Hdb. 3. Bd. 3. Abt. S. 351, 355 ff.

Bd. 114 S. 212 und Bd. 125 S. 114 ff. dafür verwiesen, wie das Kündigungsrecht aus § 8 letzten Endes auch zur Lösung des gesellschaftlichen Bandes als solchen zwischen der Gesellschaft und dem Kündigenden führe [1]).

Nach § 9 Abs. 7 KartVO. sind Vereinbarungen, die an die Kündigung Nachteile knüpfen, im Fall des § 8 dem Kündigenden gegenüber unwirksam. Es würde hierunter z. B. fallen eine Bestimmung der Satzung, wonach bei der Einheits-GmbH. das kündigende Mitglied seinen Geschäftsanteil unentgeltlich abzutreten verpflichtet sein soll, ebenso auch die Vereinbarung einer Vertragsstrafe für den Fall der Kündigung. Dagegen steht z. B. kein an die Kündigung vertraglich geknüpfter Nachteil in Frage, wenn das infolge der Kündigung ausscheidende Mitglied nun auch nicht mehr das von der Kartell-GmbH. erworbene Patent, dessen Benutzung diese ihren Gesellschaftern überlassen hat, weiter benutzen darf; es greift deshalb § 9 Abs. 7 hier nicht ein, RGZ. Bd. 114 S. 212 ff. Da das wirksam kündigende Mitglied mit seinem Ausscheiden zum Außenseiter wird, treffen es nunmehr auch die Wirkungen eines Ausschließlichkeitsvertrages, den das Kartell mit Lieferanten- oder Abnehmerverbänden geschlossen hat, ebenso wie die von bestehenden Treurabattverträgen des Kartells mit Abnehmern. Richtiger Ansicht nach findet auch hier § 9 Abs. 7 keine Anwendung [2]), vielmehr ist § 9 Abs. 1 heranzuziehen, wonach hier eine Sperre oder sperrähnliche Maßnahme -- wie gegenüber einem anderen Außenseiter — in Frage steht, vor deren „Verhängung" die Einwilligung des Vorsitzenden des Kartellgerichts einzuholen ist [3]).

Auch einzelne, gültig gefaßte [4]) Beschlüsse können nach § 8

---

[1]) JW. 1930 S. 2684 Bem. von Kisselstein und Roth.

[2]) Für die Anwendung dieser Bestimmung das Gutachten des Vorsitzenden des Kartellgerichts vom 16. September 1925 (Nr. 24 der Sammlung der Kartellstelle, Kart.-Rdsch. 1925 S. 502 ff.).

[3]) So Blum, Kart.-Rdsch. 1926 S. 82 ff.; siehe auch Gutachten der Kartellstelle und der Industrie- und Handelskammer zu Berlin in Kart.-Rdsch. 1925 S. 507 ff.

[4]) Aber keine Befreiung von der Bindung an künftige Beschlüsse, E 6, Klinger a. a. O. S. 45.

gekündigt werden, wenn sie Bindungen der in § 1 bezeichneten Art enthalten [1]). Die Wirkung der Kündigung ist, daß der Beschluß den Kündigenden nicht mehr bindet, während er für die übrigen Mitglieder wirksam bleibt [2]).

Der Antrag an das Kartellgericht auf Entscheidung über die Zulässigkeit der Kündigung kann nach § 8 Abs. 2 S. 1 von einem Beteiligten gestellt werden. In aller Regel ist es das Kartell, das beantragt, die ihm zugegangene Kündigung für unzulässig zu erklären. Nach der Meinung des Kartellgerichts kann aber auch das kündigende Mitglied selbst mit dem gegenteiligen Antrag das Verfahren veranlassen [3]).

Die Entscheidung hat sich lediglich auf die Frage zu erstrecken, ob die Kündigung zulässig ist oder nicht. Ergeht eine Entscheidung, welche die Zulässigkeit der Kündigung wegen eines wichtigen Grundes bejaht, so kann nicht etwa der dabei mit seinem Antrag auf Unzulässigkeitserklärung unterlegene Verband in einer Klage vor dem ordentlichen Gericht geltend machen, daß doch kein wichtiger Grund vorgelegen habe, oder daß das Kartellgericht für die Entscheidung unzuständig gewesen sei, weil kein Kartellvertrag im Sinne des § 1 KartVO. vorliege [4]). Im übrigen erwächst die Stellungnahme des Kartellgerichts zu der Frage, ob überhaupt ein Vertrag oder Beschluß im Sinne des § 1 KartVO. vorliegt [5]), als Festellung bei Prüfung einer Vorfrage ebensowenig in Rechtskraft, wie sein Ausspruch über eine etwaige

---

[1]) Vgl. z. B. E 95, 133. — Bedenken hiergegen Generalbericht des Untersuchungsausschusses S. 66.

[2]) Über die Möglichkeit eines Ausschlusses des den Beschluß Kündigenden siehe Blum, Grundzüge S. 116.

[3]) E 93. — Gegen das Antragsrecht des Kündigenden aber mit Recht z. B. Goldbaum S. 126; Blum, Kart.-Rdsch. 1927 S. 610. — Über die Zulassung eines anderen Kartellmitglieds als Beteiligten siehe E 164.

[4]) Isay-Tschierschky S. 379 ff., Kart.-Rdsch. 1925 S. 189.

[5]) So in den Entscheidungen, in denen der Antrag als verspätet, wegen Nichteinhaltung der Frist des § 8 Abs. 3 S. 2 zurückgewiesen wird, siehe E 21, 90, 93, 121, 153 und dazu Blum, Kart.-Rdsch. 1927 S. 610; ferner in den Fällen, in denen Zurückweisung wegen Unzustän-

Nichtigkeit des Vertrags und Beschlusses wegen Mangels der Schriftform nach § 1 KarVO.[1]) oder wegen Verstoßes gegen die guten Sitten [2]) oder aus einem sonstigen Grund nach allgemeinem Recht [3]).

Bestritten ist die Zuständigkeit für die Entscheidung über die Frage, ob eine Kündigung auf Grund von § 8 Abs. 3 wirksam ist, weil nicht innerhalb der zweiwöchigen Frist ein Antrag auf Unzulässigkeitserklärung gestellt wurde. Mit RGZ. Bd. 114 S. 328 und dem Kartellgericht in E 93 wird man sich für die Zuständigkeit der ordentlichen Gerichte entscheiden müssen [4]).

Eine Wiedereinsetzung in den vorigen Stand bei Versäumung der Frist des § 8 Abs. 3 S. 2 hat das Kartellgericht abgelehnt in E 50 und E 121; s. dazu auch Ricker a. a. O. S. 52.

---

digkeit des Kartellgerichts erfolgt, weil keine kartellmäßige Bindungen bestehen, so E 66, 150 und dazu Isay-Tschierschky S. 380.

Vgl. im allgemeinen Ricker a. a. O. S. 18 ff. Ferner auch RGZ. Bd. 128, 1 ff. (Kart.-Rdsch. 1930 S. 268): darüber, ob überhaupt kartellrechtliche Bindungen vorliegen, haben als Vorfrage bei der Entscheidung über die Feststellungswiederklage die Gerichte zu befinden, während im übrigen die Frage der Wirksamkeit der Kündigung, soweit § 8 KartVO. in Betracht kommt, der ausschließlichen Zuständigkeit des Kartellgerichts unterfällt; auch KamG. in Kart.-Rdsch. 1930 S. 36: Das ordentliche Gericht muß, jedenfalls solange eine Entscheidung des Kartellgerichts nicht vorliegt, für zuständig erachtet werden, die Frage zu prüfen, ob der gekündigte Vertrag oder Beschluß überhaupt den Charakter eines Kartells hat, Isay-Tschierschky, § 12 Anm. 4.

[1]) Siehe E 19, siehe oben S. 72 Anm. 1.

[2]) E 32, siehe oben S. 70 Anm. 2.

[3]) Mitunter enthält sich das Kartellgericht einer Äußerung zu einer solchen Vorfrage. So läßt es in E 86 dahingestellt, ob die Kündigende überhaupt Mitglied geworden ist, oder ob sich dagegen Bedenken aus den §§ 71, 73 BG. ergeben, da diese Frage ohne Rechtsnachteile für die Beteiligten im vorliegenden Verfahren auf sich beruhen kann; siehe auch E 95, wo das Gericht die Frage der Nichtigkeit des gekündigten Beschlusses dahingestellt läßt. — Vgl. dazu Walter, Kart.-Rdsch. 1930 S. 751.

[4]) So auch Goldbaum S. 127, Jacusiel, Kart.-Rdsch. 1927 S. 607 ff.; anderer Ansicht: Flechtheim. JW. 1926 S. 2915; ebenda 1927. 1080; Holländer, ZBH. 1927 S. 364; Blum, Kart.-Rdsch. 1927 S. 610; Ricker a. a. O. S. 21 Anm. 47 ff.

2. Die Präventivzensur bei der Verwertung von Sicherheiten nach § 9 Abs. 1 KartVO.[1])

Durch die Stellung von Sicherheiten, namentlich Hinterlegung von Wechseln oder Verpflichtungsscheinen, von seiten der Kartellmitglieder für die Erfüllung ihrer Verbindlichkeiten gegenüber dem Kartell, insbesondere für die Entrichtung eventuell zu verhängender Strafen[2]), kann die Kartelleitung in die Lage versetzt werden, angebliche Ansprüche gegen ein Mitglied durch Verwertung dieser Sicherheiten durchzusetzen, ohne daß eine sachliche Prüfung durch das ordentliche Gericht oder das vereinbarte Schiedsgericht stattfindet[3]). Um diese Macht des Kartells über seine Mitglieder einzuschränken, ordnet § 9 Abs. 1 an, daß es zu der Verwertung von Sicherheiten auf Grund von Verträgen oder Beschlüssen der in § 1 bezeichneten Art der Einwilligung des Vorsitzenden des Kartellgerichts bedarf. Unter den Entscheidungen des Kartellgerichts befinden sich drei, welche in dieses Gebiet gehören. So wird in E 89 die Einwilligung in die Verwertung von Solawechseln erteilt, da eine Gefährdung der Gesamtwirtschaft bzw. des Gemeinwohls oder eine unbillige Einschränkung der wirtschaftlichen Bewegungsfreiheit des Mitglieds (§ 9 Abs. 2) nicht in Frage kam. Die Erteilung der Einwilligung zur Ver-

---

[1]) Wegen der in § 9 Abs. 1 weiter noch statuierten Präventivzensur bei Verhängung von Sperren und sperrähnlichen Nachteilen gegen Kartellmitglieder siehe oben S. 82. Sperren gegen Mitglieder als Maßnahmen des inneren Kartellzwangs begegnen in E 82 (zulässig nur bei gleichmäßiger Behandlung der Kartellmitglieder hinsichtlich der Sperrverhängung), E 131.

[2]) Siehe oben S. 43.

[3]) Staffel, Anm. 1 zu § 9, gibt zwar zunächst zu, daß die Ausdrucksweise „Verwertung von Sicherheiten" darauf hinzudeuten scheine, daß nur solche Sicherheiten in Frage kämen, die der Kartellverband im Falle der Verletzung von Kartellpflichten durch die Mitglieder ohne weiteres, d. h. ohne richterliche Entscheidung, realisieren könne. Er tritt aber doch für eine viel weitere Auslegung ein, wonach auch die Geltendmachung von Bürgschaften, ja sogar die Einforderung von Vertragsstrafen als einwilligungsbedürftig erscheinen. Das ist abzulehnen. — Vgl. Isay-Tschierschky S. 293 ff. und allgemein auch Luley a. a. O. S. 19 ff., dem aber nicht zuzustimmen ist, wenn er auch die Aufrechnung seitens eines Kartells mit dem ihm gegen ein Mitglied zustehenden Strafanspruch gegen dessen Guthaben beim Kartell und die Geltendmachung eines Zurückbehaltungsrechts für einwilligungsbedürftig hält.

wertung eines Verpflichtungsscheins begegnet in E 87, wo betont wird, daß die materiellrechtliche Frage, ob der von dem Kartell erhobene Anspruch auf Bezahlung einer durch den Verpflichtungsschein gesicherten Vertragsstrafe begründet sei, zur Zuständigkeit der ordentlichen Gerichte gehöre. In E 156 wird die Einwilligung in die Verwertung von Sichtwechseln verweigert, weil das Schiedsverfahren, in dem über die verhängte Strafe zu entscheiden sein würde, zwar nach der Rechtsprechung des Reichsgerichts als zulässig anzusehen wäre, aber die Besetzung des Schiedsgerichts die Gefahr einer parteiischen Rechtsprechung biete [1]).

Im übrigen kann auf die Ausführungen über die Präventivzensur bei der Verhängung von Sperrmaßnahmen [2]) verwiesen werden [3]).

Das Kartellgericht.

Gleichzeitig mit der Einführung der Kartellaufsicht, die in der Hauptsache in den Händen des Reichswirtschaftsministers und des Reichsministers für Ernährung und Landwirtschaft liegt [4]), wurde in der KartVO. das Kartellgericht neu geschaffen [5]) Es ist zwar dem Reichswirtschaftsgericht verwaltungsmäßig angegliedert (§ 11 Abs. 1 S. 1), aber doch eine selbständige Behörde [6]).

Sein Wesen ist bestritten wegen der Verschiedenheit der ihm übertragenen Aufgaben [7]), doch wird es allgemein als Verwaltungssondergericht betrachtet [8]).

---

1) Siehe oben S. 45 Anm. 3.

2) Siehe S. 81 ff.

3) Wegen Rückgewähr der Sicherheiten im Falle der Kündigung nach § 4 Abs. 1 Ziff. 2 bzw. § 8 siehe § 9 Abs. 6.

4) § 16 KartVO. und oben S. 73.

5) §§ 11—13, vgl. Klinger, Die Zuständigkeitsgebiete des Reichswirtschaftsgerichts und des Kartellgerichts, 3. Aufl. 1924, Graß, Die Kartellgerichtsbarkeit, 1928.

6) Beschluß des KartG. vom 3. März 1924, E 10, Kart.-Rdsch. 1924 S. 82: Das KartG. ist kein Senat des RWG., sondern ein selbständiges Organ der Rechtspflege.

7) Vgl. Jacusiel, Lpz. Z., 1924, S. 680: Verwaltungsgericht, soweit es Angelegenheiten des öffentlichen Rechts, Sondergericht, soweit es privatrechtliche Streitigkeiten erledigt.

8) Siehe Huber, Das Wesen des KartG., Kart.-Rdsch. 1930 S. 636 ff. mit Literaturnachweisen, auch Generalbericht des Enquete-

Das Kartellgericht entscheidet in einer Besetzung von fünf Mitgliedern, einem Vorsitzenden und vier Beisitzern [1]) (§ 11 Abs. 1). Der Vorsitzende und sein Stellvertreter werden vom Reichspräsidenten bestellt und müssen die Fähigkeit zum Richteramt besitzen. Die Beisitzer werden von dem Präsidenten des Reichswirtschaftsgerichts bestimmt. Sie brauchen nicht die Fähigkeit zum Richteramt zu haben. Dies gilt auch von dem Reichswirtschaftsgerichtsrat, der sich unter den Beisitzern befinden muß. Zwei weitere Beisitzer sind unter Berücksichtigung der widerstreitenden wirtschaftlichen Belange einzuberufen [2]). Der vierte, „neutrale" Beisitzer soll eine sachkundige Persönlichkeit sein, von der erwartet werden darf, daß sie die Belange des Gemeinwohls unabhängig von den widerstreitenden wirtschaftlichen Belangen vertreten wird. Die drei letzteren Beisitzer werden von Fall zu Fall aus Listen genommen, die der RWM. aufstellt.

Das Verfahren, für das der Amtsbetrieb gilt [3]), ist auf Grund des § 22 KartVO. geregelt in der Verordnung über das Verfahren vor dem Kartellgericht vom 2. November 1923. Diese enthält neben Bestimmungen über Gebühren, Tragung von Kosten und Vorschußleistung (§§ 3—5) nur die Vorschrift, daß die Entscheidung des Kartellgerichts durch Beschluß erfolgt und daß vor der Entscheidung die Beteiligten zu hören sind (§ 2), während

---

Ausschusses (Kartellpolitik) S. 71/2. — Huber betont mit Recht, daß das KartG. nur in einem Fall, nämlich bei der Entscheidung über die Zulässigkeit der Kündigung nach § 8 wirkliche Gerichtsbarkeit, und zwar Zivilgerichtsbarkeit, ausübt, während es sich im übrigen nicht um die Entscheidung verwaltungsrechtlicher Streitigkeiten, sondern um Verwaltungsanordnungen handelt. — Vgl. auch Arndt, Kart.-Rdsch. 1925 S. 671 f., der annimmt, daß das KartG. stets (auch im Falle des § 8) nicht als Gericht, sondern als Verwaltungsbehörde fungiert.

[1]) Soweit nicht nach § 13 der Vorsitzende allein entscheidet; siehe auch unten S. 123 und 128.

[2]) Bedenken gegen die sogenannten Interessentenbeisitzer namentlich bei Isay-Tschierschky S. 363, auch Isay im Sitzungsbericht des Großen Ausschusses der Kartellstelle vom 10. April 1930 (Schriften der Kartellstelle Nr. 7) S. 27; ferner Generalbericht des Enquete-Ausschusses (Kartellpolitik) S. 76/7; weiter aber auch Lucas, Vernehmung vor Enquete-Ausschuß, S. 567 ff.

[3]) Siehe E 169. — Über aktive und passive Parteifähigkeit der Kartelle, ohne Rücksicht auf ihre Rechtsform vor dem KartG., siehe Isay-Tschierschky, Einleitung § 30.

im übrigen die allgemeinen Vorschriften über das Verfahren vor dem Reichswirtschaftsgericht für anwendbar erklärt werden (§ 1)[1]).

Die Zuständigkeit des Kartellgerichts ist eine sehr beschränkte. Sie besteht nur für diejenigen Entscheidungen, die ihm durch die KartVO. ausdrücklich übertragen worden sind, nämlich[2]):

1. Nach § 4 Abs. 1 Z. 1 und § 7 auf Antrag des RWM. über Nichtigkeitserklärung, Untersagung der Durchführung, Anordnung eines Kündigungs- oder Rücktrittsrechts und Aufhebung dieser Anordnung.
2. Nach § 8 Abs. 3 auf Antrag eines Beteiligten über die Zulässigkeit einer Kündigung aus wichtigem Grund.
3. Nach § 9 Abs. 5 auf Antrag eines Beteiligten über die von dem Vorsitzenden ausgesprochene Erteilung oder Versagung der Einwilligung zur Verwertung von Sicherheiten und zu einer Sperrmaßnahme.
4. Nach § 10 auf Antrag des RWM. über die Ermächtigung zum Rücktritt bei Anwendung von Geschäftsbedingungen und Arten der Preisfestsetzung.
5. Nach § 17 auf Antrag des RWM. über Verhängung von Ordnungsstrafen.

Der Vorsitzende des Kartellgerichts ist zuständig für die Einwilligung zur Verwertung von Sicherheiten und Verhängung von Sperrmaßnahmen, § 9 Abs. 1[3]).

Für alle Rechtsstreitigkeiten, die sonst aus der Anwendung der KartVO. sich ergeben und zivilrechtlicher Natur sind, ist die

[1]) Die VO. über das Verfahren vor dem Kartellgericht und die VO. über das Reichswirtschaftsgericht vom 21. Mai 1920 sind z. B. abgedruckt bei Goldbaum, Kartellrecht und Kartellgericht, S. 205 ff., Isay-Tschierschky S. 405 ff., 419 ff. — Über Gütetermine siehe Wiedersum in Schriften der Kartellstelle Nr. 7 (vor. S. Anm. 2) S. 7; auch E 165.

[2]) Siehe im einzelnen Ricker, Die Stellung des § 12 usw., S. 9 ff. — Über die Verhängung von Ordnungsstrafen durch den Vorsitzenden des Kartellgerichts oder seinen Vertreter nach § 5 der Kart-NotVO. und § 10 der VO. vom 8. Dezember 1931 siehe unten S. 123 und S. 128.

[3]) Siehe auch wegen der Kart.-NotVO. und der VO. vom 8. Dezember 1931 die vorige Anm. — Über gutachtliche Äußerungen des KartG. oder des Vorsitzenden über Fragen, die vom RWM. vorgelegt werden siehe § 20 KartVO. und Ricker a. a. O. S. 38/9. — Vgl. auch die Übergangsvorschrift § 21.

Zuständigkeit der ordentlichen Gerichte bzw. des vereinbarten Schiedsgerichts gegeben.

Dies gilt z. B. für die Entscheidung, die feststellt, ob ein Vertrag ein Kartellvertrag im Sinne § 1 Kart.VO. ist [1]; weiter für die Entscheidung über Nichtigkeit von Verträgen oder Beschlüssen auf Grund von §§ 1, 2, 3 KartVO., über die zivilrechtlichen Wirkungen von Entscheidungen des Kartellgerichts gemäß §§ 4, 7, 10 KartVO., über die Rechtsfolgen einer für zulässig oder für unzulässig erklärten Kündigung nach § 8 KartVO. [2], über das Vorliegen einer Sperre nach § 9 und deren zivilrechtliche Wirkungen [3], über die Rechtmäßigkeit der Verhängung einer Vertragsstrafe [4].

Die Zuständigkeit des Kartellgerichts ist ausschließlich (§ 12 Abs. 1): der Rechtsweg ist insoweit unzulässig. Das Kartellgericht entscheidet in erster und einziger Instanz. Seine Entscheidungen sind endgültig, mit Rechtsmitteln nicht anfechtbar [5]. Sie sind bindend für Gerichte und Schiedsgerichte, auch soweit sie die Frage der Zuständigkeit des Kartellgerichts betreffen (§ 12 Abs. 2). Hat das Kartellgericht z. B. auf einen Antrag die Zulässigkeit einer Kündigung gemäß § 8 ausgesprochen unter Bejahung seiner Zuständigkeit, weil ein Kartellvertrag im Sinne § 1 KartVO. vorliege, so erwächst diese Entscheidung in Rechtskraft [6]. Solange aber das Kartellgericht noch nicht über seine Zuständigkeit entschieden hat, steht es den ordentlichen Gerichten frei, selbst darüber zu erkennen, ob im Einzelfall ein Kartellvertrag im Sinne § 1 KartVO. vorliegt [7].

---

[1] Vgl. RGZ. Bd. 128, 1 ff. (Kart.-Rdsch. 1930 S. 262), Klinger a. a. O. S. 12, Ricker a. a. O. S. 8, 16.

[2] Siehe Ricker S. 20.

[3] Siehe Ricker S. 24, 32, 48.

[4] Siehe oben S. 113, E 87.

[5] Siehe Ricker S. 49. — Über Bedenken gegen das Kartell-Gericht als einzige Instanz und Vorschläge de lege ferenda siehe Generalbericht des Enquete-Ausschusses S. 72 ff., weiter auch den Beschluß des Salzburger Juristentags von 1928.

[6] Siehe oben S. 110.

[7] Über die große Rechtsunsicherheit hinsichtlich der Abgrenzung der Zuständigkeit und die Dringlichkeit einer Reform siehe Ricker S. 43 ff.

Nach § 12 Abs. 3 S. 1 hat das ordentliche Gericht, falls die Entscheidung eines Rechtsstreites ganz oder zum Teil von einer Feststellung abhängt, für welche das Kartellgericht zuständig ist [1]), von Amts wegen die Verhandlung bis zur Entscheidung des Kartellgerichts auszusetzen. Es darf also nicht einmal inzidenter über diese Frage befinden. Regelmäßig wird aber von seiten einer Partei der Antrag auf Aussetzung des Verfahrens gestellt werden, worauf dann das Gericht bei der Aussetzung sogleich der Antragstellerin eine Frist für die Anrufung des Kartellgerichts setzen wird.

Die Aussetzung hat stattzufinden [2]),

1. wenn glaubhaft gemacht wird, daß Grund für eine Nichtigkeits- oder Untersagungsklage nach § 4 Z. 1, § 7 Abs. 1 S. 1 gegeben ist,
2. zur Herbeiführung einer Entscheidung des Kartellgerichts darüber, ob und inwieweit die von ihm ausgesprochene Nichtigkeit eines Teils des Kartellvertrags oder -beschlusses die Nichtigkeit anderer Teile desselben nach sich zieht (§ 7 Abs. 2 [3]),
3. wenn geltend gemacht wird, daß eine Kündigung nach § 8 KartVO. stattgefunden habe, aber auch behauptet wird, daß rechtzeitig Antrag auf Unzulässigkeitserklärung bei dem Kartellgericht gestellt sei [4]).
4. zur Entscheidung über die Frage, ob eine Sperrmaßnahme die Gesamtwirtschaft oder das Gemeinwohl gefährdet oder die wirtschaftliche Bewegungsfreiheit des Gesperrten unbillig eingeschränkt (§ 9) [5]),

---

[1]) d. h. von einer, in seine Zuständigkeit fallenden Entscheidung des KartG., siehe OLG. Dresden vom 27. Januar 1928, Kart.-Rdsch. 1928 S. 157; siehe auch alsbald im Text.

[2]) Siehe dazu Ricker S. 55 ff., auch über die abweichenden Ansichten im Schrifttum und die einschlägigen Entscheidungen der ordentlichen Gerichte.

[3]) Dies ist nach Isay-Tschierschky S. 383 ff. der einzige Fall, in dem eine Aussetzung stattzufinden hat; er ist nicht praktisch geworden.

[4]) Siehe Ricker S. 61 ff., vor allem auch S. 64 ff., 73 über die Zulässigkeit des Erlasses einer einstweiligen Verfügung durch das ordentliche Gericht.

[5]) Das Nähere bei Ricker S. 67 ff.

5. wenn das Vorhandensein der Voraussetzungen für ein Angehen des Kartellgerichts nach § 10 glaubhaft gemacht ist [1]).

Hat die Aussetzung im Hinblick auf §§ 4 oder 10 KartVO. stattgefunden, so wird zunächst die Partei, welche die Aussetzung des Verfahrens veranlaßt hat, versuchen, den RWM. durch ein Gesuch zur Stellung eines Antrags beim Kartellgericht zu bewegen, hat dies keinen Erfolg, so steht dem Prozeßbeteiligten nach § 12 Abs. 3 S. 2 ein selbständiges Antragsrecht zu [2]).

Bei der Abgrenzung der Zuständigkeit des Kartellgerichts gegenüber der der ordentlichen Gerichte ergeben sich in der Praxis sehr große Schwierigkeiten [3]). Die so entstehende Rechtsunsicherheit wird noch dadurch gesteigert, daß über Fragen von erheblicher Tragweite voneinander abweichende Entscheidungen des Kartellgerichts und der ordentlichen Gerichte, insbesondere des Reichsgerichts, ergangen sind. So besteht eine Meinungsverschiedenheit hinsichtlich des grundlegenden Kartellbegriffs der KartVO. [4]). Die Auffassungen darüber, was ein Nachteil von ähnlicher Bedeutung im Sinne des § 9 Kart.VO. ist, gehen auseinander [5]), und das gleiche gilt wohl auch hinsichtlich der Frage, ob die KartVO. auf Reversverträge anwendbar ist [6]). In der Frage der Preisschleuderei bei Markenwaren ist es zu einem offenen Konflikt gekommen [7]).

Aus dieser Sachlage erklärt sich der Beschluß des 35. Deutschen Juristentags [8]), wonach für die privatrechtlichen Kartellstreitigkeiten unter Aufhebung der besonderen Kartellgerichtsbarkeit die ordentlichen Gerichte zuständig sein sollen.

---

[1]) Siehe auch den Beschluß des OLG. Dresden in Kart.-Rdsch. 1928 S. 157 mit Bem. von Isay.

[2]) Siehe dazu oben S. 80, auch über die schweren Bedenken gegen die sog. Popularklage; vgl. weiter Ricker S. 26 ff.; Klinger S. 66 und die dort mitgeteilte E 134.

[3]) Vgl. oben S. 116 bei Anm. 7.

[4]) Siehe oben S. 62.

[5]) Siehe oben S. 85, auch S. 92 Anm. 1. Vgl. auch wegen der Abwägung der beiderseitigen Parteiinteressen bei der Frage nach dem Vorliegen eines wichtigen Grundes oben S. 104.

[6]) Siehe oben S. 67 Anm. 3.

[7]) Siehe Ricker a. a. O. S. 25/6, 28.

[8]) Verhandlungen des 35. Deutschen Juristentags in Salzburg 1928, 2. Bd., S. 850/1, ferner R. Isay (und Nipperdey), Reform des Kartellrechts (Referat), S. 33.

2. Abschnitt.

Die kartellrechtlichen Vorschriften der Notverordnungen.

Wie bereits oben S. 56 angegeben, handelt es sich um die Kartellnotverordnung vom 26. Juli 1930, die Ausführungsverordnung zu dieser vom 30. August 1930, die Markenwarenverordnung vom 16. Januar 1931 und die Preissenkungsverordnung der vierten Notverordnung vom 8. Dezember 1931.

Diese Notverordnungen haben die grundsätzliche Zulässigkeit von Kartellen und die Wirksamkeit von Kartellbindungen nicht beseitigt [1]). Vielmehr gelten für die Kartelle nach wie vor die früher dargelegten Rechtssätze des allgemeinen Rechts [2]). Ferner sind auch weiterhin die Vorschriften der Kartellverordnung von 1923 in Kraft, welche durch die Notverordnungen weder aufgehoben [3]) noch abgeändert [4]) sind, wenn auch ein Vorgehen auf Grund der §§ 4—7, 10 KartVO. mit einem Angehen des Kartellgerichts durch den RWM. praktisch nicht mehr in Frage kommen wird, da nach den Notverordnungen auch ein unmittelbares Eingreifen der Regierungsorgane möglich ist.

Daneben sind aber für die Geltungsdauer der auf Grund des Artikels 48 Abs. 2 der Reichsverfassung erlassenen Notverordnungen noch folgende Sondernormen anzuwenden:

---

[1]) Über das Erfordernis der Einwilligung des RWM. zum Abschluß von Kartellverträgen mit neuen Preisbindungen bis zum 1. Juli 1932 siehe unten S. 128.

[2]) Über die Preisüberwachung durch den Reichskommissar, die sich auch auf die Kartelle erstreckt, siehe unten S. 133.

[3]) Die Kartellnotverordnung verweist vielmehr in § 1 Abs. 1a und Abs. 3 auf § 1 KartVO., in § 1 Abs. 2 auf § 10 KartVO., die Preissenkungsverordnung in § 3 Abs. 1 Ziff. 3 auf § 9 KartVO. — In den beiden eben genannten Notverordnungen (§ 5 bzw. § 10) ist die Verhängung von Ordnungsstrafen durch den Vorsitzenden des Kartellgerichts oder seinen Vertreter vorgesehen. Im übrigen bringen die Notverordnungen keine neuen Fälle von Zuständigkeit des Kartellgerichts.

[4]) Auch keine Erweiterung des Kartellbegriffs des § 1 KartVO. durch § 1 Abs. 3 Kart.-NotVO. siehe unten S. 121 Anm. 4.

1. Verschärfung des staatlichen Eingriffsrechts durch die Kartellnotverordnung vom 26. Juli 1930 [1]).

Voraussetzung für den Eingriff ist, daß die Wirtschaftlichkeit der Erzeugung oder des Verkehrs mit Waren oder Leistungen beeinträchtigt [2]) oder die wirtschaftliche Handlungsfreiheit in volkswirtschaftlich nicht gerechtfertigter Weise eingeschränkt wird (§ 1 Abs. 1 a. E.). Es kann dann die Reichsregierung [3]) — ohne das Kartellgericht angehen zu müssen [4] — gegen Kartelle im Sinne der KartVO.[5]) in der Weise vorgehen, daß sie Kartellverträge und -beschlüsse, die Verpflichtungen über die Art der Preisfestsetzung oder die Forderung von Preisen enthalten, für nichtig erklärt [6]) oder eine bestimmte Art der Durchführung untersagt (§ 1 Abs. 1 a).

---

[1]) Siehe den Wortlaut unten S. 180 und die Kommentare von Wolff, Die Kartell-Notverordnung mit Ausführungsverordnung (auch Kart.-Rdsch. 1930, 509 ff.), und von Goldbaum, Die neue Kartellverordnung vom 26. Juli 1930 (Stilkes Rechtsbibliothek), ferner auch Isay, JW. 1930, 3840 ff., Geiler, Kart.-NotVO. und Salzburger Juristentag, Kart.-Rdsch. 1930, 828 ff. — Für die Gültigkeit der VO. siehe RG. vom 6. Oktober 1930 (Kart.-Rdsch. 1931, 696), ebenso über die Auslegung, siehe auch oben S. 59.

[2]) Eine Gefährdung der Gesamtwirtschaft oder des Gemeinwohls (§ 4 KartVO.) wird nicht mehr gefordert.

[3]) oder die Landesregierung nach § 4 Kart.-NotVO.

[4]) Wie das nach §§ 4 ff., 10 KVO. der Fall ist. Über das Nachprüfungsrecht der ordentlichen Gerichte siehe Wolff a. a. O. S. 14/5.

[5]) Sowohl losere Kartelle wie Syndikate, siehe oben S. 60 ff, auch Zwangskartelle, siehe die folgende Anmerkung und unten S. 130.

[6]) Es entfällt damit die Bindung durch die vorbezeichnete Verpflichtung; siehe Wolff a. a. O. S. 31 ff., für eventuelle weitere Folgen ist das allgemeine Recht, insbesondere § 139 BGB., maßgebend. und die Entscheidung darüber steht den ordentlichen Gerichten zu. *Vgl. jetzt die VO. über die Aufhebung des Mitteldeutschen Braunkohlensyndikats von 1927 vom 31. Dezember 1931, erlassen auf Grund des § 1 Kart.-NotVO.* § 1 lautet: Der Syndikatsvertrag der Gesellschaft des bürgerlichen Rechts „Mitteldeutsches Braunkohlensyndikat von 1927“ vom 1. April 1929 und die aus den Beschlüssen dieser Gesellschaft und der Gesellschaft mit beschränkter Haftung „Mitteldeutsches Braunkohlensyndikat von 1927 zu Leipzig“ sich für die Mitglieder der beiden Gesellschaften ergebenden Verpflichtungen der in § 1 des Fünften Abschnitts der VO. des Reichspräsidenten zur Behebung finanzieller, wirtschaftlicher und sozialer Notstände vom 26. Juli 1930 bezeichneten Art werden für nichtig erklärt.

Ebenso kann die Reichsregierung nach § 1 Abs. 3 auch eingreifen bei „Verträgen, durch die sich mehrere selbständige Unternehmungen, welche der gleichen Wirtschaftsstufe angehören, einzeln gegenüber anderen [1]) in bezug auf die Art der Preisfestsetzung oder die Forderung von Preisen zu einem bestimmten Verhalten verpflichten". Es sind damit vor allem [2]) die vertikalen Preisbindungen der folgenden Wirtschaftsstufe (der zweiten und weiteren Hand) gemeint, insbesondere in Gestalt von Reverssystemen, wobei z. B. mehrere Händler einem Fabrikanten gegenüber gleichlautende Reversverträge mit Verpflichtungen hinsichtlich der Art der Preisfestsetzung oder der Forderung von Preisen [3]) eingehen [4]).

Unter der gleichen Voraussetzung (§ 1 Abs. 1 a. E.) kann die Reichsregierung allgemeine Geschäftsbedingungen und Arten der

---

[1]) Es werden damit sowohl Verpflichtungen gegenüber einem Einzelunternehmen (so bei dem autonomen Reverssystem) oder auch gegenüber einem Trust getroffen, wie auch solche gegenüber einem Kartell, siehe oben S. 67.

[2]) Über versteckte Kartelle siehe Wolff a. a. O. S. 27, auch oben S. 72.

[3]) Enthalten die Verträge keine Verpflichtung dieser Art, dann greift § 1 Abs. 3 Kart.-NotVO. nicht ein, siehe Blum, Kart.-Rdsch. 1930, 564, Wolff a. a. O. S. 26, 28.

[4]) Der § 1 Abs. 3 Kart.-NotVO. ist außerordentlich unglücklich gefaßt, siehe auch Isay, JW. 1930, 3841. Es wird darin gesagt, daß die soeben im Text beschriebenen Verträge (Preisbindungen der folgenden Wirtschaftsstufe) „als Verträge im Sinne des § 1 der VO. gegen Mißbrauch wirtschaftlicher Machtstellungen gelten". Soll diese Gleichstellung mit den Kartellen im Sinne der KartVO. nur für den Geltungsbereich der Kart.-NotVO. erfolgen? Oder soll zugleich auch das Anwendungsgebiet der KartVO. von 1923 erweitert und sollen damit auch deren sämtliche Bestimmungen für anwendbar erklärt werden auf Reverssysteme, die nach richtiger Ansicht (siehe oben S. 67) nicht unter den Kartellbegriff der KartVO. fallen? Die Frage ist von dem Reichsgericht in seinem Urteil vom 6. Oktober 1931 (Kart.-Rdsch. 1931, 695 ff.) eingehend behandelt worden und mit ihm in ersterem Sinn zu entscheiden. So auch KamG. in Kart.-Rdsch. 1931, 506; Herzfeld, ebenda 11 ff.; Blum, ebenda 250, 519; Hüssener, ebenda 515/6, 700; a. A. Wolff, Kart.-NotVO. S. 26, ders. MarkenwarenVO. S. 16; Geiler, Kart.-Rdsch. 1930, 835; nach Tschierschky, Kart.-Rdsch. 1931, 450 soll § 1 Abs. 3 Kart.-NotVO. nur deklaratorische Bedeutung haben, da schon ohnedies Reverssysteme unter § 1 KartVO. fielen, siehe dagegen oben S. 67.

Preisfestsetzung[1]) untersagen, die jemand in bezug auf die Art der Preisfestsetzung oder die Forderung von Preisen rechtlich oder wirtschaftlich beschränken (§ 1 Abs. 1 b), ebenso auch Umgehungshandlungen, insbesondere Empfehlungen, die sich auf Arten der Preisfestsetzung oder die Forderung von Preisen beziehen[2]), oder die Anwendung eines wirtschaftlichen oder gesellschaftlichen Drucks im Sinne der Befolgung derartiger Empfehlungen (§ 1 Abs. 1 c)[3]).

Die Reichsregierung kann weiter anordnen, daß Parteien von Verträgen zurücktreten können, die „unter den gemäß Abs. 1 beanstandeten Voraussetzungen" abgeschlossen worden sind (§ 1 Abs. 2). Dunkel ist hier der Rede Sinn, zumal in § 1 Abs. 1 von einer „Beanstandung" nichts gesagt ist. Man könnte dabei auch an die Einräumung eines Rücktrittsrechts an die Mitglieder des Kartells vom Kartellvertrag denken[4]), aber die Heranziehung von Vorschriften des § 10 KartVO. führt zu der Annahme, daß sich das Rücktrittsrecht auf Verträge mit Abnehmern beziehen soll, die infolge Reversvertrages oder Abschluß auf Grund allgemeiner Geschäftsbedingungen Bindungen enthalten[5]).

---

[1]) Von Geschäftsbedingungen und Arten der Preisfestsetzung handelt auch § 10 KartVO., siehe oben S. 75. Die Anwendung der zu untersagenden Geschäftsbedingungen kann durch ein Einzelunternehmen (auch einen Trust) oder auch ein Kartell erfolgen; siehe auch unten S. 124 Anm. 2.

[2]) Für die Anwendung der Vorschriften der KartVO. ist Voraussetzung, daß Verpflichtungen der im § 1 KartVO. bezeichneten Art bestehen, siehe oben S. 68.

[3]) Über die wegen ihrer Verschwommenheit bedenkliche (siehe Isay, JW. 1930, 3840) Bestimmung des § 1 Abs. 1 c siehe weiter Wolff a. a. O. S. 38 ff. (Vergleich mit § 5 RAbgO.).

[4]) Vgl. § 4 Abs. 1 Ziff. 2 KartVO.

[5]) Siehe dazu weiter Wolff a. a. O. S. 42 ff. Vgl. jetzt die VO. über die Aufhebung des Mitteldeutschen Braunkohlensyndikats vom 31. Dezember 1931 (oben S. 120 Anm. 6). § 2 sagt: Die Beteiligten können von Verträgen, die zwischen den Abnehmern von Brennstoffen der zu der Gesellschaft des bürgerlichen Rechts „Mitteldeutsches Braunkohlensyndikat von 1927" zusammengeschlossenen Unternehmen und der GmbH. „Mitteldeutsches Braunkohlensyndikat von 1927 zu Leipzig" oder deren Abnehmern geschlossen sind, bis zum 31. März 1932 soweit zurücktreten, wie sie sich in diesen Verträgen für den inländischen Geschäftsverkehr zu einem bestimmten Verhalten in bezug

Bei Zuwiderhandlungen gegen Maßnahmen, welche auf Grund dieser Verordnung erlassen werden, kann auf Antrag durch den Vorsitzenden des Kartellgerichts oder seinen Stellvertreter eine Ordnungsstrafe verhängt werden (§ 5) [1]).

§ 2 der Verordnung enthält eine Ermächtigung an die Reichsregierung zur Herabsetzung oder Aufhebung von Eingangszöllen für zollpflichtige, preisgebundene Waren, während § 3 Bestimmungen bringt über die Anhörung der beteiligten Wirtschaftskreise, Gutachten des Vorläufigen Wirtschaftsrats, Bekanntmachung und Beginn der Wirkung der ergriffenen Maßnahmen [2]).

2. Verbot von Preisbindungen auf seiten des Abnehmers einer Ware für Waren anderer Art oder Herkunft und für gewerbliche Leistungen nach der Ausf.VO. über Aufhebung und Untersagung von Preisbindungen vom 30. August 1930 [3]).

Die Verordnung bezieht sich auf Verträge der in § 1 Abs. 1a, 3 der Kart.-NotVO. bezeichneten Art; das sind Kartellverträge im Sinne der KartVO. (= § 1 Abs. 1 a Kart.-NotVO.) und [4]) Vertragssysteme über Preisbindung der folgenden Wirtschaftsstufe (= § 1 Abs. 3 Kart.-NotVO.). Solche Verträge sind nichtig, soweit [5]) sie dem Abnehmer einer Ware für Waren anderer Art

---

auf die Art der Preisfestsetzung oder die Forderung von Preisen oder zur Anwendung von Geschäftsbedingungen verpflichtet haben, die Beschränkungen in bezug auf die Art der Preisfestsetzung oder die Forderung von Preisen enthalten.

[1]) Über den sehr bestrittenen Charakter dieser Ordnungsstrafe siehe Wolff a. a. O. S. 48 ff., Krumbholz, Kart.-Rdsch. 1931, 620, auch oben S. 79 Anm. 1.

[2]) Über zwei vom Vorl. RWR. erstattete Gutachten siehe Wolff, MarkenwarenVO. S. 34/5; Kart.-Rdsch. 1930, 606 ff., 739.

[3]) Siehe den Wortlaut unten S. 181, ferner Wolff, Die Kart.-NotVO. mit AusfVO. S. 62, ders. MarkenwarenVO. S. 17 ff., Goldbaum, Die neue KartVO. S. 29, Tschierschky, Kart.-Rdsch. 1930, 604 ff. — Für die Rechtsgültigkeit der AusfVO.: KamG., Kart.-Rdsch. 1931, 497 und 506, a. A. Wolff, Kart.-NotVO. S. 62, MarkenwarenVO. S. 36 ff., Callmann, Kart.-Rdsch. 1931, 92. RG. vom 6. Oktober 1931 (Kart.-Rdsch. 1931, 696) läßt die Frage offen.

[4]) Anders Wolff, MarkenwarenVO. S. 49, der aus dem auch in der MarkenwarenVO. fehlenden „und" schließt, daß nur Verträge gemäß § 1 Abs. 3 in Frage kämen; aber auch Kartellverträge (§ 1 Abs. 1a) können ja, wenn das Kartell Angehörige verschiedener Wirtschaftsstufen umfaßt, vertikale Preisbindungen enthalten.

[5]) Ob der ganze Vertrag nichtig ist, ergibt § 139 BGB.

oder Herkunft oder für gewerbliche Leistungen [1]) Verpflichtungen in bezug auf die Art der Preisfestsetzung oder die Forderung von Preisen auferlegen (§ 1 Abs. 1 Ausf.VO.). Dabei sind aber bei Preisbindungen von seiten eines Kartells die Waren eines Kartellmitglieds im Verhältnis zu den Waren eines anderen Kartellmitglieds nicht als Waren anderer Herkunft anzusehen, so KamG. (31. Senat, vom 25. Juni 1931) in Kart.-Rdsch. 1931, 506 ff., insbes. 511, Blum, ebenda 505, 518, Hüssener, ebenda 517, a. A. Goldbaum a. a. O. S. 30 dazu aber Isay, JW. 1930, 3842.

Es wird weiter in § 1 Abs. 2 die Anwendung entsprechender, allgemeiner Geschäftsbedingungen [2]) (durch Einzelunternehmungen oder Kartelle) untersagt, und ebenso auch die Vornahme von Umgehungshandlungen (§ 2).

3. Preissenkung als Voraussetzung für die Wirksamkeit von Preisbindungen für Markenwaren nach der Markenwarenverordnung (VO. über Preisbindungen für Markenwaren) vom 16. Januar 1931 [3]) erlassen auf Grund der Kartell-NotVO.; Unabdingbarkeit der Befugnis zu Rückvergütungen für inländische Bezugsgemeinschaften.

Die MVO. erklärt die in Kartellverträgen im Sinne der Kart.VO. (§ 1 Abs. 1 a Kart.-NotVO.) und [4]) in Vertragssystemen mit Preisbindungen der nächsten Wirtschaftsstufe (§ 1 Abs. 3 Kart.-NotVO.) enthaltene Verpflichtung von Abnehmern von

---

[1]) Z. B. bei Preisbindung für Linoleum zugleich eine solche für Messingleisten u. dgl. (Waren anderer Art oder Herkunft) und für das Verlegen des Linoleums (gewerbliche Leistung), siehe Callmann, Kart.-Rdsch. 1931, 94 ff., vgl. auch ebenda S. 154.

[2]) Wobei die Preisbindung zum Inhalt der auf Grund der Geschäftsbedingungen abgeschlossenen einzelnen Kaufverträge wird. Es geht hier nicht dem Abschluß der Einzelverträge ein solcher eines Revers- (Rahmen-) Vertrags (§ 1 Abs. 3 Kart.-NotVO.) voraus.

[3]) Wortlaut siehe unten S. 182; Kommentar von Wolff, MarkenwarenVO., vgl. auch Tschierschky Kart.-Rdsch. 1931, 23. — Bedenken gegen die Rechtsgültigkeit der VO. bei Wolff a. a. O. S. 36 ff.; das RG. läßt in Kart.-Rdsch. 1931, 696 die Frage offen. — Über die beiden Gutachten des Vorl. RWR. (siehe Drucksache Nr. 371 und 373 des Vorl. RWR.) siehe Wolff S. 34 und oben S. 123 Anm. 2.

[4]) Siehe oben S. 123 Anm. 4.

Markenwaren[1]), wonach diese bei der Weiterveräußerung der Ware im Inland an den Verbraucher festgesetzte Preise zu fordern haben, für nichtig,

a) wenn der festgesetzte Preis gegenüber dem am 1. Juli 1930 geltenden Verbraucherpreis nicht um mindestens 10 vom Hundert ermäßigt ist,

b) wenn der Abnehmer daran gehindert wird, dem Verbraucher über diese Ermäßigung hinaus Nachlässe zu gewähren, die er am 1. Juli 1930 zu gewähren berechtigt war.

Ist diese Preissenkung nicht eingetreten oder ist der Abnehmer an der vorbezeichneten Gewährung von Nachlässen gehindert, so sind auch Geschäftsbedingungen und Arten von Preisfestsetzungen untersagt, die den Abnehmer von Markenwaren rechtlich oder wirtschaftlich dahin beschränken, bei der Weiterveräußerung der Ware im Inland an den Verbraucher festgesetzte Preise zu fordern.

Nach § 3 werden allgemein Verträge der in § 1 Abs. 1 a, Abs. 3 Kart.-NotVO. bezeichneten Art insofern für nichtig erklärt, als sie inländische Bezugsgemeinschaften (insbesondere Konsumvereine) verpflichten, ihren Mitgliedern Rückvergütungen auf den Kaufpreis der von ihnen bezogenen Markenartikel (§ 1) nicht zu gewähren, und es wird auch die Anwendung gleichartiger Geschäftsbedingungen und Arten von Preisfestsetzungen untersagt; vgl. im übrigen den Text der MVO. (§ 3), ebenso auch wegen der Untersagung von Umgehungshandlungen (§ 4)[2]), Befreiungsmöglichkeit (§ 5) und der Frist zur Durchführung der Preissenkung (§ 6).

4. Senkung der gebundenen Preise, einschließlich der Preise für Markenwaren als Voraussetzung für das Weiterbestehen von Kartellpreisbindungen und Preisbindungen der nächsten Wirtschaftsstufe, sowie Erfordernis der Einwilligung des RWM. zu neuen Preisbindungen nach der Preissenkungs-

[1]) Vgl. die Begriffsbestimmung in § 1 MVO., ferner die Bekanntmachung der weiter in Betracht kommenden Waren vom 16. Januar 1931; abgedruckt unten S. 185.

[2]) Wolff, MVO. S. 60, hat begründete Bedenken gegen die Rechtsgültigkeit dieser Vorschrift.

verordnung der 4. VO. des Reichspräsidenten zur Sicherung von Wirtschaft und Finanzen usw. vom 8. Dezember 1931 [1]).

Nach § 1 Abs. 2 der VO. bezieht sich diese zunächst auf Verträge und Beschlüsse der in § 1 der Kart.-NotVO. vom 26. Juli 1930 bezeichneten Art. Das betrifft einmal Kartelle im Sinne der KartVO. (§ 1 Abs. 1 a Kart.-NotVO.), wobei aber hier nur solche in Frage kommen, deren Verträge oder Beschlüsse Verpflichtungen über die Forderung von Preisen für Waren oder gewerbliche Leistungen im inländischen Geschäftsverkehr enthalten [2]). Zum anderen werden getroffen Gruppen von Einzelverträgen mit gleichmäßiger Bindung der nächsten Wirtschaftsstufe, insbesondere Reverssysteme (§ 1 Abs. 3 Kart.-NotVO.), soweit diese die Verpflichtung zur Forderung von Preisen für Waren oder gewerbliche Leistungen im inländischen Geschäftsverkehr enthalten.

Die fernere Wirksamkeit der durch solche Verträge oder Beschlüsse begründeten Verpflichtungen hinsichtlich der Forderung von Preisen hängt davon ab, ob die Preise, auf deren Einhaltung sich die Verpflichtung bezieht, bis zum 1. Januar 1932 um mindestens 10 vom Hundert gegenüber dem Stand vom 30. Juni 1931 gesenkt wurden [3]).

Erfolgte die Preissenkung rechtzeitig, so sind die fraglichen Verträge und Beschlüsse in vollem Umfang wirksam geblieben [4]). Andernfalls ist der Vertrag oder Beschluß soweit nichtig, wie er Verpflichtungen über die Forderung von Preisen für diese Waren oder gewerbliche Leistungen enthält [5]); bei einem Verkaufs-

---

[1]) Text siehe unten S. 186. — Vgl. Isay, R., Die Bestimmungen über gebundene Preise usw., Schriften der Kartellstelle, Nr. 8, Dez. 1931; Wolff, Die Preissenkungs-Verordnung, 1932 (bei Korrektur zugefügt).

[2]) Über die Frage, wie weit auch Kalkulationskartelle hierher gehören siehe Isay a. a. O. S. 6. — Über die Zins- und Provisionsforderung der Kreditinstitute gibt die VO. in Teil I Kap. III Abschnitt 2 besondere Vorschriften.

[3]) Die Abstimmung bei einem Beschluß über eine solche Preissenkung konnte bei einem Kartell auch brieflich, fernschriftlich oder fernmündlich erfolgen, § 1 Abs. 3.

[4]) Vorbehaltlich eines Eingreifens des RWM. nach § 1 Abs. 4, s. unten S. 127.

[5]) Für die gegebenenfalls von den ordentlichen Gerichten zu entscheidende Frage, ob damit der ganze Vertrag nichtig ist, greift insbesondere § 139 BGB. ein.

syndikat tritt Nichtigkeit auch hinsichtlich der Verpflichtung ein, die fraglichen Waren oder Leistungen gemeinsam abzusetzen (§ 1 Abs. 5) [1]).

§ 2 gibt eine gleiche Vorschrift für Verträge der oben bezeichneten Art, durch welche die Preise für Markenwaren (s. § 2 Abs. 4 und § 1 der MVO.) gebunden werden, nur mit der Besonderheit, daß die Nichtigkeit der Verpflichtung hinsichtlich der Forderung von Preisen für diese Markenwaren nicht eintritt, wenn die erfolgte Senkung nur um den Bruchteil eines Reichspfennigs hinter der vorgeschriebenen Senkung zurückblieb [2]).

Wenn der Reichswirtschaftsminister [3]) für bestimmte Waren oder gewerbliche Leistungen eine weitergehende Preissenkung für erforderlich hält, so kann er deren Ausmaß festsetzen und verlangen, daß sie bis zu einem von ihm bestimmten Zeitpunkt durchgeführt wird (§ 1 Abs. 4, § 2 Abs. 2). Wird diesem Verlangen nicht in der bestimmten Frist entsprochen, so tritt Nichtigkeit der Verpflichtung hinsichtlich der Forderung von Preisen, bei Syndikaten auch hinsichtlich des gemeinsamen Absatzes ein (§ 1 Abs. 5, § 2 Abs. 3) [4]).

Sind die gebundenen Preise entsprechend den vorstehenden Vorschriften gesenkt, so bedarf es der Einwilligung des RWM., wenn sie bis zum 1. Juli 1932 unter Aufrechterhaltung der Preisbindung erhöht werden sollen (§ 8

---

[1]) Nur diese Verpflichtungen kommen in Wegfall! Kein Zwang für die Mitglieder des Kartells oder die sonst in Frage kommenden Angehörigen der vorausgehenden Wirtschaftsstufe zum Kontrahieren zu niedrigeren Preisen oder ohne Preisbindung der zweiten Hand! Aber unter Umständen Eingreifen des Reichskommissars für Preisüberwachung, siehe unten S. 133.

[2]) Im übrigen ist § 2 nur eine überflüssige Wiederholung, da § 1 hinsichtlich der Preisbindung der nächsten Wirtschaftsstufe auch auf Markenwaren anwendbar ist.

[3]) Bzw. der Reichsminister für Ernährung und Landwirtschaft, § 11; wegen der Zulässigkeit der Übertragung ihrer Befugnisse durch die Reichsregierung an die oberste Landesbehörde siehe § 12.

[4]) Über die Frage, ob die Preise im Einzelfall entsprechend diesen Vorschriften gesenkt sind, entscheidet der RWM., und zwar endgültig mit Bindung für Gerichte, Schiedsgerichte und Verwaltungsbehörden (§ 6); andererseits kann der RWM. auch Ausnahmen von diesen Vorschriften zulassen (§ 5 Abs. 1).

Abs. 1 Z. 1)[1]. Bei Zuwiderhandlung kann Ordnungsstrafe gemäß § 10 verhängt werden und der Vertrag oder Beschluß ist nichtig, soweit er die Verpflichtung zur Forderung des erhöhten Preises begründen soll (§ 134 BGB.).

Von größter Tragweite ist § 8 Abs. 1 Z. 2, wonach es weiter der Einwilligung des RWM. ganz allgemein bedarf, wenn bis zum 1. Juli 1932 durch Kartellverträge oder -beschlüsse oder durch Verträge über Preisbindung der folgenden Wirtschaftsstufe (§ 1 Kart.-NotVO.) eine Bindung an Preise begründet werden soll, für die beim Inkrafttreten der PreissenkungsVO. eine solche noch nicht bestanden hat; ebenso wenn die Bindung für solche Preise gelten soll, hinsichtlich deren die frühere Bindung wegen nicht erfolgter Senkung nach §§ 1 und 2 der VO. nichtig geworden ist.

Auch hier kann im Fall der Zuwiderhandlung Ordnungsstrafe nach § 10 verhängt werden, und es tritt Nichtigkeit des Vertrags oder Beschlusses nach § 134 BGB. ein, soweit dadurch eine Verpflichtung zur Forderung von Preisen begründet werden soll.

Wegen des Verbots von Empfehlungen, für Waren oder gewerbliche Leistungen im inländischen Geschäftsverkehr bestimmte Preise zu fordern, soweit es sich nicht um vorschriftsmäßig gesenkte Preise handelt[2]) (§ 4), ferner wegen des Verbots von Umgehungshandlungen (§ 9), der Androhung von Ordnungsstrafen in Geld (ohne Beschränkung hinsichtlich des Höchstbetrags), die auf Antrag des RWM.[3]) von dem Vorsitzenden des Kartellgerichts oder seinem Stellvertreter auszusprechen sind (§ 10), der Ermächtigung des RWM. bzw. REM. zum Erlaß von Rechts-

---

[1]) Verbot mit Erlaubnisvorbehalt wie in § 9 KVO., siehe oben S. 94.

[2]) Die Vorschrift richtet sich vor allem auch gegen Innungen. Nach einer VO. des RWM. vom 23. Oktober 1931 über das Ordnungsstrafrecht der Innungen (Kart.-Rdsch. 1931, 736) besteht eine Anzeigepflicht bei Verhängung von Ordnungsstrafen durch die Innung, die eine Kontrolle ermöglichen soll, wie weit solche Strafen wegen Unterbietung von Preisen, deren Einhaltung durch die Innung empfohlen ist, verhängt werden unter dem Gesichtspunkt eines Verstoßes gegen den Gemeingeist oder der Verletzung der Standesehre.

[3]) Siehe oben S. 127 Anm. 3.

verordnungen und allgemeinen Verwaltungsvorschriften zur Durchführung (§ 14) ist hier auf den Text der VO. zu verweisen.

Hervorzuheben ist nur noch § 5 Abs. 2, wonach die Vorschriften keine Anwendung finden auf die Preise für Waren oder gewerbliche Leistungen, zu deren Einhaltung sich die Beteiligten durch einen internationalen Vertrag oder Beschluß gemäß § 1 Abs. 2 verpflichtet haben [1]). Diejenigen, welche unter diese Ausnahmebestimmung fallen, mußten dies unter Vorlage der Verträge dem RWM. bis zum 1. Januar 1932 anzeigen, wenn sie unter Berufung auf dieselbe von einer Preissenkung Abstand nehmen wollten [2]) [3]).

Über die Vorschriften der VO., die sich auf Zwangskartelle beziehen (§§ 3, 7, 8 Abs. 2), s. unten S. 130, über das in § 13 ausdrücklich vorbehaltene Eingreifen des Reichskommissars für Preisüberwachung s. unten S. 133.

---

1) Es muß an dem Vertrag ein im Ausland ansässiges selbständiges Unternehmen als Vertragspartei beteiligt sein, siehe Isay a. a. O. S. 9, der weiter mit guten Gründen dafür eintritt, daß es genügt, daß die Vereinbarung sich nur auf den inländischen Markt bezieht; siehe aber auch Frankf. Ztg. v. 16. Dez. 1931 (Nr. 395 S. 2) über Kunstseidepreis wegen des anscheinend abweichenden Standpunkts auf behördlicher Seite.

2) Nach Ansicht des RWM. soll die Anzeigepflicht schlechthin bestehen, dagegen mit Recht Isay a. a. O. S. 11/2.

3) Für die internationalen Kartelle sei im allgemeinen verwiesen auf: Tschierschky, Kartellorganisation S. 153 ff., Isay, Anwendung der KartVO. auf internationale Kartelle, Kart.-Rdsch. 1925, 117 ff., Isay-Tschierschky, Komm. z. KartVO. S. 137 ff. (siehe Sachregister), Isay, Gruchot, Beitr. Bd. 68 S. 36 ff., Wolff, Rechtsgrundlagen der internationalen Kartelle 1929 (dazu Isay, ZBH. 1931, 199 ff.), ders., Die Rechtsstellung der internationalen Kartelle in Deutschland, JW. 1930, 1796, ders., Die Kartellnotverordnung, S. 34, 35, 38. Vgl. auch die Vernehmungen vor dem Untersuchungsausschuß (oben S. 5 Anm. 1) S. 480 (Flechtheim), 487 (Friedländer), 498 (Geiler); ferner Herle und Metzner, Neue Beiträge zum Kartellproblem S. 9; Reichert, Internationale Wirtschaftsverbände, 1926, Lammers, Internationale Industriekartelle, Völkerbundsdenkschrift 1930. Wegen der ausländischen Kartellgesetzgebung vgl. insbesondere Lammers, Kartellgesetzgebung des Auslandes (Schriften der Kartellstelle Nr. 3), Lehnich, Kartelle und Staat. Kartell- und Konzernrecht des Auslandes, herausgeg. von R. Isay. Für das österreichische Recht siehe Verhandl. des 35. Deutschen Juristentages in Salzburg, 1928.

3. Abschnitt.

Die Zwangskartelle.

Unter Zwangskartellen werden Verbände verstanden, deren Bildung in Gesetzen oder Verordnungen angeordnet ist (§ 19 KartVO.). Als solche kommen vor allem in Betracht die Kohlensyndikate und das Kalisyndikat.

Für erstere gelten das Gesetz über die Regelung der Kohlenwirtschaft vom 23. März 1919 und die Ausführungsbestimmungen hierzu vom 21. August 1919 [1]). Nach § 2 KoWG. regelt das Reich die gemeinwirtschaftliche Organisation der Kohlenwirtschaft. Die Besitzer der Kohlenbergwerke haben sich zu Kohlensyndikaten zusammenzuschließen, die nach § 3 der Ausf.Best. eine juristische Person oder eine Doppelgesellschaft sein müssen [2]). Den Beitritt eines Anschlußpflichtigen kann der RWM. gegebenenfalls zwangsweise herbeiführen [3]). Alle Besitzer von Gasanstalten im Deutschen Reich sind in dem Gaskokssyndikat zusammengeschlossen.

Von diesen Syndikaten und den deutschen Ländern, welche durch ihren Bergwerksbesitz mehreren Syndikaten angehören, wird der Reichskohlenverband gebildet, der die Brennstoffpreise bestimmt und veröffentlicht, sowie Bestimmungen über die allgemeinen Lieferungsbedingungen und allgemeine Vorschriften über die Beteiligungsziffer der Syndikatsmitglieder und ihren Selbstverbrauch erläßt.

---

[1]) Isay, Das Gesetz über die Regelung der Kohlenwirtschaft 1920; ders. Gruchot, Beitr. Bd. 68 S. 18. Kürzlich erschienen: Simons, Der Aufbau der Kohlenwirtschaft nach dem KoWG. vom 23. März 1919, Heft 20 der Bonner rechtswissenschaftlichen Abhandlungen, 1931; dort auch Angabe des weiteren Schrifttums.

[2]) Siehe oben S. 25 Anm. 2 und S. 36 ff. wegen dem Rheinisch-Westf. Kohlensyndikat.

[3]) Über die Frage der Zulässigkeit des Zwangsbeschlusses siehe Simons a. a. O. S. 35 ff.; und neustens Gieseke, Zwangsbeischluß und fristlose Kündigung bei den Kohlensyndikaten, Kart.-Rdsch. 1931, 472 ff. — Nach der Notverordnung vom 5. Juni 1931 (RGBl. Teil I Kap. VII S. 313) sollen die Vorschriften des KoWG. und der AB. bis auf weiteres nur mit der Maßgabe angewandt werden, daß der RWM. berechtigt, aber nicht verpflichtet ist, einen Zusammenschluß oder einen Beitritt zum Syndikat herbeizuführen.

Darüber steht der Reichskohlenrat, der die Brennstoffwirtschaft nach gemeinwirtschaftlichen Grundsätzen unter Oberaufsicht des Reichs leitet und allgemeine Richtlinien aufstellen kann. Die Oberaufsicht des Reichs wird von dem RWM. ausgeübt, der an allen Beratungen der Organe der Brennstoffwirtschaft teilnehmen, deren Beschlüsse beanstanden und festgesetzte Verkaufspreise herabsetzen kann.

Die Syndikate haben die Ausführung der vom Reichskohlenrat und vom Reichskohlenverband erlassenen Vorschriften zu überwachen; sie stellen die Beteiligungsziffer der einzelnen Mitglieder und deren Selbstverbrauchsrecht fest [1]) und veräußern den ihnen von den Mitgliedern entsprechend ihrer Verpflichtung abgelieferten Brennstoff.

Im Kalisyndikat sind die Kalierzeuger durch das Gesetz über die Regelung der Kaliwirtschaft vom 24. April 1919 und die Durchführungsbestimmungen dazu vom 18. Juli 1919 zusammengeschlossen [2]). Es besteht ein Kalirat, dagegen fehlt ein dem Kohlenverband entsprechendes Organ. Auch hier wird die Oberaufsicht durch den RWM. ausgeübt.

Für die Kohlensyndikate und das Kalisyndikat gilt § 19 KartVO., wonach die Bestimmungen der KartVO. hier keine Anwendung zu finden haben, da hier ja ohnedies eine Staatsaufsicht besteht. Es bedürfen also z. B. Sperren von seiten des Syndikats keiner Einwilligung nach § 9 KartVO., andererseits besteht auch kein Kündigungsrecht für die Mitglieder nach § 8 KartVO.

Dagegen ist die Anwendung der Kart.-NotVO. auf die Zwangskartelle nicht ausgeschlossen, so mit Recht Wolff a. a. O. S. 16 [3]).

Die PreissenkungsVO. vom 8. Dezember 1931 enthält besondere Vorschriften für die Kohlen- und die Kaliwirtschaft in §§ 3, 8

[1]) Es handelt sich hier bei der Beteiligungsziffer und dem Selbstverbrauchsrecht nicht um Sonderrechte des Mitglieds. Dieses hat, falls es sich dabei benachteiligt glaubt, die Beschwerde an den Reichskohlenverband; siehe Simons S. 61/2.

[2]) Vgl. H. und R. Isay, ABG. II S. 439 ff., Friedländer, Kaliwirtschaft 1920.

[3]) Vgl. jetzt die VO. über die Aufhebung des Mitteldeutschen Braunkohlensyndikats vom 31. Dezember 1931 oben S. 120 Anm. 6.

Abs. 2. Neben der Senkung der Preise findet sich hier (in § 3 Ziff. 3 mit Bezugnahme auf § 9 Abs. 1 KartVO.) ein Verbot von Sperren und sperrähnlichen Maßnahmen gegen Einzelhändler wegen Unterschreitung von Kleinverkaufspreisen [1]).

Zu den Zwangskartellen ist weiter zu zählen [2]) die wirtschaftliche Vereinigung der deutschen Zuckerindustrie, zu welcher die Zuckerfabriken durch eine VO. vom 27. März 1931 (RGBl. I. Teil, S. 86 ff.) zusammengeschlossen sind, vgl. Kart.-Rdsch. 1931, 254 ff. Es ist aber in § 6 Abs. 4 der VO. trotzdem die Anwendbarkeit der Vorschriften der KartVO., ebenso wie derjenigen der Kart.-NotVO. angeordnet.

Dagegen werden in der VO. über den Zusammenschluß der Kartoffelstärkeindustrie vom 12. Juli 1931 (RGBl. Teil T, Nr. 24 vom 25. Juni 1931, Kart.-Rdsch. 1931, 385 ff.) zwar auch die KartVO. und die Kart.-NotVO. für anwendbar auf die in Rede stehenden Zusammenschlüsse erklärt (§ 5 der VO.), aber es wird gleichzeitig eine Ausnahme hinsichtlich der Kündigung nach § 8 KartVO. gemacht.

Nach der PreissenkungsVO. vom 8. Dezember 1931 kann bei Zwangskartellen [3]) Festsetzung der Preise und Regelung der Preisnachlässe (Rabatte u. dgl.) durch den RWM. bzw. den REM. (§ 11) erfolgen (§ 7 der VO).

---

[1]) Die in § 3 Abs. 4 der VO. in Aussicht gestellte Regelung der Preisbindungen des Kohleneinzelhandels ist durch eine Bekanntmachung des Preiskommissars vom 16. Dezember 1931 erfolgt.

[2]) Über die auf Grund des Reichsmilchgesetzes vom 31. Juli 1930 zu bildenden Verbände siehe oben S. 1 Anm. 1; über die deutsche Zündwarenmonopolgesellschaft vgl. das Zündwarenmonopolgesetz vom 29. Januar 1930.

[3]) Es werden in § 17 der VO. neben den Verbänden, deren Bildung in Gesetzen oder Verordnungen angeordnet ist (so § 19 Kart.-VO.), auch diejenigen aufgeführt, deren Bildung auf Grund besonderer gesetzlicher Ermächtigung erfolgt ist.

III. Teil.

Der Reichskommissar für Preisüberwachung.

Auf Grund von Teil I Kap. II der 4. VO. des Reichspräsidenten zur Sicherung von Wirtschaft und Finanzen usw. vom 8. Dezember 1931 ist ein Reichskommissar für Preisüberwachung bestellt worden. Er hat die Aufgabe, die Preise für lebenswichtige Gegenstände und lebenswichtige Leistungen des täglichen Bedarfs, sowie ihre Entstehung, insbesondere die den einzelnen Wirtschaftsstufen zufließenden Preisspannen und Zuschläge, ständig zu überwachen (§ 2 der VO.). Wenn er Preise, Preisspannen oder Zuschläge für überhöht hält, so hat er für ihre Senkung Sorge zu tragen.

Nach der VO. der Reichsregierung über die Befugnisse des Reichskommissars für Preisüberwachung vom 8. Dezember 1931 kann dieser Vorschriften über die Preise für die vorgenannten Gegenstände und Leistungen erlassen und kann insbesondere die Preisspannen und Zuschläge regeln. Er kann die Preise durch entsprechende Vorschriften oder Anordnungen senken. Er kann nach seinem Ermessen die Preise unmittelbar herabsetzen oder andere hierauf abzielende Maßnahmen treffen. Zuwiderhandlungen gegen Vorschriften oder Anordnungen des Reichskommissars können mit Gefängnis, Haft oder Geldstrafe oder mit mehreren dieser Strafen bedroht werden.

Der Reichskommissar kann auch die Fortführung von Betrieben mit sofortiger Wirkung unter gewissen Voraussetzungen untersagen [1]).

Aus § 13 der Preissenkungsverordnung (Kap. I Teil I der VO. vom 8. Dezember 1931) ergibt sich, daß alle diese Befugnisse und Pflichten des Reichskommissars sich auch auf die Preise der Kartelle erstrecken, soweit es sich um solche für lebenswichtige Gegenstände und lebenswichtige Leistungen des täglichen Bedarfs handelt.

---

[1]) Im übrigen muß auf die angezogene VO. verwiesen werden.

Anlage I.

Übersicht

über die wichtigsten, bei ihrer Verwendung zu Kartellen in Betracht kommenden Bestimmungen über die Gesellschaft des bürgerlichen Rechts, den nichtrechtsfähigen Verein, den eingetragenen Verein und die Gesellschaft mit beschränkter Haftung.

1. Die Gesellschaft des bürgerlichen Rechts §§ 705 ff. BGB.[1]).

Nach § 705 verpflichten sich die Gesellschafter durch einen Vertrag gegenseitig, die Erreichung eines gemeinsamen Zwecks durch ihr Zusammenwirken in der durch den Vertrag bestimmten Weise zu fördern, insbesondere die vereinbarten Beiträge zu leisten.

Durch den Gesellschaftsvertrag entstehen wechselseitige Rechte und Pflichten zwischen den Gesellschaftern, rechtliche Beziehungen, welche dem Schuldrecht angehören. Er bewirkt auch in aller Regel, daß ein von dem Vermögen der Gesellschafter getrenntes Gesellschaftsvermögen, ein Sondervermögen, zur Entstehung gelangt. Träger der Rechte und Pflichten sind aber doch die Gesellschafter, die in einer Gesamthandsgemeinschaft stehen. Die Gesellschaft des bürgerlichen Rechts hat keine Rechtspersönlichkeit, ist nicht juristische Person. Sie besitzt im Prozeß keine Parteifähigkeit, kann nicht klagen oder verklagt werden[2]). Es müssen vielmehr die Gesellschafter als Kläger auftreten, bzw. sie müssen verklagt werden (vgl. § 736 ZPO.). Dies erscheint für viele Fälle als ein erheblicher Nachteil dieser Form im Rechtsverkehr.

Andererseits ist es ein Vorzug derselben, daß die weitaus meisten der einschlägigen Vorschriften keinen zwingenden Charakter haben, daß vielmehr von den Gesellschaftern für den einzelnen Fall abweichende, den besonderen Zwecken besser angepaßte Regelungen getroffen werden können.

Der Abschluß des Gesellschaftsvertrags bedarf keiner Form[3]). Es können dabei nicht nur natürliche, sondern auch juristische Personen

---

[1]) Vgl. dazu vor allem die auch die Kartelle berücksichtigenden Erläuterungen von Geiler in Staudingers Kommentar zum BGB., 9. Auflage, Band 2.

[2]) Siehe aber wegen des Kartellstreitverfahrens Isay-Tschierschky, Kartellordnung, S. 113, und oben S. 114 Anm. 3.

[3]) Siehe aber oben S. 70 wegen § 1 KartVO.

(Aktiengesellschaften, Gesellschaften mit beschränkter Haftung), sowie offene Handelsgesellschaften und Kommanditgesellschaften beteiligt sein.

Für die Gestaltung des Lebens der Gesellschaft ist der Wille der Gesellschafter maßgebend, und zwar ist grundsätzlich die Zustimmung aller Gesellschafter erforderlich, wie z. B. bei einer Änderung des Gesellschaftsvertrags, bei Kartellen zur Änderung der Beteiligungsziffer [1]) oder bei Auflösung der Gesellschaft. Es handelt sich aber auch hier um nachgiebiges Recht, so daß der Gesellschaftsvertrag bestimmen kann, daß ein Mehrheitsbeschluß hier genügen soll.

Daß Versammlungen der Gesellschafter mit Abstimmungen stattfinden, um deren Willenserklärung in den Angelegenheiten der Gesellschaft herbeizuführen, ist nicht erforderlich; es reicht auch schriftliche Erklärung z. B. in einem Brief aus, wenn der Gesellschaftsvertrag nichts anderes bestimmt [2]).

Auch die Führung der laufenden Geschäfte der Gesellschaft (die Geschäftsführung im engeren Sinn) steht grundsätzlich als gesellschaftliches Recht allen Gesellschaftern gemeinschaftlich zu, wie sie ihnen zugleich auch als Pflicht obliegt (§ 709). Es ist für jedes für die Gesellschaft vorzunehmende Geschäft die Zustimmung aller Gesellschafter erforderlich. Es kann aber in dem Gesellschaftsvertrag (d. h. in dem ursprünglichen, bei Gründung der Gesellschaft errichteten oder in einem Nachtrag) bestimmt werden, daß die Mehrheit entscheiden soll, wobei diese nach Köpfen festzustellen ist, wenn der Gesellschaftsvertrag nichts anderes (etwa Berechnung nach der Beteiligungsziffer der einzelnen Gesellschafter bei einem Kartell) anordnet. Es kann auch in dem Vertrag bestimmt sein, daß jeder Gesellschafter selbständig zum Handeln befugt sein soll, soweit nicht ein anderer Gesellschafter widerspricht, und die Gesellschafter haben noch weiter freie Hand, die Geschäftsführung in anderer Weise zu regeln. Das Gesetz erwähnt, daß die Geschäftsführungsbefugnis auch nur einzelnen Gesellschaftern, mehreren oder auch nur einem, übertragen werden kann, wobei dann die übrigen von der Geschäftsführung ausgeschlossen sind (§ 710 BGB.). So ergeben sich sehr erhebliche Verschiedenheiten hinsichtlich der Regelung der Geschäftsführung (und damit auch der Vertretung) bei den Gesellschaften des bürgerlichen Rechts.

Einem Gesellschafter, dem nach Gesellschaftsvertrag Geschäftsführungsbefugnis zusteht, kann diese nur entzogen werden, wenn ein wichtiger Grund vorliegt (§ 712 BGB.).

Es kann auch ein Nichtgesellschafter durch Auftrag oder Dienstvertrag mit der Vornahme von gesellschaftlichen Geschäften betraut wer-

---

[1]) Siehe darüber oben S. 32.

[2]) Wegen des Eingreifens von § 1 KartVO. bei Beschlüssen siehe oben S. 71.

den [1]), wobei es sich auch um eine eigens zu diesem Zweck geschaffene juristische Person handeln kann [2]).

Soweit einem Gesellschafter die Geschäftsführungsbefugnis zusteht, besitzt er im Zweifel auch Vertretungsmacht gegenüber Dritten (§ 714 BGB.).

Die Gesellschafter sind zur Leistung der vereinbarten Beiträge verpflichtet (§ 705 BGB.). Dabei kann es sich z. B. um Leistungen von Geld und anderen Sachen, von unkörperlichen Gegenständen (z. B. Patentrecht) oder Leistung von Diensten handeln. Die Forderung auf den Beitrag steht der Gesellschaft (d. h. da diese ja keine juristische Person ist, den Gesellschaftern zusammen) zu. Sie wird von den geschäftsführenden Gesellschaftern im Namen der Gesellschaft, d. h. aller Gesellschafter, geltend gemacht. Aber auch jeder einzelne Gesellschafter kann Leistung — zwar nicht an sich allein, aber an alle Gesellschafter — fordern [3]) [4]).

Der Gesellschafter ist seinen Mitgesellschaftern gegenüber nicht zur Erhöhung der Beiträge verpflichtet (§ 707 BGB.); es kann also nicht gegen seinen Willen seine Beitragspflicht etwa durch einen Mehrheitsbeschluß der Gesellschafter vergrößert werden. Aber § 707 enthält nachgiebiges Recht, der Gesellschaftsvertrag kann Abweichendes bestimmen. Dabei ist aber folgendes zu beachten: Die allgemeine Bestimmung, daß Änderungen des Gesellschaftsvertrags durch Mehrheitsbeschluß stattfinden können, genügt nicht; es muß sich vielmehr aus dem Vertrag ergeben, daß insbesondere auch die Beitragspflicht durch Mehrheitsbeschluß erhöht werden kann. Zum andern muß der Gesellschaftsvertrag

---

[1]) Siehe den Vertrag unten S. 158 § 5.

[2]) Siehe oben S. 35 bei der Behandlung der Doppelgesellschaft. In dem Gesellschaftsvertrag eines in die Form der Gesellschaft des bürgerlichen Rechts gekleideten Kartells heißt es z. B.: Die Konvention hat zu der Führung ihrer Geschäfte, insbesondere zur Verwaltung ihres Vermögens, zu dem Verkehr mit der Kundschaft in Konventionsangelegenheiten, zu der Einziehung der Ausrüstungslöhne, zu der Durchführung der Kontrolle, die „Geschäftsstelle der vereinigten ... färbereien G.m.b.H." bestellt; diese Beauftragung ist für die Zeit des Bestehens der Konvention unwiderruflich.

[3]) Siehe aber auch Hempfing, JW. 1929, 2122.

[4]) Da bei der Gesellschaft ein gegenseitiger Vertrag vorliegt, so finden auch die Vorschriften des BGB. über gegenseitige Verträge (§§ 320 ff.) grundsätzlich bei ihr Anwendung. Darüber und insbesondere über die Frage, wieweit ein Gesellschafter, der auf Leistung seines Beitrags belangt wird, diese unter Hinweis darauf, daß auch andere Gesellschafter mit ihren Beiträgen rückständig sind, verweigern kann (sog. Einrede des nichterfüllten Vertrages), vgl. z. B. Enneccerus, Lehrbuch des BR. § 396, III. (11. Bearbeitung § 173).

auch gewisse Grenzen erkennen lassen, innerhalb deren die bestehenden Beitragspflichten erhöht oder neue auferlegt werden können [1]).

Von größter Bedeutung für die Kartelle ist es, daß der Beitrag auch in der Verpflichtung zu einem Unterlassen bestehen kann, wie z. B. in der Verpflichtung des Gesellschafters, nicht unter einem bestimmten Mindestpreis zu verkaufen [2]). Handelt der Gesellschafter seiner Verpflichtung zum Unterlassen zuwider, verkauft er z. B. trotzdem Waren unter dem Mindestpreis, dann besteht gegen ihn ein Anspruch auf Erfüllung für die Zukunft, und es kann die Gesellschaft auch Schadensersatz verlangen, wenn ein vertretbares Verschulden des Gesellschafters vorliegt. Unter Umständen kann auch bei einem solchen Zuwiderhandeln gegen die Unterlassungspflicht für die Mitgesellschafter ein wichtiger Grund für eine fristlose Kündigung der Gesellschaft gegeben sein (§ 723 BGB.).

Die Erfüllung seiner Verpflichtungen gegenüber der Gesellschaft von seiten des Gesellschafters kann durch Vertragsstrafen gesichert werden.

Nach § 708 BGB. haftet der Gesellschafter bei der Erfüllung seiner Verpflichtungen nur für diejenige Sorgfalt, welche er in eigenen Angelegenheiten anzuwenden pflegt.

Für die Schulden, welche aus Rechtsgeschäften herrühren, die vertretungsberechtigte Gesellschafter (oder auch Nichtgesellschafter) im Namen sämtlicher Gesellschafter geschlossen haben, haften diese letzteren, und zwar im Zweifel als Gesamtschuldner (§§ 421, 427 BGB.). Der Dritte, mit welchem das Rechtsgeschäft abgeschlossen worden ist, kann sämtliche Gesellschafter daraus verklagen und kann auf Grund des gegen sie erwirkten Urteils die Zwangsvollstreckung in das Gesellschaftsvermögen (das ja allen Gesellschaftern zur gesamten Hand zusteht) betreiben (§ 736 ZPO.). Grundsätzlich haften aber die Gesellschafter nicht nur in dieser Weise mit ihrem Anteil am Gesellschaftsvermögen, sie können vielmehr auch mit ihrem sonstigen Vermögen in der ganzen Höhe der Forderung in Anspruch genommen werden. Es ist aber nicht nur möglich, daß bei Abschluß des Geschäfts mit dem Dritten mit diesem eine Vereinbarung getroffen wird, wonach allein das Gesellschaftsvermögen ihm haften soll, sondern es kann auch von seiten

---

[1]) Siehe Flechtheim, Rechtl. Organ., S. 253 ff. Unter Umständen erscheint auch die Ermäßigung einer bestehenden Beitragspflicht durch Mehrheitsbeschluß als unzulässig, siehe Flechtheim a. a. O. S. 256.

[2]) Häufig werden bei Kartellen in dem Gesellschaftsvertrag solche Kartellpflichten nur grundsätzlich festgelegt, während die Ausführungsbestimmungen (Festsetzung der jeweilig einzuhaltenden Mindestpreise bzw. der Geschäfts- und Zahlungsbedingungen u. dgl.) von den Organen der Gesellschaft erlassen werden, deren Beschlüssen sich die Gesellschafter im Gesellschaftsvertrag unterwerfen; siehe Anlage II, 1 S. 158; Tschierschky, S. 41.

der Mitgesellschafter die Vertretungsmacht des Geschäftsführers dahingehend beschränkt sein, daß er nur die Macht hat, durch seine Erklärung diese hinsichtlich ihrer Anteile am Gesellschaftsvermögen zu verpflichten, so daß also auch auf diese Weise dem Gläubiger nur Vollstreckung in das Gesellschaftsvermögen zusteht.

Es ist sowohl ein Eintritt neuer Gesellschafter, wie auch ein freiwilliges Ausscheiden (Austritt) von Gesellschaftern bei Fortbestehen der Gesellschaft möglich [1]). Für das freiwillige Ausscheiden, das durch Kündigung erfolgt, ist aber eine entsprechende Vereinbarung im Gesellschaftsvertrag erforderlich, da sonst durch die Kündigung nicht nur ein Ausscheiden des Kündigenden, sondern die Auflösung der Gesellschaft herbeigeführt wird [2]).

Auch ein unfreiwilliges Ausscheiden (Ausschließung) eines Gesellschafters ist möglich, und zwar kann nach § 737 BGB. diese herbeigeführt werden hinsichtlich eines Gesellschafters, der eine ihm nach dem Gesellschaftsvertrag obliegende wesentliche Verpflichtung vorsätzlich oder aus grober Fahrlässigkeit verletzt hat, oder in dessen Person ein sonstiger wichtiger Grund eingetreten ist, der seine Mitgesellschafter berechtigte, die Gesellschaft zu kündigen (§ 723 Abs. 1) und damit ihre Auflösung zu bewirken. Es kann hier statt dessen Ausschluß durch einstimmigen Beschluß der übrigen Gesellschafter erfolgen, unter der weiteren Voraussetzung, daß in dem Gesellschaftsvertrag — sei es gegebenenfalls auch nur stillschweigend — vorgesehen ist, daß im Falle einer Kündigung seitens eines Gesellschafters die Gesellschaft nicht aufgelöst werden, sondern unter den übrigen fortbestehen soll. § 737 BGB. enthält nachgiebiges Recht; im Gesellschaftsvertrag können sonach abweichende Vereinbarungen getroffen werden, z. B. in dem Sinn, daß Ausschluß durch Mehrheitsbeschluß der übrigen Gesellschafter erfolgen kann oder daß auch ohne wichtigen Grund ein Ausschluß zulässig sein

---

[1]) Über den Eintritt enthält das BGB. keine Bestimmungen; siehe darüber: Enneccerus, Lehrbuch des BR. § 402 Absatz 2.

[2]) Vgl. § 736 BGB.: „Ist im Gesellschaftsvertrag bestimmt, daß, wenn ein Gesellschafter kündigt..., die Gesellschaft [nicht, wie dies die Regel bildet, aufgelöst werden, sondern] unter den übrigen Gesellschaftern fortbestehen soll, so scheidet bei dem Eintritt eines solchen Ereignisses der Gesellschafter, in dessen Person es eintritt, [der kündigt,] aus der Gesellschaft aus." Bei Kartellen wird eine dahingehende Vereinbarung regelmäßig als stillschweigend getroffen anzunehmen sein. Vgl. Flechtheim, Rechtl. Organ., S. 264.

Auch für den Fall des Todes eines Gesellschafters (§ 727 BGB.) oder der Eröffnung des Konkurses über das Vermögen eines Gesellschafters (§ 728), wird auch ohne eine ausdrückliche Bestimmung im Gesellschaftsvertrag bei Kartellen regelmäßig eine stillschweigende Vereinbarung dahingehend anzunehmen sein, daß die Gesellschaft nicht aufgelöst, sondern mit dem Erben bzw. nur unter den übrigen Gesellschaftern fortbestehen soll (§ 736).

soll. — Der ausscheidende Gesellschafter hat nach § 738 ein Recht auf Geldabfindung, doch kann auch dieses gegebenenfalls stillschweigend wegbedungen werden.

Es kann im Gesellschaftsvertrag die Übertragbarkeit der Gesellschafterstellung angeordnet werden. Dies ist angesichts des dispositiven Charakters von § 717 und § 719 (soweit es sich um die Verfügung über den Anteil am Gesellschaftsvermögen handelt) zulässig. Für Kartelle ist dies besonders dann wichtig, wenn eine Beteiligungsziffer für die einzelnen Gesellschafter festgesetzt ist, siehe darüber oben S. 32.

Die Gesellschaft endet mit Ablauf der Zeit, für welche sie eingegangen ist. Sie kann auch durch Vereinbarung der Gesellschafter jederzeit aufgelöst werden, wozu allerdings, falls der Gesellschaftsvertrag nichts anderes bestimmt, die Zustimmung aller Gesellschafter erforderlich ist. Die Auflösung der Gesellschaft wird auch herbeigeführt durch die wirksame Kündigung von seiten eines Gesellschafters [1]). Für die Zulässigkeit der Kündigung sagt das Gesetz folgendes: Ist die Gesellschaft auf unbestimmte Zeit eingegangen [2]), und ist auch im Gesellschaftsvertrag keine Kündigungsfrist bestimmt, dann kann jeder Gesellschafter jederzeit ohne Einhaltung einer Kündigungsfrist kündigen (§ 723 Abs. 1 BGB.) [3]). Aber auch dann, wenn der Vertrag auf bestimmte Zeit abgeschlossen [4]) oder wenn eine Kündigungsfrist vorgesehen ist, kann Kündigung doch schon vor Ablauf der Zeit und ohne Einhaltung der Kündigungsfrist erfolgen, wenn ein wichtiger Grund vorliegt (§ 723 Abs. 1 Satz 2 u. 3 BGB.). Wann ein solcher gegeben ist, sagt das Gesetz im allgemeinen nicht; die Frage ist vielmehr stets unter Berücksichtigung der besonderen Lage des einzelnen Falls zu beantworten und dabei insbesondere zu prüfen, ob den Gesellschaftern das Verbleiben in der Gesellschaft bei der gegebenen Sachlage nicht weiter zugemutet werden kann. Dies kann insbesondere, wie auch das Gesetz hervorhebt, der Fall sein, wenn ein anderer Gesellschafter eine ihm nach dem Gesellschaftsvertrag obliegende wesentliche Verpflichtung

---

[1]) Soweit nicht, wie oben ausgeführt, § 736 eingreift und nur der Kündigende ausscheidet.

[2]) Dabei ist zu beachten, daß auch dann, wenn der Vertrag keine ausdrücklichen Angaben darüber enthält, für welche Zeit er geschlossen sein soll, sich doch aus dem Zweck und dem Inhalt desselben ergeben kann, daß er für eine bestimmte Zeit in Kraft bleiben soll, was insbesondere für Kartelle von Bedeutung ist. Vgl. Geiler-Staudinger, § 723 Bem.: III, 2.

[3]) Über Kündigung zur Unzeit siehe § 723 Absatz 2.

[4]) Auf eine bestimmte Zeit ist ein Gesellschaftsvertrag z. B. auch dann geschlossen, wenn der Vertrag zunächst auf eine bestimmte Reihe von Jahren gelten und unter denjenigen Mitgliedern, die nicht mit Ablauf dieser Zeit infolge von Kündigung ausscheiden, wiederum mit Kündigungsrecht auf jeweilige spätere Termine fortgesetzt werden soll; siehe RGZ. 82, 395; Geiler-Staudinger, S. 1389 bb.

vorsätzlich oder grobfahrlässig verletzt[1]) oder wenn die Erfüllung einer solchen Verpflichtung unmöglich wird. Nach § 723 Abs. 1 ist jede Vereinbarung nichtig, durch welche das Kündigungsrecht ausgeschlossen oder den Vorschriften des § 723 zuwider eingeschränkt wird. Daraus ergibt sich insbesondere, daß es sich hinsichtlich der Zulässigkeit der Kündigung aus wichtigem Grund um eine zwingende Vorschrift handelt[2]).

Die Gesellschaft endet nach § 726 auch dann, wenn der vereinbarte Zweck erreicht oder dessen Erreichung unmöglich geworden ist, doch ist dabei zu beachten, daß diese Bestimmung nur dann eingreift, wenn eine völlige, objektive Unmöglichkeit der Erreichung dieses Zwecks vorliegt, nur dann wird die Gesellschaft ohne weiteres aufgelöst. Stellen sich der Erreichung des Zwecks große Schwierigkeiten entgegen, so ist hier kein Fall des § 726 gegeben, aber es kann ein wichtiger Grund zur Kündigung nach § 723 Abs. 1 vorhanden sein. So würde z. B. ein einfaches Preiskartell ohne weiteres nach § 726 aufgelöst, wenn vom Staat Preise für die betreffende Warengattung festgesetzt würden, dagegen käme nur § 723 zur Anwendung, wenn so mächtige Außenseiter aufkommen und die Preise unterbieten, daß damit ein Festhalten der vom Kartell bestimmten Mindestpreise für seine Mitglieder zum Ruin führen würde.

Die seither gemachten Ausführungen beziehen sich auf die Gesellschaft, wie sie nach den Vorschriften des BGB. als normale erscheint: die Gesamthandsaußengesellschaft, bei welcher gesellschaftliche Geschäfte nach außen im Namen der Gesellschafter geschlossen werden und bei welcher ein gesellschaftliches Vermögen als Sondervermögen, das den Gesellschaftern zur gesamten Hand zusteht, vorhanden ist. Es ist aber gerade für die Anwendung gesellschaftsrechtlicher Vorschriften auf Kartelle von Bedeutung, daß für die Gesellschaft des bürgerlichen Rechts das Vorhandensein eines Gesellschaftsvermögens kein wesentliches Merkmal ist. Es erscheinen deshalb auch solche Kartelle, bei welchen sich die Beteiligten nur zu einem Unterlassen verpflichten (so bei einfachen Preis-, Konditionen- und Gebietskartellen) und die Bildung eines gemeinsamen Vermögens nicht beabsichtigt wird, als Gesellschaften im Sinne des § 705 BGB. — wenn sie auch von dem regelmäßigen Typ der Gesellschaft abweichen, so daß nicht alle Vorschriften über die-

---

[1]) In diesen Fällen besteht auch nach allgemeinen Grundsätzen ein Schadenserſatzanspruch gegen denjenigen Gesellschafter, der durch sein schuldhaftes Verhalten die vorzeitige Kündigung veranlaßt, RGZ. 89, 399 ff.

[2]) Es dürfen dem Kündigenden auch keine Nachteile (Vertragsstrafe, Austrittsgeld) auferlegt werden, vgl. Geiler-Staudinger zu § 723, Bem. III, 2, f; III, 3, f.

selben in diesen Fällen Anwendung finden können[1]). Andererseits finden sich auch Gesellschaften, bei welchen die Gesellschaft deshalb als solche nach außen gar nicht in Erscheinung tritt, weil Geschäfte zwar auf Rechnung der Gesellschafter, aber nicht in gemeinsamer Vertretung auf den Namen aller Gesellschafter, sondern im Namen eines geschäftsführenden Gesellschafters oder auch eines beauftragten Dritten abgeschlossen werden. Einer solchen Innengesellschaft werden wir insbesondere bei Behandlung der Doppelgesellschaft begegnen[2]).

2. Der nichtrechtsfähige Verein[3]).

Auf einen nichtrechtsfähigen Verein finden nach § 54 S. 1 BGB. die Vorschriften über die Gesellschaft Anwendung. Es scheint deshalb auf den ersten Blick eine müßige Frage zu sein, ob eine Vereinigung von Personen zur Erreichung eines gemeinsamen Zwecks, die nicht nach §§ 21 oder 22 BGB. Rechtsfähigkeit erlangt hat, als ein Verein oder als eine Gesellschaft zu betrachten ist. Es ergibt sich aber doch schon aus dem Gesetz selbst eine verschiedene Behandlung des nichtrechtsfähigen Vereins gegenüber der Gesellschaft. § 54 S. 2 BGB. besagt, daß der beim Abschluß eines Rechtsgeschäfts im Namen eines nichtrechtsfähigen Vereins Handelnde persönlich haftet; sind es mehrere, so haften sie als Gesamtschuldner; § 50 Abs. 2 ZPO. bestimmt, daß der nichtrechtsfähige Verein verklagt werden kann, also passive Parteifähigkeit besitzt[4]); auf Grund des gegen den Verein ergangenen Urteils findet nach § 735 ZPO. Vollstreckung in das Vereinsvermögen statt. Nach § 213 KO. ist beim nichtrechtsfähigen Verein ein Konkursverfahren über das Vereinsvermögen zulässig.

Mithin ist es doch notwendig, im einzelnen Fall Klarheit darüber zu haben, ob es sich um einen nichtrechtsfähigen Verein oder um eine Gesellschaft des bürgerlichen Rechts handelt. Diese Feststellung ist auch in vielen Fällen nicht schwierig, in denen die Satzung des nichtrechtsfähigen Vereins sich von derjenigen eines rechtsfähigen nicht unterscheidet und die körperschaftliche Organisation unzweideutig zu-

---

[1]) Siehe Flechtheim, Rechtl. Organ., S. 143 ff., 317; Eger, in RG., Festschrift, Band IV, S. 246, Lukas, Kart.-Rdsch. 1927, S. 15.

[2]) Siehe oben S. 35 ff.; vgl. Geiler, in Geiler-Staudinger, Anhang A zu Titel 14, S. 1360 ff.

[3]) Vgl. dazu auch Stoll, Gegenwärtige Lage der Vereine ohne Rechtsfähigkeit, Reichsgerichtspraxis im deutschen Rechtsleben, Bd. 2, S. 49 ff.

[4]) Für das Kartellstreitverfahren besteht allerdings kein Unterschied gegenüber der Gesellschaft, siehe Isay-Tschierschky, Kartellverordnung, S. 113 und oben S. 114 Anm. 3.

tage tritt [1]). Mitunter tauchen aber Zweifel auf, ob ein nichtrechtsfähiger Verein oder eine Gesellschaft vorliegt. Es müssen eben nicht notwendig stets alle Merkmale, die das Reichsgericht in RGZ. 60, 94 für den Verein aufzählt [2]), zusammentreffen. Es kann das eine oder das andere im Einzelfall fehlen, ohne daß dadurch die Annahme eines Vereins ausgeschlossen wird. Andererseits kann auch eine Gesellschaft des bürgerlichen Rechts — angesichts der dispositiven Natur der einschlägigen Vorschriften — eine Vereinigung einer größeren Anzahl von Personen auf längere Dauer unter einem Gesamtnamen darstellen, bei welcher ein Wechsel von Mitgliedern vorgesehen und auch ein organisatorischer Aufbau vorhanden ist.

In solchen Zweifelsfällen muß aus der Gesamtheit der Umstände ermittelt werden, ob eine körperschaftliche Organisation gegeben ist, so daß ein von der Einzelpersönlichkeit der Mitglieder unabhängiger, nach innen und nach außen als Einheit auftretender Verband besteht [3]).

Nach § 54 Satz 1 BGB. finden — abgesehen von den oben aufgeführten, nur für den nichtrechtsfähigen Verein geltenden Vorschriften — auf diesen die Bestimmungen für die Gesellschaft Anwendung. Es kann deshalb auf das für diese Gesagte im allgemeinen Bezug genommen werden. Nur ist zu betonen, daß auch das Vereinsvermögen beim nichtrechtsfähigen Verein als ein Sondervermögen erscheint, das den Vereinsmitgliedern zur gesamten Hand zusteht. Die Satzung entspricht dem Gesellschaftsvertrag; sie bedarf keiner Form, und es können auch stillschweigend Vereinbarungen unter den Mitgliedern in dieser

---

[1]) Vgl. etwa die Satzung des Verbandes der Krawattenstofffabrikanten, eines nichtrechtsfähigen Vereins, die im Auszug mitgeteilt ist in den Veröffentlichungen des Untersuchungsausschusses, I. Unterausschuß, 3. Arbeitsgruppe, 2. Teil, 3. Abschnitt, S. 144 ff. Im § 1 heißt es hier: Die Eintragung des Verbandes in das Vereinsregister kann jederzeit durch den Vorstand beantragt werden.

[2]) „eine dauernde Verbindung einer größeren Anzahl von Personen, zur Erreichung eines ihnen gemeinsamen Zwecks, die sich eine die wesentlichen Merkmale korporativer Organisation enthaltende Gestaltung gegeben hat, einen Gesamtnamen führt, und bei welcher ein Wechsel in dem Mitgliederbestand, und zwar nicht vermöge besonderen Ausnahmerechts, sondern naturgemäß infolge des Wesens der Vereinigung stattfindet". Es handelte sich im fraglichen Fall um ein Kartell, eine Feingoldschlägervereinigung.

[3]) Wenn im Falle einer Doppelgesellschaft (siehe darüber oben S. 35 ff.) bei der Vereinigung, welche keine Rechtsfähigkeit besitzt, ein Verbandsorgan für das Auftreten dieser Vereinigung im eigenen Namen nach außen fehlt, vielmehr hier die Geschäftsführung einer zu diesem Zweck geschaffenen juristischen Person übertragen wird, die dabei im eigenen Namen handelt, so wird man sich für das Vorliegen einer Gesellschaft des bürgerlichen Rechts entscheiden müssen. siehe Flechtheim, Rechtl. Organ., S. 25, 245, Hoeniger, ZHR., Bd. 84, S. 502.

Hinsicht getroffen werden [1]). Der Vorstand ist gleich dem geschäftsführenden Gesellschafter zu behandeln (§ 710 BGB.), es steht ihm im Zweifel auch gerichtliche und außergerichtliche Vertretungsmacht zu (§§ 714, 715) [2]).

Soweit es sich aber im Gesellschaftsrecht um nachgiebiges Recht handelt, ist die Regelung so zu gestalten, wie es dem Wesen des nichtrechtsfähigen Vereins angepaßt ist. So ist bei diesem im Zweifel als stillschweigend vereinbart anzusehen, daß bei Beschlüssen der Mitgliederversammlung und des Vorstandes Mehrheitsprinzip gilt (§§ 709, 710). Es wird die Satzung, wenn sie auch keine ausdrückliche Bestimmung in dieser Richtung enthält, in der Regel dahin auszulegen sein, daß der Vorstand durch Rechtsgeschäfte, die er im Namen des Vereins abschließt, nur befugt sein soll, die Mitglieder mit ihrem Anteil am Vereinsvermögen zu verpflichten, m. a. W., daß ihm nur eine in dieser Art beschränkte Vertretungsmacht zustehen soll, abgesehen von der persönlichen Haftung desjenigen, der im Namen des nichtrechtsfähigen Vereins das Rechtsgeschäft abgeschlossen hat (§ 54 Satz 2). Da der Verein regelmäßig vom Wechsel der Mitglieder unabhängig sein will, so muß als stillschweigend vereinbart angesehen werden, daß bei Austritt, Tod oder Konkurs eines Mitglieds der Verein nicht aufgelöst werden, sondern trotzdem fortgesetzt werden soll (§ 736). Wenn in der Person eines Mitglieds ein wichtiger Grund vorliegt, so kann es — auch wenn die Satzung keine Bestimmung darüber enthält — aus dem Verein ausgeschlossen werden (§ 737). Das Recht auf Geldabfindung, das einem ausscheidenden Gesellschafter nach § 738 zusteht, ist auch bei Fehlen einer entsprechenden Vorschrift in der Satzung als stillschweigend ausgeschlossen zu betrachten.

Zwingende Vorschriften des Gesellschaftsrechts können aber nicht durch die Satzung abgeändert werden; woraus sich ergibt, daß auch bei einem nichtrechtsfähigen Verein jedes Mitglied nach § 723 Abs. 1 Satz 2 aus wichtigem Grunde fristlos kündigen, d. h. austreten, kann [3]).

3. Der eingetragene Verein.

Der eingetragene Verein ist juristische Person, er besitzt Rechtsfähigkeit. Als Rechtsträger erscheint der Verein als solcher, als ein von den einzelnen Mitgliedern verschiedenes Rechtssubjekt. Die einzelnen Vereinsmitglieder sind weder Inhaber der Rechte, noch Schuldner der Verbindlichkeiten des Vereins. Der rechtsfähige Verein kann klagen und verklagt werden, er besitzt aktive und passive Parteifähigkeit.

---

[1]) Siehe aber oben S. 70 wegen § 1 KartVO.

[2]) Haftung für Verhalten des Vorstandes nicht nach § 31, sondern nach § 831 BGB.

[3]) Siehe dazu oben S. 102 wegen § 8 KVO.

Der Weg, auf welchem ein Verein die Rechtsfähigkeit erlangen kann, ist nach BGB. verschieden, je nachdem, ob es sich um einen Verein handelt, dessen Zweck auf einem wirtschaftlichen Geschäftsbetrieb gerichtet ist, oder ob der Verein einen andern Zweck verfolgt.

Bei einem Verein ersterer Art kann der Erwerb der Rechtsfähigkeit in Ermangelung besonderer reichsgesetzlicher Vorschriften (über Aktiengesellschaft, Gesellschaft mit beschränkter Haftung und auch eingetragene Genossenschaft) durch staatliche Verleihung erfolgen, § 22 BGB. Für Kartelle wird eine Erlangung der Rechtsfähigkeit auf diese Weise sehr selten in Frage kommen, zumal auch kein Anspruch auf Verleihung besteht, die vielmehr reine Ermessenssache der zuständigen Behörde ist, und überdies jede Satzungsänderung hier der Genehmigung der zuständigen Behörde bedarf.

Anders bei denjenigen Vereinen, deren Zweck nicht auf einen wirtschaftlichen Geschäftsbetrieb gerichtet ist (§ 21). Sie können die Rechtsfähigkeit durch Eintragung in das Vereinsregister erlangen, und zwar kann diese nach dem hier geltenden System der Normativbestimmungen gefordert werden, wenn gewisse, vom Gesetz normierte, Voraussetzungen erfüllt sind. Der eingetragene Verein kommt als Rechtsform für Kartelle häufig zur Anwendung [1]), von ihm ist deshalb im folgenden zu handeln.

Nur Vereine, deren Zweck nicht auf einen wirtschaftlichen Geschäftsbetrieb gerichtet ist, kommen für die Eintragung in Frage. Diese Formulierung des Gesetzes erscheint als sehr wenig glücklich, und es ist deshalb auch die Auslegung überaus bestritten.

Man wird sagen müssen, daß die Tatsache, daß ein Verein die Wahrung der wirtschaftlichen Interessen seiner Mitglieder und die Verhütung von Vermögensbeschädigungen bei diesen bezweckt, noch nicht ausreicht, um ihn zu einem Verein mit wirtschaftlichem Geschäftsbetrieb zu machen und die Möglichkeit der Eintragung auszuschließen. Es muß sich vielmehr die nach außen gerichtete Tätigkeit des Vereins im Verkehr mit Dritten als ein Geschäftsbetrieb darstellen, als eignes Unternehmen, das auf den Erwerb wirtschaftlicher Vorteile für den Unternehmer gerichtet ist [2]), und es muß dieser Geschäftsbetrieb das Hauptmittel zur Erreichung des Vereinszwecks sein.

---

[1]) Vgl. Günther, Kartelle in Form von rechtsfähigen Vereinen, 1920, und die Entscheidungen des Kartellgerichts.

[2]) Vgl. Flechtheim, Rechtl. Organ., S. 317/18, und das dort zitierte Urteil RGZ. 95 S. 94: Es ist auch nicht richtig, daß der Verein, weil der Schutz der gewerblichen Interessen aller Beteiligten im Rahmen seines satzungsmäßigen Zwecks liegt, nicht habe eingetragen werden dürfen. Mit dem wirtschaftlichen Geschäftsbetrieb der einzelnen Mitglieder stehen derartige Preiskonventionen mehr oder weniger in Verbindung und Beziehung. Aber das ist nicht das Entscheidende. Es kommt darauf an, ob der Verein es auf einen wirtschaftlichen Geschäftsbetrieb abgesehen hat, und das liegt hier nicht vor.

Ist dies nicht der Fall, dann kann der Verein als „idealer" Verein in einem sehr einfachen und wenig kostspieligen Verfahren die Rechtsfähigkeit durch Eintragung in das Vereinsregister erlangen. Voraussetzung ist dabei eine Satzung[1]), welche Zweck[2]), Namen und Sitz des Vereins enthält und ergibt, daß der Verein eingetragen werden soll (§ 57). Ferner soll die Eintragung nur erfolgen, wenn die Zahl der Mitglieder mindestens 7 beträgt, wenn der Name des Vereins sich von dem anderer an demselben Ort oder in derselben Gemeinde bestehenden eingetragenen Vereinen deutlich unterscheidet[3]), wenn die Satzung Bestimmungen über Ein- und Austritt der Mitglieder, über die Beiträge der Mitglieder (falls solche zu leisten sind), über die Bildung des Vorstandes, über die Berufung der Mitgliederversammlung und die Beurkundung der Beschlüsse enthält (§§ 56, 57 Abs. 2, 58 BGB.). Die Anmeldung hat durch den Vorstand in öffentlich beglaubigter Form zu erfolgen unter Beifügung der Satzung in Ur- und Abschrift. Die Satzung soll von mindestens 7 Mitgliedern unterzeichnet sein und den Errichtungstag angeben. In aller Regel wird also bei einem eingetragenen Verein die Satzung schriftlich niedergelegt und von mindestens 7 Vereinsmitgliedern unterzeichnet sein. Doch ist zu beachten, daß es sich hier nicht um ein wesentliches Erfordernis für die Eintragung handelt. Das Gesetz hat nicht die schriftliche Errichtung der Vereinssatzung (§ 125, 126 BGB.) vorgeschrieben und die Nichtbeachtung der Vorschrift des § 59 Abs. 2 und 3 hat nicht etwa Unwirksamkeit der Eintragung zur Folge[4]).

Mit der Eintragung erwirbt der Verein die Rechtsfähigkeit; sein Name erhält den Zusatz „eingetragener Verein", §§ 21, 65. Das Vorhandensein von Vermögen ist nicht Voraussetzung für die Entstehung des Vereins.

Mitglieder des eingetragenen Vereins können natürliche oder juristische Personen sein, auch nichtrechtsfähige Vereine. Eine Firma als solche kann nicht Mitglied des Vereins sein, da sie kein Rechts-

---

[1]) Siehe das Beispiel im Anhang S. 158.

[2]) Abgesehen davon, daß es sich nicht um einen „wirtschaftlichen Verein" in dem eben dargelegten Sinn handeln darf, besteht keine sonstige Schranke hinsichtlich des Zwecks, den der Verein nach der Satzung verfolgen soll. Es darf nur der Zweck nicht den Strafgesetzen zuwiderlaufen noch gegen zwingende Rechtsnormen oder die guten Sitten verstoßen, §§ 1, 2 RV.; §§ 134, 138 BGB.

[3]) Einen Hinweis auf den Zweck des Vereins muß der Name nicht enhalten, siehe aber Tschierschky, Kartellorganisation, S. 100.

[4]) Siehe aber oben S. 70 wegen der Formvorschrift des § 1 KVO.

subjekt, sondern nur der Name ist, den ein Kaufmann im Betriebe seines Handelsgewerbes führt (§ 17 HGB.) [1]).

Als notwendige Organe [2]) des eingetragenen Vereins erscheinen Vorstand und Mitgliederversammlung (§§ 26, 32 BGB.).

Der Vorstand [3]) kann aus einer oder mehreren Personen bestehen [4]) (§ 26 Abs. 1 BGB.).

Falls die Satzung nichts anderes bestimmt (etwa die Ergänzung durch Kooptation zuläßt), wird der Vorstand durch Beschluß der Mitgliederversammlung bestellt (§ 27 Abs. 1). Er vertritt den Verein gerichtlich und außergerichtlich; er hat die Stellung eines gesetzlichen Vertreters. Für den Schaden, den der Vorstand, ein Mitglied des Vorstands oder ein anderer verfassungsmäßig berufener Vertreter durch eine in Ausführung der ihm zustehenden Verrichtungen begangene, zum Schadensersatz verpflichtende Handlung einem Dritten zufügt, ist der Verein verantwortlich (§ 31 BGB.).

In der Mitgliederversammlung hat jedes Mitglied im Zweifel eine Stimme; die Satzung kann aber andere Regelungen treffen [5]). Beschlüsse der Mitgliederversammlung, die gegen die Satzung oder das Gesetz verstoßen [6]), sind ohne weiteres nichtig. Es bedarf von seiten eines Mitglieds, welches den Verstoß geltend machen will, nicht einer Anfechtungsklage [7]), um eine Nichtigkeitserklärung durch gerichtliches Urteil herbeizuführen.

Ist einem Mitglied ein Sonderrecht eingeräumt, d. h. ein Recht, das ihm zwar in seiner Eigenschaft als Mitglied zusteht, das ihm aber doch eine Sonderstellung innerhalb der Körperschaft gegenüber den anderen Mitgliedern verleiht [8]), so bedarf es der Zustimmung des sonderberechtigten Mitglieds, wenn dieses Recht durch einen Beschluß der

---

[1]) Es wird aber eine Bestimmung in einer Satzung, die von Firmen als Mitgliedern redet, dahin zu verstehen sein, daß die Inhaber von Firmen der betreffenden Branche aufzunehmen sind und daß bei einer Veräußerung des Geschäfts auch die Mitgliedschaft auf den Erwerber übertragen werden kann, siehe RG. in Warn., Rechtspr. 18 Nr. 48 S. 74, Flechtheim, Rechtl. Organ., S. 305.

[2]) Es können noch andere Organe, wie Aufsichtsrat, Ausschüsse u. dgl. durch die Satzung geschaffen werden.

[3]) Daß der Vorstand diese Bezeichnung führt, ist nicht wesentlich, aber der Richter hat bei der Anmeldung dafür Sorge zu tragen, daß nicht andere Benennungen (wie etwa Direktor) verwandt werden.

[4]) Die nicht notwendig Vereinsmitglieder sein müssen.

[5]) Siehe z. B. in der Satzung unten S. 160 § 8.

[6]) Es ist z. B. ein satzungsändernder Beschluß nicht mit der im § 33 vorgeschriebenen verstärkten Mehrheit oder Einstimmigkeit gefaßt.

[7]) Wie regelmäßig gegenüber Beschlüssen der Generalversammlung einer Aktiengesellschaft nach § 271 HGB.

[8]) Z. B. mehrfaches Stimmrecht, Freiheit von Beitragsleistungen.

Versammlung beeinträchtigt oder gar aufgehoben werden soll (§ 35 BGB.).

Allgemeine Mitgliederrechte, d. h. diejenigen, die allen Mitgliedern als solchen in gleicher Weise zustehen, können in der Regel durch einen Mehrheitsbeschluß der Mitgliederversammlung entzogen werden, — soweit sie auf der Satzung beruhen, im Wege der Satzungsänderung. Es ist aber dabei der Grundsatz der Gleichberechtigung zu wahren.

Aus der Satzung ergibt sich, ob und welche Beiträge die Mitglieder zu leisten haben (§ 58 Z. 2 BGB.) [1]. Die Satzung kann — was für die Frage der Verwendungsmöglichkeit dieser Rechtsform für Kartelle von besonderer Bedeutung ist — neben diesen Beiträgen im engeren Sinn den Mitgliedern auch die Verpflichtung zu einem sonstigen Tun, insbesondere aber auch zu einem Unterlassen, auferlegen [2].

Dabei kann sich die Satzung darauf beschränken, nur grundsätzlich die Verpflichtungen der Mitglieder zu Beiträgen und sonstigen Leistungen festzulegen, während die näheren Bestimmungen der Mitgliederversammlung, dem Vorstand oder einem anderen Organ überlassen werden. Jedoch darf es sich bei diesen Anordnungen der Organe nicht um Auferlegung neuer Pflichten, sondern nur um die nähere Regelung der in der Satzung bereits in gewissen Grenzen festgelegten handeln [3].

Durch eine Satzungsänderung, zu der regelmäßig eine Dreiviertelmehrheit der abgegebenen Stimmen erforderlich ist [4], können diese, in der Satzung verankerten Pflichten vermehrt und es können auch auf diesem Wege vollständig neue Pflichten eingeführt werden [5]; dabei wird nach der zwingenden Vorschrift des § 71 BGB. jede Satzungsänderung erst durch Eintragung in das Vereinsregister wirksam. Doch ist zu beachten, daß sich eine Auferlegung neuer Pflichten unter Umständen als eine Änderung des Vereinszwecks darstellen kann; in die-

---

[1]) Die Beitragspflicht besteht gegenüber dem Verein, wie hier überhaupt Rechte und Pflichten nur zwischen dem Verein und den einzelnen Mitgliedern bestehen, nicht zwischen den Mitgliedern untereinander, wie bei der Gesellschaft.

[2]) Siehe das Beispiel unten Anlage S. 159.

[3]) Siehe RG. in Kart.-Rdsch. 16, 80; Flechtheim, Rechtl. Organ., 321.

[4]) § 33 Abs. 1 Satz 1; hier ist allerdings Mehrheit von dreiviertel der erschienenen Mitglieder gefordert, aber diejenigen Mitglieder, die sich der Abstimmung enthalten, weiße Zettel abgeben, werden nicht mitzuzählen sein; anders allerdings RGZ. 80, 169 ff.

[5]) Wobei entsprechend dem Grundsatz der Gleichberechtigung nur eine gleichmäßige Erhöhung oder Neubegründung von Pflichten für alle Mitglieder stattfinden darf, soweit nicht die Benachteiligten zustimmen.

sem Fall ist zu der Satzungsänderung grundsätzlich die Zustimmung aller Mitglieder erforderlich, wobei die in der Mitgliederversammlung nicht erschienenen schriftlich ihre Zustimmung zu erteilen haben (§ 33 Abs. 1 Satz 2). Aus § 40 ergibt sich jedoch, daß die Vorschriften des § 33 durch die Satzung geändert werden können. Es kann also in dieser bestimmt werden, daß zur Änderung der Satzung selbst dann, wenn damit eine Änderung des Vereinszwecks verbunden ist, doch einfache Mehrheit in der Mitgliederversammlung genügt oder auch, daß eine solche Änderung durch ein anderes Organ (z. B. den Vorstand) stattfinden kann [1]).

Für den Fall, daß ein Mitglied die ihm nach der Satzung obliegenden Pflichten nicht erfüllt, kann die Satzung Geldstrafen oder auch sonstige Rechtsfolgen, wie namentlich Ausschließung aus dem Verein, anordnen.

Die Mitgliedschaft ist unübertragbar und unvererblich (§§ 38, aber dispositiv nach § 40 BGB.). Über die Voraussetzung des Beitritts neuer Mitglieder hat die Satzung Bestimmungen zu treffen (§ 58 Nr. 1). Ein Anspruch auf Aufnahme besteht nicht [2]). Die Beitrittserklärung kann — ebenso wie die Willenserklärung eines Gründers bei Abschluß des Gründungsvertrages — wegen Irrtum, arglistiger Täuschung oder Drohung angefochten werden [3]).

Nach der zwingenden Vorschrift des § 39 sind die Mitglieder zum Austritt berechtigt, und es darf eine Beschränkung nur insofern stattfinden, als der Austritt entweder nur auf den Schluß des Geschäftsjahres oder nach Ablauf einer Kündigungsfrist zugelassen wird, die aber höchstens 2 Jahre betragen kann. Eine hiervon abweichende Bestimmung der Satzung wäre nichtig. Es sind aber auch weiter gute Gründe dafür geltend gemacht worden, wie bei der Gesellschaft und damit auch bei dem nichtrechtsfähigen Verein eine fristlose Kündigung aus wichtigem Grund gemäß § 723, so auch bei dem rechtsfähigen Verein den jederzeitigen, sofortigen Austritt aus wichtigem Grund zuzulassen [4]).

Die Ausschließung eines Mitglieds aus dem Verein kann erfolgen, wenn dies in der Satzung vorgesehen ist. Dabei können Aus-

---

[1]) Ein Mitglied, das mit der Satzungsänderung, die etwa eine Vermehrung der Mitgliederpflichten enthält, nicht einverstanden ist, kann austreten, siehe unten zu Anm. 4.

[2]) So RGZ. 60, 94. Die Entscheidung bezieht sich auf ein Kartell, siehe oben S. 49.

[3]) Anders nach Gewohnheitsrecht und ständiger Rechtsprechung des Reichsgerichts bei AG., GmbH. und eingetragener Genossenschaft.

[4]) Siehe Flechtheim, Rechtl. Organ., S. 323; Hausmann-Holländer, Kartellverordnung, S. 54. Jetzt auch RGZ. 130, 375. — Für Kartelle greift KartVO. § 8 ein.

schließungsgründe in der Satzung angegeben sein [1]). Bestimmt die Satzung über die Gründe für die Ausschließung nichts, so ist anzunehmen, daß die Ausschließung nur aus einem wichtigen Grund erfolgen darf.

Aber auch, wenn die Satzung über die Frage der Möglichkeit einer Ausschließung schweigt, so ist eine solche in analoger Anwendung von §§ 737, 723 für zulässig zu erachten, wenn in der Person des betreffenden Mitglieds ein wichtiger Grund vorliegt, wenn es insbesondere seine, ihm gegenüber dem Verein obliegenden Pflichten gröblich verletzt.

Es kann auch in der Satzung das Ausschließungsverfahren geregelt sein, etwa in der Weise, daß gegen eine diese aussprechende Entscheidung des Vorstands die Mitgliederversammlung angerufen werkann. In einem solchen Fall ist eine Klage bei Gericht auf Feststellung der Unwirksamkeit des Ausschlusses erst zulässig, wenn die letzte Instanz des internen Vereinsverfahrens gesprochen hat (RGZ. 85, 355 ff.).

Eine richterliche Nachprüfung eines Ausschließungsbeschlusses kommt im allgemeinen nur insoweit in Frage, als es sich um dessen formelle Gültigkeit handelt; das Gericht hat also nur zu prüfen, ob die Ausschließung auf einen satzungsmäßigen Grund gestützt ist und in den von der Satzung vorgeschriebenen Formen erfolgte. Dagegen ist eine sachliche Nachprüfung gegenüber dem ordnungsmäßig gefaßten Ausschließungsbeschluß nur dann zulässig, wenn es sich um eine offenbare Unbilligkeit gegenüber dem auszuschließenden Mitglied handelt [2]). Ein Angehen der ordentlichen Gerichte und eine Nachprüfung des Ausschließungsbeschlusses in dem eben dargelegten Umfang kann auch nicht dadurch unmöglich gemacht werden, daß in die Satzung eine Bestimmung aufgenommen wird, daß der Rechtsweg gegen Ausschließungsbeschlüsse ausgeschlossen sein soll (dazu RG. im Recht 1906 S. 1443). Es kann aber ein schiedsgerichtliches Verfahren angeordnet werden (siehe dazu oben S. 45).

Der Ausgeschiedene (sei es Ausgetretene oder Ausgeschlossene) hat keine vermögensrechtlichen Ansprüche gegenüber dem Verein, er kann (im Gegensatz zu § 738 BGB.) keine Abfindung verlangen.

Der Verein kann durch einen Beschluß der Mitgliederversammlung aufgelöst werden, wobei, wenn die Satzung nichts anderes bestimmt, Dreiviertelmehrheit erforderlich ist (§ 41 BGB.).

Die Rechtsfähigkeit kann dem Verein entzogen werden, wenn er durch gesetzwidrige Beschlüsse der Migliederversammlung oder

---

[1]) Erfolgt in einem solchen Falle der Ausschluß ohne einen in der Satzung angegebenen Grund, so ist der Ausschließungsbeschluß als gegen die Satzung verstoßend nichtig, der „Ausgeschlossene" ist noch Mitglied und kann auf Feststellung klagen.

[2]) RGZ. 107, 386 ff.

gesetzwidriges Verhalten des Vorstandes das Gemeinwohl gefährdet (§§ 43, 44 BGB.). Nur aus den bezeichneten Gründen kann ein Einschreiten der Behörde erfolgen, und es bildet diese Bestimmung keineswegs eine Grundlage für eine Staatsaufsicht; eine solche besteht ebensowenig für den rechtsfähigen wie für den nichtrechtsfähigen Verein, für beide gelten die Artikel 124 RV. und §§ 1, 2 RVG. [1]).

4. Die Gesellschaft mit beschränkter Haftung [2]).

Sie ist geregelt durch das Reichsgesetz vom 20. April 1892, jetzt gültig in der Fassung vom 20. Mai 1898 bzw. 28. Juni 1926.

Die GmbH. ist juristische Person, ein in das Handelsregister [3]) eingetragener rechtsfähiger Verein. Sie gilt stets als Handelsgesellschaft (§ 13 Abs. 3).

Die GmbH. ist — ebenso wie die AG. — auf einem Kapital (Stammkapital) aufgebaut [4]). Dieses soll den Gläubigern erhalten bleiben und die Kreditbasis der Gesellschaft bilden. Es darf deshalb das zur Erhaltung dieses Stammkapitals erforderliche Vermögen während des Bestehens der Gesellschaft an die Gesellschafter nicht ausgezahlt werden (§ 30 Abs. 1).

Das Stammkapital muß schon bei der Gründung aufgebracht werden. Jeder Gesellschafter ist zu einer Einlage auf das Stammkapital (Stammeinlage) verpflichtet [5]), nach deren Betrag sich der Geschäftsanteil, d. h. die Mitgliedschaft mit ihren Rechten und Pflichten, bestimmt (§ 14). Die Summe der von den Gesellschaftern bei der Gründung übernommenen Stammeinlagen ergeben das Stammkapital; die Einlagen können dabei verschieden groß sein (§ 5 Abs. 3 Satz 1).

Die Gesellschafter sind der Gesellschaft gegenüber grundsätzlich nicht zu weiteren Leistungen als zur Beschaffung der übernommenen Stammeinlage verpflichtet [6]). Jedoch besteht im wesentlichen Unterschied gegenüber der AG. hier eine subsidiäre Haftung der Gesellschaf-

---

[1]) Für Kartelle in Form des rechtsfähigen Vereins besteht nach der KartVO. die Kartellaufsicht, siehe oben S. 56 ff.

[2]) Feine in Ehrenbergs Handbuch des ges. Handelsrechts, Bd. 3, Abt. 3.

[3]) Das Register ist öffentlich; die Einsicht ist jedem gestattet, § 9 HGB.

[4]) Mindestbetrag nach dem Gesetz vom 28. Juni 1926 wieder 20 000 RM.

[5]) Die Stammeinlage muß auch jetzt wieder mindestens 500 RM. betragen und muß durch 100 teilbar sein. Nach § 7 II muß von der Geldeinlage ein Viertel, mindestens aber 250 RM., eingezahlt werden.

[6]) Wegen eventueller Nebenleistungen nach § 3 Abs. 2 GmbH.-Ges. siehe unten S. 154.

ter für die Einzahlung der Stammeinlagen [1]) seitens ihrer Mitgesellschafter (§ 24) und weiter auch eine solche für die Rückerstattung von empfangenen Zahlungen aus dem Gesellschaftsvermögen (§ 31 Abs. 3).

Den Gläubigern der Gesellschaft haften die Gesellschafter nicht; vielmehr können sich diese nur an das Gesellschaftsvermögen halten (§ 13 Abs. 2).

Es kann auch — ebenfalls in Abweichung von dem Aktienrecht — durch die Satzung eine Nachschußpflicht für die Gesellschafter begründet werden (§ 26 ff.).

Die Firma der GmbH. kann Sachfirma sein, die dem Gegenstand des Unternehmens zu entnehmen ist [2]), oder auch Personenfirma. Sie muß stets den Zusatz haben: mit beschränkter Haftung (§ 4).

Als Zweck der Gesellschaft kommt jeder gesetzlich zulässige in Betracht. Die Gesellschaft kann, wie dies ganz überwiegend der Fall ist, eine Erwerbsgesellschaft sein; sie kann auch zwar wirtschaftliche Zwecke haben, aber doch keinen Erwerb beabsichtigen, was für Kartelle besonders wichtig ist, oder schließlich kann sie auch nichtwirtschaftliche (gemeinnützige, ideale) Zwecke verfolgen [3]).

Der Gegenstand des Unternehmens muß in der Satzung angegeben sein (§ 3 Abs. 1). Eine Änderung ist nach § 53 durch Beschluß der Gesellschafterversammlung mit Dreiviertelmehrheit möglich.

Zur Gründung ist erforderlich die Feststellung der Satzung in gerichtlicher oder notarieller Form durch mindestens 2 Personen. Auch juristische Personen können daran beteiligt sein, ebenso offene Handelsgesellschaften und Kommanditgesellschaften. Sämtliche Stammeinlagen müssen dabei von den Gründern übernommen werden, und zwar muß jeder je eine übernehmen [4]). Eine Anfechtung der Übernahme der Stammeinlage wegen Irrtum, arglistiger Täuschung oder Drohung ist nach Eintragung der Gesellschaft in das Handelsregister gewohnheitsrechtlich ausgeschlossen.

Die Organisation ist einfacher und beweglicher als bei der Aktiengesellschaft [5]).

---

[1]) Es kommen für diese Haftung nur Geld-(nicht Sach-)einlagen in Frage.

[2]) Handelt es sich um ein Kartell, etwa ein Verkaufssyndikat, so muß dies nicht in der Firma zutage treten, siehe aber Tschierschky, Kartellorganisation, S. 100.

[3]) Siehe Hachenburg, Kommentar zu § 1.

[4]) Eine Sukzessivgründung gibt es also hier nicht. Ohne weiter auf Einzelheiten einzugehen, ist im übrigen hier nur zu bemerken, daß die Gründung bei der GmbH. einfacher gestaltet ist als bei der Aktiengesellschaft, da vor allem die Prüfung des Gründungshergangs mit Prüfungsbericht (§§ 192, 193 HGB.) wegfällt.

[5]) Der Aufsichtsrat erscheint hier nicht als notwendiges Organ. Über ihn und verwandte Organe siehe Feine a. a. O. S. 554 ff.

Die Gesellschaft muß (einen oder mehrere) Geschäftsführer haben (§§ 6, 35 ff.). Daß es Gesellschafter sind, ist nicht notwendig. Die Bestellung erfolgt entweder durch den Gesellschaftsvertrag oder durch den Beschluß der Gesellschafter (§ 46 Z. 5). Die Geschäftsführer vertreten die Gesellschaft gerichtlich und außergerichtlich (§ 35). Es steht ihnen auch im Innenverhältnis die Geschäftsführung zu. Der Umfang, in welchem ihnen diese gegeben ist, kann ganz verschieden sein. Es ist dies davon abhängig, welche Rechte den Gesellschaftern nach dem Gesellschaftsvertrag [1]) in den Angelegenheiten der Gesellschaft, insbesondere in bezug auf die Führung der Geschäfte, zustehen (§ 45). Diese Rechte üben die Gesellschafter dadurch aus, daß sie als beschlußfassendes Organ ihre Bestimmungen treffen (§ 47). Die Beschlüsse der Gesellschafter werden in Versammlungen gefaßt [2]). Falls die Satzung nichts anderes bestimmt, wird nach Geschäftsanteilen abgestimmt, und es gewähren jede 100 RM. eine Stimme.

Für Satzungsänderungen ist hervorzuheben, daß diese nur von den Gesellschaftern beschlossen werden können, sowie weiter, daß hierbei der Beschluß in einer Versammlung mit Dreiviertelmehrheit der abgegebenen Stimmen gefaßt und gerichtlich oder notariell beurkundet werden muß, daß schließlich auch Eintragung in das Handelsregister erforderlich ist (§§ 53, 54).

Soweit durch einen Beschluß der Gesellschafter eine Erhöhung von Leistungspflichten der Gesellschafter gegenüber der Gesellschaft herbeigeführt werden soll, ist die Zustimmung der beteiligten Gesellschafter erforderlich (§ 53 Abs. 3). Das gleiche gilt, wenn ein Sonderrecht durch den Beschluß beeinträchtigt wird.

Verstößt der Inhalt eines Beschlusses gegen zwingende Rechtsnormen, so ist der Beschluß nichtig, bei einem Verstoß gegen nachgiebiges Gesetzesrecht oder gegen die Satzung ist nur Anfechtbarkeit gegeben [3]).

Als Rechte des Gesellschafters erscheinen vor allem entsprechend seiner kapitalistischen Beteiligung das Recht auf Anteil am Gewinn (Dividende) und auf die Liquidationsquote nach Auflösung der Gesellschaft, ferner ein Mitverwaltungsrecht, wobei das Stimmrecht aber

---

[1]) In Ermangelung einer Regelung in der Satzung greifen gesetzliche Vorschriften ein (§ 46).

[2]) Deshalb wird regelmäßig in den Satzungen als Organ der Gesellschaft die Versammlung der Gesellschafter bezeichnet. Es kann aber auch die Satzung etwas anderes bestimmen, und selbst ohne eine solche Bestimmung in der Satzung ist keine Versammlung erforderlich, wenn sich alle Gesellschafter schriftlich mit der betreffenden Bestimmung einverstanden erklären oder mit einer schriftlichen Abstimmung einverstanden sind.

[3]) Vgl. Feine a. a. O. S. 542 ff.

einem Gesellschafter fehlen kann, während andererseits auch Geschäftsanteile mit erhöhtem Stimmrecht ausgestattet sein können.

Notwendig vorhanden ist die Pflicht zur Leistung der Stammeinlage, sei es in Geld (Geldeinlage) oder in anderen Vermögenswerten (Sacheinlagen) (§ 5 Abs. 4). Bei Verzögerung in der Einzahlung der Geldeinlage kann Ausschluß des Gesellschafters (Kaduzierungsverfahren) stattfinden (§§ 21 ff.), wobei eine (bei der AG. nicht bekannte) subsidiäre Haftung sämtlicher Mitgesellschafter für einen bei dem Kaduzierungsverfahren sich ergebenden Fehlbetrag besteht (§ 24). Selten wird daneben noch von der Möglichkeit Gebrauch gemacht, durch die Satzung noch eine Nachschußpflicht zu begründen, sei es eine unbegrenzte (mit Preisgaberecht), sei es eine begrenzte mit Kaduzierungsverfahren (§§ 26 ff.) [1]).

Der Geschäftsanteil, d. h. die Mitgliedschaft mit ihren Rechten und Pflichten, ist veräußerlich und vererblich (§ 15 Abs. 1), doch kann hier die Satzung beschränkend oder beseitigend eingreifen. Die Abtretung bedarf der gerichtlichen und notariellen Form (§ 15 Abs. 3). Es ist zu ihr nach dem Gesetz keine Zustimmung von seiten der Gesellschaft erforderlich, doch kann die Satzung eine solche verlangen [2]).

Ein Austritt eines Gesellschafters ist im Gesetz nicht vorgesehen [3]).

Die Ausschließung unter Erhaltung der Mitgliedstelle (des Geschäftsanteils) kann im Wege des Kaduzierungsverfahrens nach dem Gesetz bei Verzögerung der Einzahlung der Geldeinlagen stattfinden (§ 21).

Dagegen wird die Mitgliedstelle vernichtet bei der Einziehung des Geschäftsanteils. Diese darf nach § 34 nur erfolgen, soweit sie im Gesellschaftsvertrag vorgesehen ist und als Zwangseinziehung nur dann, wenn diese bereits im Gesellschaftsvertrag in Aussicht gestellt war, als der im Einzelfall davon Betroffene den Geschäftsanteil erwarb (§ 34 Abs. 2) [4]). Die Einziehung kann gegen Entgelt oder ohne ein solches erfolgen; als entgeltliche aber ohne weiteres nur, wenn nicht durch die Auszahlung des Entgelts das zur Erhaltung des Stammkapitals erforderliche Vermögen angegriffen wird, sonst ist eine Herabsetzung des Stammkapitals notwendig (§§ 34 Abs. 3; 30, 58).

Die Auflösung der Gesellschaft kann durch einen Beschluß der Ge-

---

[1]) Über die Zulässigkeit der Auferlegung von Nebenleistungen nach § 3 Abs. 2 siehe unten bei der Nebenleistungsgesellschaft.

[2]) Bei Kartellen ist auch ohne ausdrückliche Bestimmung anzunehmen, daß die Abtretung an die Zustimmung der Gesellschaft gebunden ist, Feine a. a. O. S. 344.

[3]) Nur Auflösungsklage nach § 61 GmbH.-Ges., siehe alsbald im Text.

[4]) Eine ausdrückliche Zulassung der Zwangseinziehung in der Satzung ist aber nicht immer erforderlich, siehe Feine a. a. O. S. 462.

sellschafter herbeigeführt werden, zu dem es Dreiviertelmehrheit der abgegebenen Stimmen bedarf, falls die Satzung nicht anders bestimmt (§ 60). Im übrigen ist hinsichtlich der Auflösung der Gesellschaft als eine bedeutsame Abweichung gegenüber dem Aktienrecht besonders hervorzuheben, daß hier dem Gesellschafter vom Gesetz die Möglichkeit gegeben ist, eine Auflösung der Gesellschaft durch gerichtliche Entscheidung im Wege der Auflösungsklage herbeizuführen. Nach § 61 haben Gesellschafter, deren Geschäftsanteile mindestens dem 10. Teile des Stammkapitals entsprechen, ein unentziehbares Recht, die Auflösung auf diesem Wege zu fordern, wenn die Erreichung des Gesellschaftszwecks unmöglich geworden ist, oder andere, in den Verhältnissen der Gesellschaft liegende, wichtige Gründe vorhanden sind.

Im § 62 ist die Auflösung der Gesellschaft durch die Behörden zugelassen, wenn sie das Gemeinwohl dadurch gefährdet, daß die Gesellschafter gesetzwidrige Beschlüsse fassen oder gesetzwidrige Handlungen der Geschäftsführer geschehen lassen.

Durch die Satzung können auch weitere Auflösungsgründe geschaffen werden. Danach kann auch die Kündigung eines Gesellschafters als solcher erscheinen, wobei auch vorgesehen werden kann, daß in diesem Fall nur der Kündigende ausscheidet und die übrigen Gesellschafter das Fortbestehen der Gesellschaft beschließen können. Es kann auch durch die Satzung bestimmt werden, daß jedem Gesellschafter die Auflösungsklage gemäß § 61 zustehen soll, ohne daß dabei sein Geschäftsanteil einen bestimmten Teil des Stammkapitals erreichen müßte.

Als eine besondere Art der GmbH. erscheint die Nebenleistungs-GmbH.

Im § 3 Absatz 2 gibt das Gesetz die Möglichkeit, den Gesellschaftern neben der Kapital-(Stamm-)einlagepflicht noch die Verpflichtung zu Leistungen anderer Art aufzuerlegen, sog. Neben- oder auch Sonderleistungen [1]). Diese Pflichten müssen im Gesellschaftsvertrag festgelegt sein; doch ist nicht eine bis ins einzelne gehende Normierung notwendig, vielmehr ist es genügend, wenn die Pflichten in ihren wesentlichen Bestandteilen als fester Rahmen in dem Vertrag enthalten sind, während die nähere Bestimmung von Maß und Art der Einzelleistungen den Organen der Gesellschaft oder Dritten überlassen werden kann; siehe Hachenburg zu § 3 Anm. 30. — Sollen solche Pflichten nachträglich eingeführt oder nach der Satzung bereits bestehende vermehrt werden, so ist dazu die Zustimmung sämtlicher beteiligter Gesellschafter erforderlich (§ 53 Abs. 3). Für die Frage der Verwendbarkeit der Rechtsform der GmbH. für Kartelle ist es von besonderer Bedeutung, daß nicht nur — wie bei der AG. nach § 212 HGB. — Verpflichtungen zu wiederkehrenden, nicht in Geld bestehenden Leistungen hier in Frage

[1]) Gegen die Bezeichnung als Sonderleistungen Feine a. a. O. S. 120 [2].

kommen, sondern alle Verpflichtungen, die Gegenstand eines Schuldverhältnisses bilden können. Es kann sich also um einmalige und um wiederkehrende, um sachliche und um persönliche Leistungen, auch um die Überlassung von Geld, handeln. Vor allem ist wichtig, daß hier unstreitig auch Unterlassungspflichten begründet werden können. In dem Gesellschaftsvertrag kann auch als Gegenleistung von seiten der Gesellschaft eine Vergütung vorgesehen sein, deren jeweilige Festsetzung den Gesellschaftsorganen überlassen sein kann [1]).

Für den Fall der Nichterfüllung dieser Nebenverpflichtung können Vertragsstrafen in der Satzung [2]) festgesetzt und es kann auch (ausdrücklich oder stillschweigend) Einziehung des Geschäftsanteils (Ausschluß) oder auch die Verpflichtung, den Geschäftsanteil auf die Gesellschaft oder einen Dritten zu übertragen, vorgesehen sein [3]). Auch die statutarische Einräumung eines Kündigungsrechts hinsichtlich des Nebenleistungsverhältnisses ist möglich.

Die unbeschränkte Zulassung von solchen „Nebenleistungen" hat nun dazu geführt, daß sie in vielen Fällen eine ganz andere wirtschaftliche Bedeutung gegenüber den Kapitaleinlagen gewinnen, als dies bei dem Erlaß des Gesetzes vorausgesehen wurde, in dem man sich mit der kurzen Erwähnung im § 3 Abs. 2 begnügte. Bei der normalen GmbH. werden die Stammeinlagen übernommen, damit das auf diese Weise aufgebrachte Kapital zum Betrieb eines Erwerbsgeschäfts verwendet wird und der dadurch erzielte Gewinn den Gesellschaftern als Ertrag ihrer kapitalistischen Beteiligung in Form der Dividende zufließt, eventuell vorhandene Nebenverpflichtungen sind dabei nur von nebensächlicher Bedeutung. Es begegnen nun aber auch Ausnahmefälle, in welchen die Kapitaleinlage völlig in den Hintergrund tritt gegenüber den „Neben"leistungspflichten, die wirtschaftlich als Hauptleistung erscheinen. Es kann der Fall so gelagert sein, daß die Aufbringung des Stammkapitals in der Hauptsache nur erfolgt, um damit die Schaffung einer juristischen Person in der Form der GmbH. zu ermöglichen, während die Gesellschaft ohne die den Gesellschaftern auferlegten Nebenverpflichtungen ihren nicht auf Erwerb gerichteten Zweck gar nicht erfüllen kann; wie diese Verpflichtungen andererseits auch für den Gesellschafter hier wirtschaftlich von ungleich größerer Bedeutung sind als die Übernahme der Stammeinlage, weshalb man auch mitunter statt von Neben-, von Sonderleistungen spricht. Ebenso stehen hier auch andere gesellschaftliche Ansprüche als bei der nor-

---

[1]) Bei Kartellen greift hier nicht § 315 ein, siehe Flechtheim, Rechtl. Organ., S. 79; Hachenburg, Kom., § 3 Anm. 30, Exkurs zu § 3 Anm. 6, Feine a. a. O. S. 346.

[2]) Die Bestimmungen über Vertragsstrafen müssen nicht unbedingt in die Satzung aufgenommen sein, siehe Geiler-Staudinger S. 1383; Hachenburg, Exk. zu § 3 Anm. 7.

[3]) Siehe Feine a. a. O. S. 346, 350, 462.

malen GmbH. für den Gesellschafter durchaus im Vordergrund, wie z. B. das Recht auf Abnahme seiner Produkte und auf Vergütung für seine Nebenleistungen [1]).

Es können sich denn auch hier die Verhältnisse im einzelnen Fall so gestalten, daß die Erfüllung dieser Sonderpflichten, die ihm für unter Umständen unbegrenzte Dauer obliegen, für den einzelnen Gesellschafter zu einer unerträglichen Last wird. Das Gesetz gibt ihm nicht die Möglichkeit, sich von dieser durch Austritt aus der Gesellschaft zu befreien [2]). Um hier Hilfe zu gewähren, ist deshalb bereits vor längerer Zeit im Schrifttum [3]) die Ansicht vertreten worden, daß bei Kartellen in Form der Nebenleistungs-GmbH. in derartig gelagerten Fällen dem Gesellschafter in entsprechender Anwendung von § 723 BGB. ein Kündigungsrecht aus wichtigem Grund zu geben sei, wobei aber durch diese Kündigung nur eine Lösung des Sonderleistungsverhältnisses für den kündigenden Gesellschafter herbeigeführt werde. Dieser werde also durch die Kündigung von der Verpflichtung zur Erbringung der Sonderleistung für die Zukunft frei, während für die übrigen Gesellschafter die Verpflichtung zu diesen Sonderleistungen fortbestehen bleibe. Das Reichsgericht hat allerdings lange Zeit diese Ansicht mit Entschiedenheit abgelehnt, da eine Trennung der Sonderleistungspflicht von der Mitgliedschaft nach dem Vertragsgedanken schlechthin nicht möglich sei; vgl. RGZ. 108, 20 ff.; JW. 25, 1636 Nr. 8.

Nachdem nun aber durch § 8 KartVO. die Kündigung aus wichtigem Grund allgemein bei Kartellen, und damit auch bei solchen in Form der Nebenleistungs-GmbH. zugelassen worden ist [4]), hat das Reichsgericht in einem hochbedeutsamen Urteil vom 7. Februar 1930 seine Stellung geändert. Es wird hier anerkannt, daß auch dann, wenn kein Kartell vorliegt, und mithin Kündigung nach § 8 KartVO. nicht

---

[1]) Vgl. oben S. 29 über das Verkaufssyndikat in Form einer Nebenleistungs-GmbH.

[2]) Eine Veräußerung des Geschäftsanteils wird bei dieser Sachlage ausgeschlossen sein, da sich niemand zum Erwerb bereitfinden wird.

[3]) Vgl. Flechtheim, Rechtl. Organ., S. 286 ff.; Kaufmann, Sächs. Archiv 1912, S. 409 ff. — Hachenburg, Erl. zu § 3 Anm. 11, will in solchen Fällen mit einer Auflösungsklage nach § 61 helfen, wenn auch der Geschäftsanteil des betreffenden klagenden Gesellschafters nicht ein Zehntel des Stammkapitals erreicht. — Zu der Entwicklung bis 1929 siehe Reine a. a. O. S. 339 ff., insbes. 352 ff.; Reine selbst begründet das Kündigungsrecht nicht auf dem Wege der Gesetzes-, sondern dem der Rechtsanalogie.

[4]) Siehe darüber oben S. 107 ff. Dort auch über das Ruhen der sonstigen Rechte und Pflichten des Kündigenden, über das Recht der Gesellschaft, den Geschäftsanteil des Kündigenden einzuziehen, und die Möglichkeit für diesen, Auflösungsklage nach § 61 GmbH.-Ges. zu erheben, falls die Einziehung nicht erfolgt.

in Frage kommt, eine Kündigung von seiten des Gesellschafters hinsichtlich der Nebenleistungspflichten möglich ist, wenn es sich um Dauerverpflichtungen handelt, deren Erfüllung zur wirtschaftlichen Vernichtung oder doch schwersten Gefährdung der wirtschaftlichen Existenz des Gesellschafters führen würde [1]).

Es ist auch außerdem eine Anfechtung der Übernahme der Nebenleistungspflicht wegen Willensmängel für zulässig zu erachten [2]), während ja die Übernahme der Stamm-, Kapitaleinlage, welche die Grundlage für die Mitgliedschaft bei der GmbH. bildet, nicht anfechtbar ist.

Von den Fällen, in welchen den Gesellschaftern in der Satzung neben der Stammeinlage noch gesellschaftliche, mit der Mitgliedschaft der GmbH. verbundene Verpflichtungen zu sonstigen Leistungen gemäß § 3 Abs. 2 auferlegt sind, müssen solche geschieden werden, in denen außerhalb der Satzung selbständige, einer Form nicht bedürfende Verträge zwischen der Gesellschaft und den Gesellschaftern geschlossen werden, durch welche für letztere Verpflichtungen gegenüber der Gesellschaft begründet werden. Näheres darüber bei der Betrachtung der Doppelgesellschaft oben S. 38 Anm. 1.

Anlage II.

Verträge und Satzungen

von Kartellen in Form der Gesellschaft des bürgerlichen Rechts, des eingetragenen Vereins, der Gesellschaft mit beschränkter Haftung und der Doppelgesellschaft. — Reversvertrag mit Verpflichtung zum ausschließlichen Bezug gegen Gewährung eines Treulohns. — Treurabattklausel.

1. Gesellschaft des bürgerlichen Rechts.

Gesellschaftsvertrag.

Die Herren A, B, C — sämtlich ... händler in X — schließen folgenden Vertrag:

§ 1.

Zweck dieses Vertrages ist, für den Verkauf von ... in X angemessene, mäßig lohnende Verkaufspreise zu erzielen.

---

[1]) RGZ. 128, 1 ff. = JW. 1930, 1387 [9] mit Bem. JW. 1930, 2684; = Kart.-Rd. 1930, 262 ff. — siehe auch Herzog, ZBH. 1930, 21, Kart.-Rd. 1931, 3 ff.

[2]) Flechtheim, Rechtl. Org., S. 293/4; JW. 1916 S. 937; Hachenburg, Kom. § 3, Erl. 25 a; Brodmann, Kom. § 3 Anm. 8; a. A. RGZ. 88, 187. — Siehe Feine a. a. O. S. 397 ff.; Langen und Friedländer, JW. 1928, 1542.

§ 2.

Zu diesem Zweck werden Mindestpreise für den Verkauf von ... in X festgesetzt, zu deren Einhaltung sich hiermit jeder Gesellschafter gegenüber allen seinen Mitgesellschaftern für die nächsten 2 Jahre verpflichtet.

§ 3.

Der von sämtlichen Gesellschaftern bei ihren Verkäufen von ... einzuhaltende Mindestpreis beträgt von jetzt ab... Preisänderungen werden in Versammlungen der Gesellschafter festgesetzt.

§ 4.

Die Versammlungen der Gesellschafter werden von dem Vertrauensmann berufen, wenn ein Gesellschafter dies bei ihm beantragt. Die Beschlüsse werden mit Dreiviertelmehrheit der in der Versammlung erschienenen Gesellschafter gefaßt. Die Beschlüsse sind für sämtliche Gesellschafter bindend, also auch für die in der Versammlung nicht erschienenen, wenn zwei Drittel der Gesellschafter anwesend sind.

§ 5.

Zum Vertrauensmann wird Herr Syndikus A bestellt, dem die Geschäftsführung übertragen wird.

§ 6.

Jeder Gesellschafter, der gegen die beschlossenen Mindestpreise verstößt, hat für jeden einzelnen Fall der Zuwiderhandlung eine Vertragsstrafe von 50 RM. an die übrigen Beteiligten zu bezahlen.

§ 7.

Die verfallenen Vertragsstrafen werden von dem Vertrauensmann eingezogen, der dabei im Namen aller übrigen Gesellschafter und als deren Bevollmächtigter handelt. Die empfangenen Beträge sind bei der Städtischen Sparkasse in X anzulegen. Über die Verwendung der angesammelten Beträge beschließt die Versammlung der Gesellschafter mit einfacher Stimmenmehrheit.

2. Eingetragener Verein.

Satzung des Verbandes Deutscher ... webereien E. V.

(Auszug).

§ 1.

Name und Sitz des Verbandes.

Der Verband führt den Namen „Verband Deutscher ... webereien E. V.". Er hat seinen Sitz in ... und ist in das Vereinsregister des Amtsgerichts ... eingetragen.

§ 2.

Zweck des Verbandes.

Der Verband bezweckt die Förderung der wirtschaftlichen Interessen der angeschlossenen ...webereien, insbesondere die Durchführung einheitlicher Lieferungs- und Zahlungsbedingungen.

Erwerbszwecke sind ausgeschlossen.

§ 3.

Erwerb der Mitgliedschaft.

Mitglied des Verbandes kann jede deutsche Weberei für ...waren oder verwandte Stoffe werden.

§ 4.

Verlust der Mitgliedschaft.

Die Mitgliedschaft erlischt:

a) Durch Austritt. Der Austritt kann nur mit halbjähriger Kündigungsfrist mittels Einschreibebriefes an den Geschäftsführer zum Schlusse eines Geschäftsjahres erfolgen.

b) Durch Liquidation, Zahlungseinstellung oder Löschung der Firma. Die Überführung der Firma in eine andere Gesellschaftsform beendet nicht das Mitgliedsverhältnis.

c) Durch Ausschließung, die durch den Verwaltungsrat mit Zweidrittel-Stimmenmehrheit gegen solche Mitglieder beschlossen werden kann, die dem Zweck oder den Beschlüssen des Verbandes zuwiderhandeln.

Das ausscheidende Mitglied hat keinerlei Ansprüche an das Verbandsvermögen; es ist zur anteilmäßigen Tragung aller zur Zeit des Ausscheidens beschlossener Lasten verpflichtet, sofern sie innerhalb dreier Monate nach Ausscheiden angefordert werden.

§ 5.

Geschäftsjahr.

§ 6.

Beitragspflicht.

Die Beiträge der einzelnen Mitglieder werden nach der Zahl der aufgestellten Webstühle berechnet. Die Beiträge werden durch den Verwaltungsrat festgesetzt.

Der Mindestbeitrag ist der für 50 Stühle zu entrichtende Jahresbeitrag.

§ 7.

Leitung und Verwaltung.

Die Organe des Verbandes sind:

a) Die Hauptversammlung,
b) der Verwaltungsrat,
c) der Vorstand.

§ 8.

Hauptversammlung.

Die ordentliche Hauptversammlung findet alljährlich spätestens im Mai statt. Außerordentliche Hauptversammlungen werden von dem Geschäftsführer auf Beschluß des Verwaltungsrates einberufen.

Die Hauptversammlung beschließt vorbehaltlich der Bestimmungen über die Auflösung des Verbandes mit einfacher Stimmenmehrheit. Bei Stimmengleichheit entscheidet der Vorsitzende.

Jedes Mitglied hat bis 100 beitragspflichtige Stühle 1 Stimme, von 101—500 Stühle 2 Stimmen, von 501—1000 Stühle 3 Stimmen. Darüber hinaus für jede angefangenen 500 Stühle 1 Stimme mehr.

Über Angelegenheiten, die nicht auf der Tagesordnung stehen, darf nur mit Zustimmung aller in der Hauptversammlung vertretenen Mitglieder beschlossen werden.

Die Beschlüsse der Hauptversammlung sind für alle Mitglieder verbindlich.

Über die Verhandlung, die von dem Vorsitzenden zu leiten ist, ist eine von dem Geschäftsführer zu unterzeichnende Niederschrift aufzunehmen, die den Mitgliedern im Umdruck zugesandt wird. Wird innerhalb zweier Wochen gegen Form oder Inhalt der Niederschrift kein Einspruch erhoben, so gilt die Niederschrift als genehmigt.

Über Einsprüche entscheidet der Verwaltungsrat.

§ 9.

Rechte und Pflichten der Hauptversammlung.

Die Hauptversammlung hat folgende Rechte und Pflichten:

a) Entgegennahme des Jahresgeschäftsberichtes,
b) Prüfung der Jahresrechnung und Erteilung der Entlastung,
c) Wahl des Verwaltungsrates,
d) Festsetzung der Satzung.

§ 10.

Verwaltungsrat.

Der Verwaltungsrat ist das beschließende Organ für alle Angelegenheiten, die nicht der Hauptversammlung vorbehalten sind.

Der Verwaltungsrat setzt sich aus Vertretern der einzelnen Bezirksgruppen zusammen.

Der Verwaltungsrat gibt sich seine Geschäftsordnung selbst. Ordnungsgemäß gefaßte Beschlüsse des Verwaltungsrates sind für alle Mitglieder des Verbandes verbindlich.

§ 11.

Vorstand.

Der Vorstand besteht aus dem Vorsitzenden, dem ersten und zweiten stellvertretenden Vorsitzenden und dem Geschäftsführer.

Der Vorsitzende leitet die Hauptversammlung und die Verwaltungsratssitzungen. Er wird vertreten durch die stellvertretenden Vorsitzenden. Die Vorsitzenden werden durch den Verwaltungsrat aus seiner Mitte gewählt. Die Wahldauer ist eine zweijährige. Der Geschäftsführer hat die laufenden Geschäfte des Verbandes zu führen und die Hauptversammlung und die Verwaltungsratssitzungen vorzubereiten. Ihm obliegt die Ausführung der Beschlüsse der Hauptversammlung und des Verwaltungsrates. Er ist mit der Vermögensverwaltung und Kassenführung des Verbandes betraut. Er vertritt den Verband gerichtlich und außergerichtlich und ist Vorstand des Verbandes im Sinne des § 26 BGB. Er wird vom Verwaltungsrat gewählt, der seine Befugnisse und Tätigkeit regelt.

§ 12.

Gliederung des Verbandes.

Der Verband ist in örtliche Bezirksgruppen eingeteilt...

§ 13.

Strafbestimmungen.

Ein Mitglied, das den Beschlüssen der Hauptversammlung oder des Verwaltungsrates oder den Zahlungs- und Lieferungsbedingungen des Verbandes zuwiderhandelt, verwirkt für jeden Fall der Zuwiderhandlung eine Vertragsstrafe bis zur Höhe von 5000 Goldmark. Die Höhe der Strafe wird in jedem einzelnen Falle durch den Vorstand festgesetzt und dem Mitglied durch eingeschriebenen Brief mit Rückschein zugestellt. Innerhalb einer Woche nach Zustellung steht dem Mitglied Einspruch an den Verwaltungsrat zu. Die Strafen sind innerhalb 14 Tagen nach Festsetzung oder nach Bestätigung durch den Verwaltungsrat zu zahlen. Für den Fall verspäteter Zahlung der Strafe sind die jeweils im Verbande gültigen Verzugszinsen zu zahlen.

§ 14.

Auflösung des Verbandes.

Die Auflösung des Verbandes kann nur von einer unter Angabe der Tagesordnung zwei Wochen vorher einberufenen Hauptversammlung mit Dreiviertel-Stimmenmehrheit beschlossen werden. Der Beschluß bedarf zu seiner Gültigkeit der Bestätigung durch eine zweite Hauptversammlung, die frühestens nach 4 Wochen einzuberufen ist.

Die Mitglieder haben im Falle der Auflösung ihre noch schwebenden Verbindlichkeiten gegen den Verband zu erfüllen.

Über die Verwendung der noch vorhandenen Mittel wird in der Hauptversammlung mit einfacher Stimmenmehrheit beschlossen.

Der Geschäftsführer gilt als Liquidator.

3. Gesellschaft mit beschränkter Haftung (Einheits-GmbH.)

Verkaufsgesellschaft vereinigter Ziegeleien, GmbH., Göttingen [1]

(Auszug).

§ 1.

Firma, Zweck und Sitz der Gesellschaft.

Unter der Firma „Verkaufsgesellschaft vereinigter Ziegeleien, Gesellschaft mit beschränkter Haftung" mit dem Sitze in Göttingen haben sich die in den Anlagen [2]) dieses Vertrags aufgeführten Ziegeleiinhaber zu dem Zweck vereinigt,

a) Produktion und Absatz ihrer Erzeugnisse zu regeln und angemessene Verkaufspreise zu erzielen.

Der Verwertung durch die Gesellschaft unterliegen sämtliche in den Gesellschaftswerken hergestellten Backsteine.

§ 2.

Stammkapital und Stammeinlage.

Das Stammkapital beträgt 82 700 RM. und setzt sich aus den in den Anlagen [2]) verzeichneten Stammeinlagen zusammen.

Dem Betrag der übernommenen Stammeinlage entspricht der Betrag der den einzelnen Gesellschaftern zustehenden Geschäftsanteile.

---

[1]) Ein vollständigerer Auszug findet sich in Verhandlungen und Berichte des Unterausschusses für allgemeine Wirtschaftsstruktur, 3. Arbeitsgruppe, 2. Teil, 2. Abschnitt, S. 229 ff.

[2]) Hier nicht mit abgedruckt.

Die Geschäftsanteile sind nur mit Zustimmung der Gesellschafterversammlung veräußerlich [1]).

§ 3.

Organe der Gesellschaft.

Die Organe der Gesellschaft sind:

1. ein oder mehrere Geschäftsführer,
2. der Aufsichtsrat,
3. die Versammlung der Gesellschafter.

§ 4.

Geschäftsführer.

Die Geschäftsführer werden in der Versammlung der Gesellschafter gewählt. Sie haben die Gesellschaft nach Maßgabe der bestehenden gesetzlichen Bestimmungen zu vertreten.

Aufgabe des Geschäftsführers ist ordnungsmäßige Handhabung des gesamten Geschäftsbetriebs der Gesellschaft.

§ 5.

Aufsichtsrat.

Der Aufsichtsrat besteht aus mindestens sieben Mitgliedern und wird durch die Versammlung der Gesellschafter gewählt.

Dem Aufsichtsrat liegt insbesondere auch die Veranschlagung des Gesamtabsatzes eines Jahres und die Feststellung der Verkaufspreise ob.

§ 6.

Versammlung der Gesellschafter.

Die V. d. G. wird entweder von dem Geschäftsführer oder von dem Vorsitzenden des Aufsichtsrats berufen.

Der Beschlußfassung durch die Versammlung der Gesellschafter unterliegen vornehmlich folgende Gegenstände:

1. Feststellung der Jahresbilanz und der Nach- und Zuzahlungen.
2. Festsetzung der Verrechnungspreise.

---

[1]) Es folgen Bestimmungen für den Fall, daß Ziegeleien der Gesellschafter durch Sonderrechtsnachfolge in eine andere Hand übergehen, ferner für die Beerbung eines Gesellschafters und für die Verpachtung einer Ziegelei, sowie über die Zulässigkeit der entgeltlichen Einziehung von Geschäftsanteilen bei vollständiger Einstellung des Betriebs einer Ziegelei.

5. Genehmigung zur Veräußerung eines Geschäftsanteils.
6. Wahl des Aufsichtsrats.
7. Wahl der Geschäftsführer.
9. Entscheidung über Vertragsstrafen.

Das Stimmrecht richtet sich nach dem Betrage des Geschäftsanteils in der Art, daß immer 100 RM. eine Stimme geben.

Regelmäßig werden die Beschlüsse der Gesellschafter mit einfacher Mehrheit der vertretenen Stimmen gefaßt.

Ausnahmen finden statt:

3. in dem Falle, daß es sich um die Festsetzung der Verrechnungspreise handelt.

In dem Falle zu 3 ist Mehrheit von drei Vierteln der abgegebenen Stimmen erforderlich[1]).

§ 7.

Rechte und Pflichten der Gesellschafter.

A. Beteiligungsziffer.

An dem Gesamtabsatz ist jeder Gesellschafter im Verhältnis der für ihn festgestellten Beteiligungsziffer berechtigt.

Die Beteiligungsziffer wird durch eine aus drei Sachverständigen bestehende Kommission, zu welcher aber Gesellschafter nicht ernannt werden dürfen, auf Grund bestimmter Normen ermittelt (Pressenbetrieb, Trockenleistung, Ofenleistung).

Die aus diesen drei Berechnungen sich ergebende geringste Leistung stellt die Beteiligungsziffer (Leistungsfähigkeit) dar, welche auf 100 000 Steine nach oben oder unten abzurunden ist.

Während der Dauer der Gesellschaft ist eine Leistungserhöhung durch Neuanlagen untersagt.

B. Lieferungsberechtigung.

Die Lieferungsberechtigung eines jeden Gesellschafters wird ermittelt, wenn man den prozentualen Absatz der Gesamtbeteiligung auf seine Beteiligungsziffer verrechnet.

Der voraussichtliche Gesamtabsatz ist vor Beginn eines jeden Geschäftsjahres durch den Aufsichtsrat zu schätzen und rechtzeitig den Gesellschaftern zur Kenntnis zu bringen.

---

[1]) Ebenso bei Änderung des Gesellschaftsvertrags; bei Verlängerung der Zeitdauer der Gesellschaft wird Einstimmigkeit verlangt

Die Gesellschafter sind verpflichtet, bis zum 15. Januar eines jeden Jahres dem Geschäftsführer anzuzeigen, ob sie auch tatsächlich in der Lage sind, den auf sie entfallenden Anteil zu beschaffen und sind bei Darlegung gerechtfertigter Gründe durch die Gesellschafterversammlung von der Lieferungsverpflichtung zu entbinden.

Erfolgt keine rechtzeitige Anzeige, so ist die Gesellschaft befugt, bei demnächstiger Nichterfüllung der Lieferungspflicht sich auf Kosten des betreffenden Gesellschafters zu decken.

C. Lieferordnung.

Allgemeine Bestimmungen.

Die sämtlichen Verträge über die Veräußerung der dem Geschäftsbereiche der Gesellschaft unterworfenen Erzeugnisse werden im Namen der Gesellschaft abgeschlossen.

Der Gesellschaft gebührt auch die Verfügung bezüglich der Ausführung der Lieferungsverträge; sie hat für eine verhältnismäßige Berücksichtigung der einzelnen Ziegeleien nach Möglichkeit zu sorgen. Der Gesellschafter ist bezüglich der Anlieferung der Erzeugnisse den Verfügungen der Gesellschaft unterworfen.

Die Gesellschafter sind verpflichtet, gute Ware zu liefern.

Alle Nachteile (Preisnachlässe usw.) wegen minderwertiger Steine treffen in jedem Fall den betreffenden Gesellschafter allein.

Kontrolle der Ablieferungen.

Jeder Gesellschafter hat Versandbücher usw. ordnungsmäßig zu führen und muß sich die dem Aufsichtsrat eingeräumte Aufsicht gefallen lassen.

Festsetzung der Verkaufspreise.

Die Verkaufspreise werden festgesetzt unter jeweiliger Berücksichtigung der Geschäftslage...

Kleinverkauf.

Jeder Gesellschafter ist befugt, an Private Steine direkt ohne Vermittlung oder Genehmigung der Geschäftsstelle zu verkaufen unter der Voraussetzung, daß das Höchstquantum pro Jahr an einen und denselben Abnehmer 10 000 Stück nicht übersteigt...

Alle diese Verkäufe werden ebenfalls im Namen der Gesellschaft geschlossen...

Ausgleichung der Lieferungsunterschiede.

Zur Ausgleichung der eventuell eintretenden Lieferungsunterschiede am Jahresschluß wird bestimmt, daß für jedes Tausend Lieferungsvoraus 3 RM. zu zahlen sind, der gleiche Satz wird pro Tausend Lieferungsrückstand an diejenigen Gesellschafter gezahlt, welche ohne eignes Verschulden in Rückstand gekommen sind.

D. Verrechnungspreise.

Für die von den Gesellschaftern anzuliefernden Erzeugnisse werden in dem Verhältnisse zwischen der Gesellschaft und den Gesellschaftern für alle Gesellschafter Verrechnungspreise festgesetzt [1]).

Durch Ablieferung der Erzeugnisse erwerben die Gesellschafter gegen die Gesellschaft ein Guthaben, dessen Höhe durch das Quantum der angelieferten Erzeugnisse und durch die Verrechnungspreise bestimmt wird. — Die Gesellschaft ist berechtigt und verpflichtet, bis zum Schlusse des der Lieferung folgenden Monats Zahlungen bis zur Höhe des jeweiligen für jeden Gesellschafter entstandenen Guthabens zu machen. Die Zahlungen erfolgen in bar.

E. Nach- oder Zuzahlungen.

Nach- oder Zuzahlungen werden auf die einzelnen Gesellschafter nach Ablauf eines jeden Geschäftsjahres im Verhältnis ihrer vorgenommenen Ablieferungen verteilt.

Das Restguthaben wird nach Feststellung der Jahresbilanz ausgeschüttet, insoweit nicht durch die Gesellschafterversammlung eine Vorzahlung auf dasselbe beschlossen wird.

§ 8.

Allgemeine Bestimmungen.

1. Den Gesellschaftern ist es untersagt, sich an Ziegeleien, welche zur Gesellschaft im Wettbewerb stehen, in irgendeiner Form zu beteiligen oder fremde Backsteine anzukaufen oder sonstwie mit Backsteinen zu handeln

3. Alle Streitigkeiten aus Differenzen, die aus diesem Vertrag entstehen, unterliegen unter Ausschluß des Rechtswegs der Entscheidung eines Schiedsgerichts.

§ 9.

Strafbestimmungen.

Derjenige Gesellschafter, welcher dem Vertrag zuwider selbständig Abschlüsse macht oder sonst gegen die Bestimmungen des Gesellschaftsvertrags verstößt, verwirkt für jeden Einzelfall eine Geldstrafe von 10 bis 1000 RM.

Außerdem kann für jedes Tausend vertragswidrig veräußerter Backsteine eine Geldstrafe bis zu 6 RM. verhängt werden. Der Betrag wird durch den Aufsichtsrat festgestellt.

Der Aufsichtsrat hat ferner die Berechtigung, vorstehende Strafen auch in nicht bereits vertraglich vorgesehenen Fällen zu verhängen,

---

[1]) Durch die Gesellschafterversammlung (§ 6).

wenn in irgendeiner Weise eine Schädigung von Gesellschafts- oder Gesellschafterinteressen vorgefallen ist.

Die Festsetzung der Strafen muß auf Antrag des betroffenen Gesellschafters von der nächsten Versammlung der Gesellschafter nachgeprüft werden. Die Versammlung kann die verhängten Strafen ermäßigen oder erlassen oder beschließen, daß die Strafen verwirkt seien.

Will der betroffene Gesellschafter die Rechtmäßigkeit der Bestrafung nicht anerkennen, so kann er unter Ausschluß des Rechtswegs die Einberufung eines Schiedsgerichts zur Erledigung des Streits bei der Geschäftsstelle beantragen.

Zu dem Schiedsgericht hat der Gesellschafter und die Gesellschaft je einen unparteiischen Schiedsrichter zu ernennen. Die beiden Schiedsrichter einigen sich über die Person des Obmanns.

§ 11.

Dauer der Gesellschaft.

Die Dauer der Gesellschaft wird bis zum 31. Dezember 1930 festgesetzt und erfolgt dann die Auflösung, falls nicht vor diesem Zeitpunkt durch die Versammlung der Gesellschafter eine Verlängerung des Gesellschaftsverhältnisses beschlossen wird. Derjenige Gesellschafter, welcher gegen eine Verlängerung des Gesellschaftsverhältnisses stimmen sollte, ist auf Anfordern der Gesellschaft verpflichtet, seinen Geschäftsanteil binnen einer Woche an die von der Gesellschaft zu bezeichnende Person zum Nominalbetrag des Buchwerts abzutreten. Die Gesellschaft selbst darf einen solchen Geschäftsanteil nur unter den Voraussetzungen des § 33 Abs. 2 GmbH.-Ges. erwerben.

4. Doppelgesellschaft.

a) Gesellschaftsvertrag (Satzungen) des Westdeutschen Zement-Verbands Gesellschaft mit beschränkter Haftung zu Bochum.

(Auszug)

§ 1.

Firma.

Die Gesellschaft führt ihre Geschäfte unter der Firma „Westdeutscher Zement-Verband Gesellschaft mit beschränkter Haftung" und hat ihren Sitz in Bochum.

§ 2.

Zweck.

Zweck der Gesellschaft ist der gemeinsame Verkauf des durch die Gesellschaftswerke hergestellten Zements gemäß besonderem Lieferungsvertrage, der einen integrierenden Bestandteil dieses Vertrages bildet.

Die Gesellschaft ist keine Erwerbsgesellschaft. Sie hat lediglich den Zweck, ihren Gesellschaftern, die unter sich eine Gesellschaft des bürgerlichen Rechts bilden, um den von ihnen hergestellten Zement gemeinsam zu vertreiben, als geschäftsführendes Organ zu dienen. Zur Erreichung des Gesellschaftszweckes ist die Gesellschaft berechtigt, sich an Unternehmen zu beteiligen und Handelsgeschäfte aller Art zu tätigen. Die Gesellschaft handelt im eignen Namen, aber ausschließlich für Rechnung der Mitglieder der Gesellschaft bürgerlichen Rechts, sie darf also für eigne Rechnung keine Geschäfte betreiben und kann deshalb auch keine Gewinne erzielen. Etwaiges Vermögen, soweit es das Stammkapital übersteigt, besitzt die Gesellschaft nur zu treuen Händen für die Gesamtheit ihrer Gesellschafter als deren geschäftsführendes Organ.

§ 3.

Stammkapital.

Das Stammkapital beträgt 1 490 000 RM. An diesem Stammkapital sind folgende Gesellschafter beteiligt: (folgt Aufzählung).

Für je 250 t Beteiligung (vgl. Art. 2 des Lieferungsvertrags) ist ein Stammanteil von 75 RM. zu übernehmen.

§ 4.

Organe.

Die Organe der Gesellschaft sind:

1. ein oder mehrere Geschäftsführer,
2. die Versammlung der Gesellschafter.

Daneben besteht zur Unterstützung der Geschäftsführung ein geschäftsführender Ausschuß.

§ 5.

Geschäftsführung.

Der oder die Geschäftsführer werden von der Gesellschafterversammlung gewählt.

§ 6.

Geschäftsführender Ausschuß.

Zusammensetzung.

§ 7.

Dem geschäftsführenden Ausschusse ist vorbehalten:

2. Außer der im Artikel 8 des Lieferungsvertrages vorgesehenen ersten Abschlagszahlung, die von der Gesellschafter-Versammlung bestimmt wird, sonstige Abschlagszahlungen festzusetzen.

3. Vertragsstrafen festzustellen und zu ermäßigen. Hiergegen steht den davon Betroffenen die Berufung an die Gesellschafterversammlung binnen 14tägiger Frist offen.

§ 8.

Gesellschafter-Versammlung.

Die Einladungen zu Ges.-Vers. erfolgen durch die Geschäftsführung.

Je 50 RM. Stammeinlage gewähren eine Stimme.

Die Anfechtung von Beschlüssen der Ges.-Vers. ist nur innerhalb einer Ausschlußfrist von einem Monat im Wege der gerichtlichen Klage zulässig.

§ 9.

(Handelt von der Benutzung der Fabrikanlagen der Gesellschafter zu anderen Zwecken als zur Herstellung der syndizierten Produkte usw.)

§ 10.

Gehen Werke durch Pacht, Tausch oder Kauf in eine andere Hand über und betreibt der Erwerber weiter in den Anlagen die Herstellung und den Vertrieb von Zement, so ist die Übertragung an die Abtretung des Geschäftsanteils auf den neuen Erwerber, Pächter usw. gebunden. Ohne Übertragung des Werkes ist die Abtretung des Stammanteils nicht zulässig, es sei denn, daß die Gesellschafter-Versammlung hierzu ihre Genehmigung gibt.

Bei Zuwiderhandlungen gegen diese Bestimmungen zahlt der zuwiderhandelnde Gesellschafter eine Entschädigung bis zu 250 000 RM. (Vgl. § 7 Ziff. 3 und § 8 letzter Absatz und Art. 10 des Lieferungsvertrags, letzter Satz.)

§ 11.

Einräumung eines Eintrittsrechts an den Verband bei beabsichtigter Übertragung von Grundstücken an Nichtgesellschafter. Eventuell Eintragung einer Grunddienstbarkeit des Inhalts, daß die Grundstücke für die Dauer des Vertrags der Herstellung von Zement weder direkt noch indirekt dienen.

Die Gesellschafter verpflichten sich, Neugründungen von Fabriken, die Zement herstellen können, zu verhindern.

§§ 12, 13, 14.

§ 15.

Dauer der Gesellschaft.

Dieser Vertrag gilt auf die Dauer von 5 Jahren bis zum 31. Dezember 1930. Er gilt auf weitere 5 Jahre bis zum 31. Dezember 1935 verlängert, sofern die Gesellschafter-Versammlung diese Verlängerung spätestens im November 1930 mit einer Stimmenmehrheit von 75 % der abgegebenen Stimmen beschließt.

Der Vertrag kann ab 1. Januar 1927 nur von Gesellschaftern, die zusammen über mindestens 75 % des Stammkapitals verfügen, zum Schluß des laufenden Geschäftsjahres mit halbjähriger Frist gekündigt werden.

§ 16.

Liquidation.

b) Lieferungsvertrag zwischen dem Westdeutschen Zementverband Gesellschaft mit beschränkter Haftung zu Bochum, nachstehend „Verband" genannt, einerseits und seinen Gesellschaftern, nachstehend „Zementwerke" genannt, andererseits und diesen Gesellschaftern untereinander.

(Auszug)

Art. 1.

Die Zementwerke verpflichten sich, dem Verbande die gesamte Produktion aus ihren im Gebiet des Verbands liegenden Werken während der Dauer des Gesellschaftsvertrags zu liefern.

Art. 2.

Der Verband ist nur nach Maßgabe des Absatzes verpflichtet, den Zementwerken ihren Zement abzunehmen, und zwar in der Weise, daß die Zementwerke an dem Gesamtabsatz an Zement nach Maßgabe ihrer Kontingente gleichmäßig beteiligt werden.

Die Kontingente sind folgende:

1. Wikingwerke ... x Wagen je 10 t.

Die Zementwerke haben gemäß den Bestimmungen des Art. 3 den Anspruch darauf, daß der Verband ihnen nach Maßgabe des Beschäftigungsgrades die ihnen auf Grund ihres Kontingents zustehende Soll-Lieferung abnimmt, wohingegen die Zementwerke verpflichtet sind, dem Verband die Soll-Lieferung zur Verfügung zu stellen, wobei höhere Gewalt und Betriebsstörung von der Lieferungspflicht entbinden.

Die Übertragung von Beteiligungsziffern und Teilen derselben bzw. von Soll-Lieferungen und Teilen derselben von einem Zementwerk auf das anderee ist zulässig.

Art. 3.

Aufträge, welche auf bestimmte Marken bestimmter Zementwerke gehen, müssen diesen Zementwerken im Rahmen ihrer Soll-Lieferung in voller Höhe überschrieben werden usw.

Art. 4.

Für die am Schluß des Jahres festgestellte Mehrlieferung haben die in der Überlieferung befindlichen Zementwerke eine Abgabe für je 10 000 kg zu zahlen, die nach folgenden Sätzen gestaffelt wird...

Für die am Schlusse des Jahres festgestellte Minderlieferung zahlt der Verband an das in Minderlieferung befindliche Zementwerk eine Entschädigung, welche für je 10 000 kg Zement nach folgenden Sätzen gestaffelt wird...

Art. 5, 6.

Art. 7.

Jedes Zementwerk ist verpflichtet, dem Verband täglich den Gesamtversand auf den vom Verbande gelieferten Formularen aufzugeben.

Art. 8.

Was nach Abzug der monatlichen und sonstigen Abschlagszahlungen, Geschäftsunkosten usw. von den Verkaufspreisen verbleibt, wird unter die Zementwerke nach Maßgabe ihrer Lieferungen verteilt. Die erste Abschlagszahlung gelangt in regelmäßigen Zwischenräumen an alle Zementwerke gleichmäßig nach Maßgabe des Versands zur Ausschüttung [1]).

Art. 9.

Die Geschäftsführung des Verbandes hat das Recht, zu jeder Zeit Einsicht in die Fabrik- und Geschäftsräume, Bücher, Urkunden und Geschäftspapiere der Zementwerke insoweit zu nehmen, als es notwendig ist, sich zu vergewissern, daß die Bestimmungen des Gesellschaftsvertrags, des Lieferungsvertrags und sonstiger Verträge, sowie gefaßte Beschlüsse der Gesellschafter-Versammlung eingehalten werden.

Art. 10.

Für den Fall, daß ein Zementwerk den Bestimmungen des Gesellschafts- oder Lieferungsvertrags oder Beschlüssen der Gesellschafter-Versammlung zuwiderhandelt, hat es für jeden Zuwiderhandlungsfall an den Verband eine Entschädigung bis zu 5000 RM. zu zahlen. Für jeden im Widerspruch mit diesem Vertrag versandten bzw. mit Umgehung des Verbands abgegebenen Zement hat das betr. Zementwerk an den Verband eine Entschädigung bis zu 500 RM. für jede angefangenen 10 000 kg Zement zu zahlen. Durch die Zahlung einer Entschädigung wird die Geltendmachung eines weitergehenden Schadensersatzanspruchs für den Verband nicht ausgeschlossen.

---

[1]) Vgl. dazu § 7 der Satzungen.

Art. 11.

Dieser Vertrag kann von der Gesellschafter-Versammlung nur mit einer Stimmenmehrheit von 80 % der abgegebenen Stimmen abgeändert werden. Werden durch die beschlossene Änderung eigentliche Individualrechte von Gesellschaftern betroffen, so bedarf es in jedem Fall der Zustimmung dieser Gesellschafter. Zu den Individualrechten zählt in jedem Fall das Kontingent. Wird durch Beitritt neuer Gesellschafter die Summe der Kontingente erhöht, so daß die prozentuale Beteiligung des einzelnen Gesellschafters sich verringert, so liegt hierin nicht die Verletzung eines Individualrechts.

Art. 13.

Zur Sicherheit für alle den Gesellschaftern obliegenden Verpflichtungen hat jeder Gesellschafter bei Sicht zahlbare Sola-Wechsel in Höhe ... bei dem Verbande zu hinterlegen.

Der Verband darf die Wechsel nur auf Grund eines Beschlusses des geschäftsführenden Ausschusses in Umlauf setzen. Der geschäftsführende Ausschuß entscheidet als Schiedsgericht im Sinne der ZPO. unter Ausschluß des ordentlichen Rechtswegs.

Reversvertrag mit Verpflichtung zum ausschließlichen Bezug gegen Gewährung eines Treulohns [1]).

(Unechter Treurabatt.)

Unter der Bedingung, daß uns von den Mitgliedern des Verbands der Deutschen Veredelungsanstalten für baumwollene Gewebe e. V. auf die nach der jeweils gültigen Preisliste berechneten Veredelungslöhne seiner Verbandsartikel ein Vorzugsrabatt von 5 Proz. gewährt wird, verpflichten wir uns, unsere sämtlichen Lohnveredelungsaufträge in Verbandsartikeln ausschließlich den Mitgliedern des Verbands zu überweisen. Der Vorzugsrabatt verfällt für künftig und kann vom Verband für alle Rechnungen, bei denen er im laufenden Monat und innerhalb der vorhergehenden sechs vollen Kalendermonate gekürzt worden ist, nachgefordert werden, wenn wir unserer Verpflichtung, alle Lohnveredelungsaufträge in Verbandsartikeln ausschließlich den Mitgliedern des Verbands zu überweisen, zuwiderhandeln.

Der Vorzugsrabatt beginnt mit den Rechnungen ab 1. des dem Eingang der Erklärung folgenden Monats. Er kann von uns und vom Verband für den Schluß eines Kalenderjahres mit vierteljähriger Frist durch eingeschriebenen Brief gekündigt werden und endigt dann mit den Rechnungen vom 31. Dezember. Gerichtsstand ist der Sitz des Verbands.

Treurabattklausel [1]).
(Echter Treurabatt.)

Diejenigen Auftraggeber, welche während eines ganzen Geschäftsjahres ihre sämtlichen unter die jeweilige Preisliste fallenden Aufträge ausschließlich den Mitgliedern des Verbands zugewiesen haben, sind berechtigt, von allen auf Grund der Verbandspreisliste berechneten Rechnungsbeträgen des betreffenden Geschäftsjahres ... Proz. abzuziehen.

Das Recht auf diesen Abzug ist weiter an die Bedingungen geknüpft:

1. daß der Auftraggeber nicht unter eigenem Namen Aufträge solcher Dritter erteilt hat, die keinen Anspruch auf den Abzug haben,
2. daß der Auftraggeber die Zahlungsverpflichtungen voll erfüllt hat.

Der Abzug darf vorläufig von jeder Rechnung bei der Bezahlung vorgenommen werden.

Durch den Abzug versichert der Auftraggeber, daß er für die verflossene Zeit des Geschäftsjahres die dafür gestellten Bedingungen erfüllt hat. Die vorläufigen Abzüge erlangen aber erst dann ihre endgültige Berechtigung, wenn nach Abschluß des betreffenden Geschäftsjahres festgestellt ist, daß die dafür maßgebenden Bedingungen für das ganze Geschäftsjahr erfüllt worden sind.

Sind sie nicht erfüllt, so hat der Auftraggeber den Gesamtbetrag aller bei sämtlichen Verbandsmitgliedern im Lauf des betreffenden Geschäftsjahres von ihm bewirkten Abzüge nachzuzahlen. Sollte im Einzelfall die Gesamtsumme der nachzuzahlenden Beträge den Umständen nach unangemessen hoch sein, so steht dem Auftraggeber das Recht aus § 343 BGB. zu.

Anlage III.

Texte von Verordnungen.

1. Kartellverordnung.

Verordnung gegen Mißbrauch wirtschaftlicher Machtstellungen.

Vom 2. November 1923 (RGBl. I S. 1067).

Auf Grund des Ermächtigungsgesetzes vom 13. Oktober 1923 (RGBl. I S. 943) verordnet die Reichsregierung:

§ 1.

Verträge und Beschlüsse, welche Verpflichtungen über die Handhabung der Erzeugung oder des Absatzes, die Anwendung von Ge-

[1]) Vgl. Meyer, Rolf, Die Treurabattklausel, Diss., Jena 1930, Anhang S. 72/3 und E. 114, E. 127 des Kartellgerichts. Siehe oben S. 51.

schäftsbedingungen, die Art der Preisfestsetzung oder die Forderung von Preisen enthalten (Syndikate, Kartelle, Konventionen und ähnliche Abmachungen), bedürfen der schriftlichen Form.

§ 2.

Verträge und Beschlüsse der im § 1 bezeichneten Art, zu deren Bekräftigung das Ehrenwort oder eine ähnliche feierliche Versicherung verlangt und gegeben worden ist, sind nichtig.

§ 3.

Verträge und Beschlüsse der im § 1 bezeichneten Art sind nichtig, wenn sie die Anrufung des Kartellgerichts (§ 11) ausschließen, erheblich erschweren oder die Wirksamkeit dieser Verordnung in anderer Weise vereiteln oder beeinträchtigen sollen.

§ 4.

Gefährdet ein Vertrag oder Beschluß der im § 1 bezeichneten Art oder eine bestimmte Art seiner Durchführung die Gesamtwirtschaft oder das Gemeinwohl, so kann der Reichswirtschaftsminister

1. beim Kartellgericht beantragen, daß der Vertrag oder Beschluß für nichtig erklärt oder die bestimmte Art seiner Durchführung untersagt wird (§ 7);
2. anordnen, daß jeder an dem Vertrage oder Beschlusse Beteiligte jederzeit fristlos den Vertrag kündigen oder von dem Beschlusse zurücktreten kann;
3. anordnen, daß ihm Abschrift aller zur Durchführung des Vertrages oder Beschlusses getroffenen Vereinbarungen und Verfügungen einzureichen ist und daß diese Maßnahmen erst nach Zugang der Abschrift in Kraft treten.

Die Gesamtwirtschaft oder das Gemeinwohl ist insbesondere dann als gefährdet anzusehen, wenn in volkswirtschaftlich nicht gerechtfertigter Weise die Erzeugung oder der Absatz eingeschränkt, die Preise gesteigert oder hochgehalten oder im Falle wertbeständiger Preisstellung Zuschläge für Wagnisse (Risiken) eingerechnet werden oder wenn die wirtschaftliche Freiheit durch Sperren im Einkauf oder Verkauf oder durch Festsetzung unterschiedlicher Preise oder Bedingungen unbillig beeinträchtigt wird.

§ 5.

Ist eine Nichtigkeitserklärung gemäß § 4 Abs. 1 Ziffer 1 und § 7 oder eine Anordnung gemäß § 4 Ziffer 2 oder 3 ergangen, so kann der Reichswirtschaftsminister anordnen, daß die Einreichungspflicht gemäß § 4 Ziffer 3 auch für zukünftige Verträge und Beschlüsse der im § 1 bezeichneten Art gilt, bei denen

1. die gleichen Personen sämtlich oder in größerer Anzahl beteiligt sind, oder
2. Personen in leitender oder beratender Stellung Verwendung finden oder finden sollen, die sich bereits bei den gemäß § 4 beanstandeten Verträgen oder Beschlüssen in einer dieser Eigenschaften betätigt haben, oder
3. es sich um die gleiche Art von Waren oder Leistungen handelt.

§ 6.

Der Reichswirtschaftsminister kann eine Maßnahme, die er nach § 4 Abs. 1 Ziffer 2 oder 3 oder § 5 angeordnet hat, aufheben, wenn die Voraussetzungen nachträglich weggefallen sind. Die Anordnung wirkt vom Zeitpunkt ihrer Zustellung ab.

§ 7.

Im Falle des § 4 Abs. 1 Ziffer 1 hat das Kartellgericht, wenn es die Gefährdung der Gesamtwirtschaft oder des Gemeinwohls für gegeben erachtet, den Vertrag oder Beschluß ganz oder zum Teil für nichtig zu erklären oder die bestimmte Art seiner Durchführung zu untersagen. Erachtet es die im § 4 Abs. 1 Ziffer 2 vorgesehene Anordnung als ausreichend, so kann es an Stelle der Nichtigkeitserklärung oder der Untersagung diese Anordnung treffen.

Erklärt das Kartellgericht einen Teil des Vertrages oder Beschlusses für nichtig, so hat es darüber zu entscheiden, ob und inwieweit die Nichtigkeit dieses Teiles die Nichtigkeit anderer Teile des Vertrages oder Beschlusses nach sich zieht.

Das Kartellgericht kann eine Anordnung nach § 1 Satz 2 aufheben, wenn die Voraussetzungen nachträglich weggefallen sind.

§ 8.

Verträge oder Beschlüsse der im § 1 bezeichneten Art kann jeder Beteiligte fristlos kündigen, wenn ein wichtiger Grund vorliegt.

Als wichtiger Grund ist es immer anzusehen, wenn die wirtschaftliche Bewegungsfreiheit des Kündigenden, insbesondere bei der Erzeugung, dem Absatz oder der Preisgestaltung, unbillig eingeschränkt wird.

Darüber, ob die Kündigung zulässig war, entscheidet im Streitfalle das Kartellgericht auf Antrag eines Beteiligten. Der Antrag ist binnen zwei Wochen nach Zugang der Kündigung zu stellen. Wird der Antrag nicht innerhalb dieser Frist gestellt, so gilt die Kündigung als wirksam erfolgt.

§ 9.

Auf Grund von Verträgen oder Beschlüssen der im § 1 bezeichneten Art dürfen ohne Einwilligung des Vorsitzenden des Kartellgerichts Sicherheiten nicht verwertet und Sperren oder Nachteile von ähnlicher Bedeutung nicht verhängt werden.

Die Einwilligung ist zu versagen, wenn die Maßnahme eine Gefährdung der Gesamtwirtschaft oder des Gemeinwohls enthalten oder die wirtschaftliche Bewegungsfreiheit des Betroffenen unbillig einschränken würde.

Die Einwilligung gilt als erteilt, wenn der Vorsitzende binnen drei Wochen seit Eingang des Ersuchens um Einwilligung eine Entscheidung nicht getroffen hat.

Bei Verträgen und Beschlüssen, die nur für einzelne Länder oder Teile von Ländern von Bedeutung sind, kann der Reichswirtschaftsminister im Einvernehmen mit der Regierung des beteiligten Landes bestimmen, daß für die Einwilligung an Stelle des Vorsitzenden des Kartellgerichts eine andere Stelle zuständig ist.

Gegen die Entscheidung des Vorsitzenden des Kartellgerichts oder der auf Grund des § 4 bestimmten Stelle können die Beteiligten innerhalb einer Woche nach Zustellung die Entscheidung des Kartellgerichts anrufen.

Im Falle des § 4 Abs. 1 Ziffer 2 sind Sicherheiten unverzüglich nach der Kündigung, im Falle des § 8 unverzüglich nach dem Ablauf der Frist des § 8 Abs. 3 oder nach Zustellung der die Kündigung für zulässig erklärenden Entscheidung des Kartellgerichts zurückzugewähren.

Vereinbarungen, die an die Nichtbeteiligung an dem Vertrag oder Beschluß oder an die Kündigung Nachteile knüpfen, sind in den Fällen des § 4 Abs. 1 Ziffer 2 und des § 8 den Kündigenden gegenüber unwirksam.

§ 10.

Sind Geschäftsbedingungen oder Arten der Preisfestsetzung von Unternehmungen oder von Zusammenschlüssen solcher (Trusts, Interessengemeinschaften, Syndikaten, Kartellen, Konventionen und ähnlichen Verbindungen) geeignet, unter Ausnützung einer wirtschaftlichen Machtstellung die Gesamtwirtschaft oder das Gemeinwohl zu gefährden (§ 4 Abs. 2), so kann das Kartellgericht auf Antrag des Reichswirtschaftsministers allgemein aussprechen, daß die benachteiligten Vertragsteile von allen Verträgen, die unter den beanstandeten Voraussetzungen abgeschlossen sind, zurücktreten können. Ist anzunehmen, daß der Vertrag auch ohne die beanstandete Voraussetzung abgeschlossen worden wäre, so berechtigt die Entscheidung des Kartellgerichts nur zum Rücktritt von der beanstandeten Geschäftsbedingung oder von der auf Grund der beanstandeten Art der Preisfestsetzung getroffenen Preisvereinbarung.

Bei Verträgen, die die Verpflichtung zu mehreren selbständigen Teilleistungen enthalten (Sukzessivlieferungsverträgen), ist der Rücktritt insoweit ausgeschlossen, als die Teilleistungen von beiden Vertragsteilen vollständig erfüllt sind.

Die Entscheidung des Kartellgerichts ist nach seiner näheren Anordnung öffentlich bekanntzumachen.

Das Rücktrittsrecht erlischt, wenn nicht der Rücktritt binnen zwei Wochen seit Bekanntmachung der Entscheidung erklärt wird.

Verträge, die nach Bekanntmachung der Entscheidung unter den beanstandeten Voraussetzungen abgeschlossen werden, sind insoweit nichtig. § 139 des Bürgerlichen Gesetzbuchs findet entsprechende Anwendung.

Streitigkeiten darüber, ob und inwieweit der Rücktritt nach Abs. 1 und 2 zulässig war oder ob Verträge ganz oder zum Teil gemäß Abs. 5 nichtig sind, entscheiden die ordentlichen Gerichte.

Auf Antrag des Reichswirtschaftsministers oder vom Amts wegen kann das Kartellgericht eine Entscheidung nach Abs. 1 aufheben oder abändern, wenn die Voraussetzungen nachträglich weggefallen sind. Die Entscheidung ist öffentlich bekanntzumachen und wirkt vom Zeitpunkt der Bekanntmachung ab.

§ 11.

Das Kartellgericht wird beim Reichswirtschaftsgericht gebildet. Es entscheidet in der Besetzung von einem Vorsitzenden und vier Beisitzern.

Den Vorsitzenden und seine Stellvertreter bestellt der Reichspräsident. Sie müssen die Fähigkeit zum Richteramte haben.

Die Beisitzer bestimmt der Präsident des Reichswirtschaftsgerichts. Ein Beisitzer ist ein Reichswirtschaftsgerichtsrat; auf seine Ernennung durch den Reichspräsidenten findet die Vorschrift des § 5 der Verordnung über das Reichswirtschaftsgericht vom 21. Mai 1920 in der Fassung des § 65 der Entschädigungsordnung vom 30. Juli 1921 (RGBl. S. 1046) keine Anwendung. Zwei Beisitzer sind unter Berücksichtigung der widerstreitenden wirtschaftlichen Belange einzuberufen. Als weiterer Beisitzer ist eine sachkundige Persönlichkeit einzuberufen, von der erwartet werden darf, daß sie die Belange des Gemeinwohls unabhängig von den widerstreitenden wirtschaftlichen Belangen vertreten werde. Die Beisitzer nach Satz 3 und 4 sind Listen zu entnehmen, die der Reichswirtschaftsminister aufstellt.

§ 12.

Die Zuständigkeit des Kartellgerichts ist ausschließlich.

Die Entscheidung des Kartellgerichts ist endgültig und für Gerichte und Schiedsgerichte bindend, auch soweit sie die Frage der Zuständigkeit des Kartellgerichts betrifft.

Hängt die Entscheidung eines Rechtsstreits ganz oder zum Teil von einer Feststellung ab, für welche das Kartellgericht zuständig ist, so hat das Gericht die Verhandlung bis zur Entscheidung des Kartellgerichts auszusetzen. Die an einem solchen Rechtsstreit Beteiligten haben das Recht des selbständigen Antrages an das Kartellgericht, wenn es der Reichswirtschaftsminister abgelehnt hat, einen solchen Antrag zu stellen oder binnen zwei Wochen nach Eingang eines entsprechenden Gesuches den Antrag nicht gestellt hat.

§ 13.

Der Vorsitzende des Kartellgerichts kann in geeigneten Fällen ohne Hinzuziehung von Beisitzern entscheiden.

Gegen die Entscheidung des Vorsitzenden kann binnen drei Tagen nach Zustellung die Entscheidung des Kartellgerichts angerufen werden.

§ 14.

Der Reichswirtschaftsminister kann in ihm geeignet erscheinenden Fällen zunächst ein Verfahren vor bestimmten, bei den wirtschaftlichen Verbänden bestehenden Einigungsstellen einleiten.

§ 15.

Auf Ersuchen einer Landesregierung hat der Reichswirtschaftsminister zu prüfen, ob und welche der ihm nach dieser Verordnung zustehenden Maßnahmen er zu ergreifen hat. Wird um eine Maßnahme auf Grund des § 4 Abs. 1 Ziffer 1 oder des § 10 ersucht, so hat der Reichswirtschaftsminister, wenn er dem Ersuchen nicht binnen zwei Wochen stattgibt, auf Verlangen der Landesregierung das Ersuchen dem Kartellgericht zur Entscheidung vorzulegen.

§ 16.

Die in den §§ 4 bis 6, 9 Abs. 4, 10, 12 Abs. 3, §§ 14, 15, 17 und 20 bezeichneten Aufgaben liegen dem Reichsminister für Ernährung und Landwirtschaft innerhalb seiner Zuständigkeit ob.

§ 17.

Wer sich über die auf dieser Verordnung beruhende Nichtigkeit eines Vertrages oder Beschlusses (§§ 1 bis 3, 7, 9 Abs. 7, § 10 Abs. 5, § 21) oder über die Bestimmungen des § 4 Abs. 1 Ziffer 3 oder der §§ 5, 9 Abs. 1 oder 6 bewußt hinwegsetzt, kann auf Antrag des Reichswirtschaftsministers vom Kartellgericht mit einer Ordnungsstrafe bestraft werden. Die Ordnungsstrafe besteht in Geldstrafe, deren Höchstmaß unbeschränkt ist.

§ 18.

Wer es unternimmt, einen anderen in seinem geschäftlichen oder wirtschaftlichen Fortkommen zu schädigen, weil dieser von seinem Rechte nach § 4 Abs. 1 Ziffer 2, §§ 8, 10 Abs. 1 und 2 oder § 12 Abs. 3 Satz 2 Gebrauch macht oder eine Anordnung oder die Einleitung eines Verfahrens nach §§ 4, 5, 7 bis 10, 15, 16 angeregt hat, oder in der Absicht, ihn von der Ausübung dieser Befugnisse abzuhalten, wird mit Gefängnis und mit Geldstrafe bestraft.

§ 19.

Die Bestimmungen dieser Verordnung gelten nicht für Verbände, deren Bildung in Gesetzen oder Verordnungen angeordnet ist, auch nicht für Geschäftsbedingungen und Arten der Preisfestsetzung (§ 10), die von einer obersten Reichs- oder Landesbehörde im Rahmen ihrer Zuständigkeit angeordnet oder genehmigt sind oder deren Beanstandung unterliegen.

§ 20.

Das Kartellgericht oder sein Vorsitzender haben sich über bestimmte, ihm vom Reichswirtschaftsminister vorgelegte Fragen aus dem Anwendungsgebiet dieser Verordnung gutachtlich zu äußern und auf Ersuchen des Reichswirtschaftsministers Spitzenverbände vorher zu hören.

§ 21.

Entbehrt ein Vertrag oder Beschluß der im § 1 bezeichneten Art, der vor Inkrafttreten der Verordnung zustande gekommen ist, der schriftlichen Form, so wird er nichtig, wenn und insoweit er nicht binnen drei Wochen nach Inkrafttreten der Verordnung schriftlich bestätigt wird. Erfolgt die Bestätigung seitens eines Beteiligten nicht binnen zwei Wochen nach Inkrafttreten der Verordnung, so kann der Vorsitzende des Kartellgerichts sie auf Antrag eines anderen Beteiligten ersetzen. Der Antrag ist binnen einer Woche nach Ablauf der im Satz 2 bestimmten Frist zu stellen. Die Bestätigung durch den Vorsitzenden des Kartellgerichts gilt hinsichtlich der Wahrung der im Satze 1 bestimmten Frist als im Zeitpunkt des an ihn gestellten Antrages erfolgt.

Verträge und Beschlüsse der im § 1 bezeichneten Art, zu deren Bekräftigung das Ehrenwort oder eine ähnliche feierliche Versicherung vor Inkrafttreten der Verordnung verlangt und gegeben worden ist, werden nichtig, wenn und insoweit sie nicht binnen zwei Wochen nach Inkrafttreten der Verordnung ohne eine solche Bekräftigung von den Beteiligten bestätigt werden.

§ 22.

Die Bestimmungen über das Verfahren vor dem Kartellgericht sowie die sonstigen Ausführungsvorschriften erläßt der Reichswirtschaftsminister.

§ 23.

Diese Verordnung tritt am 20. November 1923 in Kraft.

Berlin, den 2. November 1923.

Der Reichskanzler
Dr. Stresemann.
Der Reichswirtschaftsminister
Koeth.

(RGBl. I S. 1067 und Berichtigung RGBl. I S. 1090.)

2. Kartellnotverordnung

Verordnung des Reichspräsidenten zur Behebung finanzieller, wirtschaftlicher und sozialer Notstände.

Vom 26. Juli 1930 (RGBl. 1930 I S. 311).

Auf Grund des Artikels 48 Abs. 2 der Reichsverfassung wird folgendes verordnet:

Fünfter Abschnitt.

Verhütung unwirtschaftlicher Preisbindungen.

§ 1.

(1) Die Reichsregierung kann

a) Verträge oder Beschlüsse der im § 1 der Verordnung gegen Mißbrauch wirtschaftlicher Machtstellungen vom 2. November 1923 (RGBl. I S. 1067) bezeichneten Art, die Verpflichtungen über die Art der Preisfestsetzung oder die Forderung von Preisen enthalten, für nichtig erklären oder eine bestimmte Art ihrer Durchführung untersagen;

b) die Anwendung von Geschäftsbedingungen oder von Arten der Preisfestsetzung untersagen, die jemanden in bezug auf die Art der Preisfestsetzung oder die Forderung von Preisen rechtlich oder wirtschaftlich beschränken;

c) Handlungen untersagen, die, ohne unter die Bestimmungen zu a und b zu fallen, nach Lage der Verhältnisse, den Umständen des Falles oder der Art, wie verfahren wird oder verfahren werden soll, im wesentlichen den gleichen wirtschaftlichen Erfolg herbeizuführen geeignet sind, insbesondere Empfehlungen, die sich auf Arten und Preisfestsetzung oder die Forderung von Preisen beziehen, oder die Anwendung eines wirtschaftlichen oder gesellschaftlichen Druckes im Sinne der Befolgung derartiger Empfehlungen,

wenn die Wirtschaftlichkeit der Erzeugung oder des Verkehrs mit Waren oder Leistungen beeinträchtigt oder die wirtschaftliche Handlungsfreiheit in volkswirtschaftlich nicht gerechtfertigter Weise eingeschränkt wird.

(2) Ferner kann die Reichsregierung anordnen, daß Parteien von Verträgen zurücktreten können, die unter den gemäß Abs. 1 beanstandeten Voraussetzungen abgeschlossen worden sind. Das Rücktrittsrecht ist unverzichtbar; es erlischt, wenn der Rücktritt nicht innerhalb der in der Anordnung bestimmten Frist erklärt wird. §§ 346 bis 356 des Bürgerlichen Gesetzbuchs sowie § 10 Abs. 1 Satz 2, Abs. 2 und Abs. 6 der Verordnung gegen Mißbrauch wirtschaftlicher Machtstellungen finden entsprechende Anwendung.

(3) Als Verträge im Sinne des § 1 der Verordnung gegen Mißbrauch wirtschaftlicher Machtstellungen gelten auch solche Verträge, durch die sich mehrere selbständige Unternehmungen, welche der gleichen Wirtschaftsstufe angehören, einzeln gegenüber anderen in bezug auf die Art der Preisfestsetzung oder die Forderung von Preisen zu einem bestimmten Verhalten verpflichten.

§ 2.

Wenn die Voraussetzungen für Maßnahmen nach § 1 vorliegen, kann die Reichsregierung die Eingangszölle für zollpflichtige Waren, auf die sich die im § 1 genannten Bindungen beziehen, herabsetzen oder aufheben.

§ 3.

(1) Vor Erlaß einer Maßnahme nach §§ 1 und 2 soll die Reichsregierung die beteiligten Wirtschaftskreise hören. Sie soll den Vorläufigen Reichswirtschaftsrat um eine gutachtliche Stellungnahme ersuchen.

(2) Maßnahmen nach dieser Verordnung sind im Reichsanzeiger öffentlich bekanntzumachen und wirken vom Tage der Bekanntmachung ab.

§ 4.

Ist der Markteinfluß eines der im § 1 bezeichneten Vorgänge örtlich beschränkt, so werden die der Reichsregierung nach § 1 zustehenden Befugnisse im Einvernehmen mit ihr von der Landesregierung oder einer von dieser bezeichneten Stelle ausgeübt.

Wird das Gebiet mehrerer Länder berührt, so kann die Reichsregierung im Einvernehmen mit den Regierungen der beteiligten Länder die Stelle bestimmen, die für die Ausübung der Befugnisse nach § 1 zuständig ist.

§ 5.

Wer einer nach dieser Verordnung erlassenen Maßnahme zuwiderhandelt, ist auf Antrag der zuständigen obersten Reichsbehörde, im Falle des § 4 auf Antrag der zuständigen obersten Landesbehörde oder der von ihr bezeichneten Stelle, von dem Vorsitzenden des Kartellgerichts oder seinem Vertreter mit einer Ordnungsstrafe zu belegen. Die Ordnungsstrafe besteht in Geldstrafe, deren Höchstmaß unbeschränkt ist. Die Beitreibung erfolgt nach den Vorschriften der Reichsabgabenordnung.

3. Ausführungsverordnung über Aufhebung und Untersagung von Preisbindungen.

Vom 30. August 1930.

Auf Grund des § 1 des Fünften Abschnitts der Verordnung des Reichspräsidenten zur Behebung finanzieller, wirtschaftlicher und sozialer Notstände vom 26. Juli 1930 (RGBl. I S. 311) wird hiermit verordnet:

§ 1.

(1) Verträge der in § 1 Abs. 1 a, 3 des Fünften Abschnitts der Verordnung des Reichspräsidenten zur Behebung finanzieller, wirtschaftlicher und sozialer Notstände bezeichneten Art sind nichtig, soweit sie dem Abnehmer einer Ware

a) für Waren anderer Art oder Herkunft oder

b) für gewerbliche Leistungen

Verpflichtungen in bezug auf die Art der Preisfestsetzung oder die Forderung von Preisen auferlegen.

(2) Die Anwendung von Geschäftsbedingungen wird untersagt, soweit sie den Abnehmer einer Ware

a) für Waren anderer Art oder Herkunft oder

b) für gewerbliche Leistungen

in bezug auf die Art der Preisfestsetzungen oder die Forderung von Preisen rechtlich oder wirtschaftlich beschränken.

§ 2.

Es wird untersagt, Handlungen vorzunehmen, die unmittelbar oder mittelbar im wesentlichen den gleichen wirtschaftlichen Erfolg herbeizuführen geeignet sind wie die im § 1 genannten Verträge oder Geschäftsbedingungen.

§ 3.

Die Parteien können nach § 1 Abs. 2 des Fünften Abschnitts der Verordnung des Reichspräsidenten zur Behebung finanzieller, wirtschaftlicher und sozialer Notstände von Verträgen zurücktreten, die unter den in § 1 genannten Voraussetzungen geschlossen worden sind. Der Rücktritt ist innerhalb eines Monats nach Bekanntmachung dieser Verordnung zu erklären.

§ 4.

Die Reichsregierung bestimmt den Zeitpunkt, zu dem diese Verordnung außer Kraft tritt.

(Reichsanzeiger vom 30. August 1930.)

4. Markenwarenverordnung.

Verordnung über Preisbindungen für Markenwaren.

Auf Grund des § 1 des Fünften Abschnitts der Verordnung des Reichspräsidenten zur Behebung finanzieller, wirtschaftlicher und sozialer Notstände vom 26. Juli 1930 (RGBl. I S. 311) wird hiermit verordnet:

§ 1.

Die Bestimmungen dieser Verordnung finden auf den Verkehr mit folgenden Waren Anwendung, soweit diese, ihre Umhüllung, ihre Ausstattung oder die Behältnisse, aus denen sie an den Verbraucher verkauft werden, mit einem ihre Herkunft kennzeichnenden Merkmal (Firma, Wort- oder Bildzeichen u. ä.) versehen sind (Markenwaren):

1. Alle Stoffe, die dazu bestimmt sind, in unverändertem oder zubereitetem oder verarbeitetem Zustand von Menschen gegessen oder getrunken zu werden (Lebensmittel); ausgenommen sind Frischmilch, Spirituosen und Schaumwein;
2. andere Waren, welche die Reichsregierung durch Bekanntmachung im Deutschen Reichsanzeiger bezeichnet.

§ 2.

(1) Verpflichten Verträge der in § 1 Abs. 1 a, 3 des Fünften Abschnitts der Verordnung des Reichspräsidenten zur Behebung finanzieller, wirtschaftlicher und sozialer Notstände bezeichneten Art den Abnehmer von Markenwaren (§ 1), bei der Weiterveräußerung der Ware im Inland an den Verbraucher festgesetzte Preise zu fordern, so ist diese Verpflichtung nichtig,

a) wenn der festgesetzte Preis gegenüber dem am 1. Juli 1930 geltenden Verbraucherpreis nicht um mindestens 10 vom Hundert ermäßigt ist;

b) wenn der Abnehmer daran gehindert wird, dem Verbraucher über diese Ermäßigung hinaus Nachlässe zu gewähren, die er am 1. Juli 1930 zu gewähren berechtigt war.

(2) Beschränken Geschäftsbedingungen oder Arten der Preisfestsetzung den Abnehmer von Markenwaren (§ 1) rechtlich oder wirtschaftlich dahin, bei der Weiterveräußerung der Ware im Inland an den Verbraucher festgesetzte Preise zu fordern, so wird ihre Anwendung untersagt,

a) wenn der festgesetzte Preis gegenüber dem am 1. Juli 1930 geltenden Verbraucherpreis nicht um mindestens 10 vom Hundert ermäßigt ist;

b) wenn der Abnehmer daran gehindert wird, dem Verbraucher über diese Ermäßigung hinaus Nachlässe zu gewähren, die er am 1. Juli 1930 zu gewähren berechtigt war.

(3) Die in Abs. 1 und Abs. 2 bezeichneten Rechtsfolgen treten nicht ein, wenn die Ermäßigung nur um den Bruchteil eines Reichspfennig hinter der geforderten Mindestermäßigung zurückbleibt, es sei denn, daß dann der am 1. Juli 1930 geltende Verbraucherpreis unverändert bliebe.

§ 3.

(1) Verpflichten Verträge der in § 1 Abs. 1 a, 3 des Fünften Abschnitts der Verordnung des Reichspräsidenten zur Behebung finan-

zieller, wirtschaftlicher und sozialer Notstände bezeichneten Art inländische Bezugsgemeinschaften, ihren Genossen (Mitgliedern, Gesellschaftern) Rückvergütungen auf den Kaufpreis der von ihnen bezogenen Markenwaren (§ 1) nicht zu gewähren, so ist diese Verpflichtung nichtig.

(2) Beschränken Geschäftsbedingungen oder Arten der Preisfestsetzung inländische Bezugsgemeinschaften rechtlich oder wirtschaftlich dahin, ihren Genossen (Mitgliedern, Gesellschaftern) Rückvergütungen auf den Kaufpreis der von ihnen bezogenen Markenwaren (§ 1) nicht zu gewähren, so ist ihre Anwendung untersagt.

(3) Bezugsgemeinschaften im Sinne dieser Bestimmung sind eingetragene Genossenschaften und andere ihnen wirtschaftlich ähnliche Vereinigungen mit Rechtspersönlichkeit, deren Geschäftsbetrieb sich im wesentlichen auf ihre Genossen (Mitglieder, Gesellschafter) beschränkt, sowie deren Einkaufszentralen.

§ 4.

Es wird untersagt, Handlungen vorzunehmen, die unmittelbar oder mittelbar im wesentlichen den gleichen wirtschaftlichen Erfolg wie die nach dieser Verordnung nichtigen Vertragsbestimmungen oder verbotenen Geschäftsbedingungen herbeizuführen geeignet sind.

§ 5.

Entstehen durch die Anwendung dieser Verordnung unvorhergesehene erhebliche wirtschaftliche Nachteile, so kann der Reichswirtschaftsminister nach Anhörung des Vorl. Reichswirtschaftsrats Befreiungen von der Verordnung zulassen, falls nicht die Interessen der Gesamtwirtschaft und des Gemeinwohls dem entgegenstehen.

§ 6.

(1) Diese Verordnung tritt für Waren des § 1 Ziffer 2 jeweils 14 Tage nach deren Bezeichnung im Deutschen Reichsanzeiger, im übrigen 14 Tage nach ihrer Bekanntmachung in Kraft.

(2) Die Reichsregierung bestimmt den Zeitpunkt, zu dem sie außer Kraft tritt.

Berlin, den 16. Januar 1931.

Der Reichswirtschaftsminister.
Mit Wahrnehmung der Geschäfte beauftragt:
Trendelenburg, Staatssekretär.

Der Reichsminister für Ernährung und Landwirtschaft.
Schiele.

Der Reichsminister des Innern.
J. V.: Zweigert, Staatssekretär.

Der Reichsminister der Justiz.
Mit Wahrnehmung der Geschäfte beauftragt:
Dr. Joel, Staatssekretär.

Bekanntmachung.

Auf Grund des § 1 Ziffer 2 der Verordnung über Preisbindungen für Markenwaren vom 16. Januar 1931 (Reichsanzeiger Nr. 14) wird hiermit angeordnet:

Die Verordnung über Preisbindungen für Markenwaren findet auf folgende Waren Anwendung, soweit sie Markenwaren im Sinne dieser Verordnung sind und bei ihnen der Abnehmer auf Grund von Verpflichtungsscheinen (Reversen), Geschäftsbedingungen oder ähnlichen Vereinbarungen verpflichtet ist, bei einer Weiterveräußerung im Inland an den Verbraucher festgesetzte Preise zu fordern:

1. Gegenstände zur Reinigung, Pflege, Färbung oder Verschönerung der Haut, des Haares, der Nägel und der Mundhöhle;
2. Stoffe und ihre Zubereitungen, die dazu bestimmt sind, durch äußere oder innere Anwendung am menschlichen oder tierischen Körper Krankheiten, Leiden oder Körperschäden zu verhüten oder zu beseitigen, mit Ausnahme der zum inneren Gebrauch dienenden Mittel, die über 50 vom Hundert ihres Gewichts Weingeist enthalten;
3. Verbandstoffe und Pflaster;
4. Haus- und Küchengeräte;
5. Fußbodenbelag, mit Ausnahme von Teppichen aus Textilfaserstoffen;
6. Gegenstände zum Waschen, Putzen, Scheuern und Reinigen sowie zum Herrichten von Wäsche und Bekleidungsgegenständen;
7. Künstler-, Anstrichs- und Haushaltsfarben;
8. Schreibmaschinen; Bürobedarf;
9. Konfektion und Leibwäsche;
10. Näh-, Strick-, Stick-, Stopf- und Häkelgarne aus Textilfasern aller Art;
11. Waren aus Gummi und Gummiersatz;
12. Schallplatten, soweit der festgesetzte Verbraucherpreis am 1. Juli 1930 fünf Reichsmark oder weniger betragen hat.

Berlin, den 16. Januar 1931.

Der Reichswirtschaftsminister.
Mit Wahrnehmung der Geschäfte beauftragt:
Trendelenburg, Staatssekretär.

Der Reichsminister für Ernährung und Landwirtschaft.
Schiele.

Der Reichsminister des Innern.
J. V.: Zweigert, Staatssekretär.

5. Preissenkungsverordnung.

Vierte Verordnung des Reichspräsidenten zur Sicherung von Wirtschaft und Finanzen und zum Schutze des inneren Friedens.

Vom 8. Dezember 1931.

Auf Grund des Artikels 48 Abs. 2 der Reichsverfassung wird folgendes verordnet:

Erster Teil.

Preis- und Zinssenkung.

Kapitel I.

Anpassung gebundener Preise an die veränderte Wirtschaftslage.

§ 1.

(1) Gebundene Preise sind zur Anpassung an die veränderte Wirtschaftslage bis zum 1. Januar 1932 um mindestens zehn vom Hundert gegenüber dem Stand vom 30. Juni 1931 zu senken.

(2) Als gebunden gelten Preise, zu deren Einhaltung die Beteiligten sich durch Verträge oder Beschlüsse der im § 1 des Fünften Abschnitts der Verordnung des Reichspräsidenten zur Behebung finanzieller, wirtschaftlicher und sozialer Notstände vom 26. Juli 1930 (RGBl. I S. 311) bezeichneten Art für den inländischen Geschäftsverkehr verpflichtet haben (z. B. Kartelle, Syndikate und Preisbindungen der nächsten Stufe auf den Gebieten der Eisenwirtschaft, der Eisen- und Metallverarbeitungs-, Baustoff-, Chemie-, Papier-, Glas-, Keramik- und Textilwirtschaft sowie der Wirtschaft der künstlichen Düngemittel).

(3) Der Beschluß über die Senkung kann auch brieflich, fernschriftlich oder fernmündlich gefaßt werden; entgegenstehende Vertrags- oder Satzungsbestimmungen gelten insoweit nicht.

(4) Hält der Reichswirtschaftsminister für bestimmte Waren oder gewerbliche Leistungen oder Gruppen von diesen eine weitergehende Senkung für erforderlich, so kann er deren Ausmaß festsetzen und verlangen, daß sie bis zu einem von ihm bestimmten Zeitpunkt durchgeführt wird.

(5) Werden die Preise für Waren oder gewerbliche Leistungen nicht nach Abs. 1 gesenkt oder wird einem Verlangen des Reichswirtschaftsministers (Abs. 4) nicht in der bestimmten Frist entsprochen, so ist der Vertrag oder Beschluß (Abs. 2) soweit nichtig, wie er Verpflichtungen über die Forderung von Preisen für diese Waren oder gewerblichen Leistungen enthält; haben sich die Beteiligten in einem Vertrag oder Beschluß (Abs. 2) verpflichtet, ihre Waren oder gewerblichen Leistungen gemeinsam abzusetzen, so ist auch diese Verpflichtung soweit nichtig, wie sie sich auf Waren oder Leistungen bezieht, deren Preise nicht nach den Vorschriften des Abs. 1 gesenkt sind.

§ 2.

(1) Die Preise für Markenwaren, die durch Verträge der in § 1 Abs. 2 bezeichneten Art gebunden sind, sind für den inländischen Geschäftsverkehr zur Anpassung an die veränderte Wirtschaftslage bis zum 1. Januar 1932 um mindestens zehn vom Hundert gegenüber dem Stande vom 30. Juni 1931 zu senken.

(2) Hält der Reichswirtschaftsminister für bestimmte Markenwaren oder Gruppen von diesen eine weitergehende Senkung für erforderlich, so kann er deren Ausmaß festsetzen und verlangen, daß sie bis zu einem von ihm bestimmten Zeitpunkt durchgeführt wird.

(3) Werden die Preise für Markenwaren nicht nach Abs. 1 gesenkt oder wird einem Verlangen des Reichswirtschaftsministers (Abs. 2) nicht in der bestimmten Frist entsprochen, so sind die Verträge (Abs. 1) soweit nichtig, wie sie Verpflichtungen über die Forderung von Preisen für diese Markenwaren enthalten. Diese Rechtsfolge tritt nicht ein, wenn die Senkung nur um den Bruchteil eines Reichspfennigs hinter der vorgeschriebenen Senkung zurückbleibt.

(4) Markenwaren im Sinne der Abs. 1 bis 3 sind Waren, die selbst oder deren Umhüllungen, Ausstattungen oder Behältnisse, aus denen sie verkauft werden, mit einem ihre Herkunft kennzeichnenden Merkmal (z. B. Firma, Wort- oder Bildzeichen) versehen sind.

§ 3.

(1) Für die Kohlenwirtschaft gelten folgende besonderen Bestimmungen:

1. Die im Deutschen Reichs- und Preußischen Staatsanzeiger durch den Reichskohlenverband zuletzt veröffentlichten Preise der Steinkohlen- und Braunkohlensyndikate werden mit Wirkung vom 1. Januar 1932 ab um zehn vom Hundert gesenkt.
2. Der Reichswirtschaftsminister kann Bestimmungen über Preisnachlässe der Syndikate treffen.
3. Die Syndikate der Kohlenwirtschaft und solche Unternehmungen des Kohlengroßhandels, die für bestimmte Gebiete ausschließlich lieferungsberechtigt sind, dürfen gegen Einzelhändler Maßnahmen im Sinne des § 9 Abs. 1 der Verordnung gegen Mißbrauch wirtschaftlicher Machtstellungen vom 2. November 1923 (RGBl. I S. 1067, 1090) und Vertragsstrafen wegen Unterschreitung von Kleinverkaufspreisen, die durch Verträge oder Beschlüsse der im § 1 bezeichneten Art gebunden sind, nicht verhängen. Sie dürfen Einzelhändler beim Bezug inländischer Brennstoffe nicht beschränken.
4. Für die Preisbindungen des Kohleneinzelhandels erfolgt eine besondere Regelung.

(2) Für die Kaliwirtschaft gelten folgende besonderen Bestimmungen.

1. Die in der Bekanntmachung des Reichskalirats vom 22. Dezember 1926 (Reichsanzeiger Nr. 298) festgesetzten Kalisalzhöchstpreise für das Inland sind bis zum 1. Januar 1932 um zehn vom Hundert zu senken.

2. Der Reichswirtschaftsminister kann Bestimmungen über Preisnachlässe des Deutschen Kalisyndikats treffen.

§ 4.

Es ist verboten, einem anderen Empfehlungen (Ratschläge und ähnliche Anregungen) dahin zu erteilen, für Waren oder gewerbliche Leistungen im inländischen Geschäftsverkehre bestimmte Preise zu fordern, es sei denn, daß die empfohlenen Preise entsprechend den Vorschriften dieses Kapitels gesenkt sind.

§ 5.

(1) Der Reichswirtschaftsminister kann Ausnahmen von den Vorschriften dieses Kapitels zulassen, wenn bei ihrer Durchführung unvorhergesehene, erhebliche wirtschaftliche Nachteile zu befürchten sind, die auf andere Weise nicht behoben werden können, und wenn die Interessen der Gesamtwirtschaft und des Gemeinwohls dem nicht entgegenstehen; die Ausnahmen können beschränkt erteilt werden.

(2) Die Vorschriften dieses Kapitels finden keine Anwendung auf die Preise für Waren oder gewerbliche Leistungen, zu deren Einhaltung sich die Beteiligten durch einen internationalen Vertrag oder Beschluß des in § 1 Abs. 2 bezeichneten Inhalts verpflichtet haben. Die Beteiligten, die unter diese Ausnahmebestimmung fallen, haben dies unter Vorlage der Verträge dem Reichswirtschaftsminister bis zum 1. Januar 1932 anzuzeigen.

§ 6.

Wenn der Reichswirtschaftsminister eine Entscheidung darüber trifft, ob die Preise entsprechend den Vorschriften dieses Kapitels gesenkt sind, so ist diese Entscheidung endgültig; sie bindet Gerichte, Schiedsgerichte und Verwaltungsbehörden.

§ 7.

Der Reichswirtschaftsminister kann unbeschadet des § 3 die Preise von Verbänden, deren Bildung in Gesetzen oder Verordnungen angeordnet ist oder die auf Grund besonderer gesetzlicher Ermächtigung gebildet sind, festsetzen und dabei Preisnachlässe regeln. Die §§ 1 und 2 sind auf die im Satz 1 bezeichneten Verbände nicht anzuwenden.

§ 8.

(1) Ohne Einwilligung des Reichswirtschaftsministers dürfen bis zum 1. Juli 1932 für Waren oder gewerbliche Leistungen

1. Preise, die entsprechend den Vorschriften dieses Kapitels gesenkt sind, unter Aufrechterhaltung der Preisbindung nicht erhöht werden;
2. Preise, für die beim Inkrafttreten dieses Kapitels eine Bindung nicht bestand oder deren Bindung nach den Vorschriften dieses Kapitels nichtig ist, nicht in Verträgen oder Beschlüssen der im § 1 bezeichneten Art gebunden werden.

(2) Abs. 1 Ziffer 1 ist nicht anzuwenden auf die Preise der Syndikate der Kohlenwirtschaft und des Deutschen Kalisyndikats.

§ 9.

Es wird untersagt, Handlungen vorzunehmen, durch die unmittelbar oder mittelbar

1. der gleiche wirtschaftliche Erfolg wie durch die nach diesem Kapitel nichtigen Verträge oder Beschlüsse oder Teile von ihnen herbeigeführt werden kann;
2. die in diesem Kapitel vorgeschriebenen Preissenkungen umgangen werden können.

§ 10.

Wer sich über eine auf den Vorschriften dieses Kapitels beruhende Nichtigkeit eines Vertrags oder Beschlusses oder von Teilen von ihnen oder über eine Anordnung nach § 7 hinwegsetzt oder den Vorschriften der §§ 3, 4, 5 Abs. 2 Satz 2, §§ 8 oder 9 zuwiderhandelt, wird auf Antrag des Reichswirtschaftsministers von dem Vorsitzenden des Kartellgerichts oder seinem Vertreter mit einer Ordnungsstrafe in Geld bestraft. Der Höchstbetrag der Ordnungsstrafe ist unbeschränkt. Die Beitreibung erfolgt nach den Vorschriften der Reichsabgabenordnung.

§ 11.

Die Aufgaben nach den §§ 1 bis 3, 5 bis 8, 10 übt innerhalb seiner Zuständigkeit der Reichsminister für Ernährung und Landwirtschaft aus.

§ 12.

(1) Ist der Markteinfluß von Verträgen oder Beschlüssen der in § 1 Abs. 2 bezeichneten Art örtlich beschränkt oder richtet sich eine Empfehlung (§ 4) an einen örtlich beschränkten Personenkreis, so kann die Reichsregierung ihre Befugnisse ganz oder zum Teil der obersten Landesbehörde übertragen; soweit die Reichsregierung von dieser Ermächtigung Gebrauch macht, kann die oberste Landesbehörde die ihr übertragenen Befugnisse einer nachgeordneten Behörde übertragen.

(2) Wird das Gebiet mehrerer Länder berührt, so kann die Reichsregierung im Einvernehmen mit den beteiligten Landesregierungen die oberste Landesbehörde oder die nachgeordnete Behörde bestimmen, auf die die Befugnisse übertragen werden.

§ 13.

Die Pflichten und Befugnisse des Reichskommissars für Preisüberwachung (Kapitel II dieses Teils) bleiben unberührt.

§ 14.

Der Reichswirtschaftsminister und der Reichsminister für Ernährung und Landwirtschaft können die zur Durchführung dieses Kapitels erforderlichen Rechtsverordnungen und allgemeinen Verwaltungsvorschriften erlassen.

§ 15.

Der Reichswirtschaftsminister und der Reichsminister für Ernährung und Landwirtschaft bestimmen den Zeitpunkt, an dem dieses Kapitel außer Kraft tritt.

Sachregister.

(Die Zahlen verweisen auf die Seiten, die hochstehenden Ziffern bedeuten die Anmerkungen.)